Über die Verfasser

Siegfried J. Schmidt, geboren 1940 in Jülich, studierte Philosophie, Germanistik, Linguistik, Geschichte und Kunstgeschichte in Freiburg, Göttingen und Münster. Promotion 1966 über den Zusammenhang zwischen Sprache und Denken von Locke bis Wittgenstein. 1968 Habilitation für Philosophie, 1971 Professur für Texttheorie an der Universität Bielefeld, 1973 dort Professor für Theorie der Literatur. Seit 1979 Professor für Germanistik/Allgemeine Literaturwissenschaft an der Universität-GH Siegen, ab 1984 Direktor des Instituts für Empirische Literatur- und Medienforschung der Universität Siegen. Seit 1997 Professor für Kommunikationstheorie und Medienkultur an der Westfälischen Wilhelms-Universität Münster. 2006 Emeritierung.

Wichtigste Veröffentlichungen der letzten Jahre: (Hg.), Der Diskurs des Radikalen Konstruktivismus. Frankfurt/M. 1987; KUNST: Pluralismen, Revolten. Bern 1987; Medien = Kultur? Bern 1994; Die Welten der Medien. Braunschweig/Wiesbaden 1996; Die Zähmung des Blicks. Frankfurt/M. 1998; zus. mit Guido Zurstiege, Orientierung Kommunikationswissenschaft. Was sie kann, was sie will. Reinbek 2000; Kalte Faszination. Weilerswist 2000; Geschichten & Diskurse. Abschied vom Konstruktivismus. Reinbek 2003; Unternehmenskultur. Weilerswist 2004; Zwiespältige Begierde. Aspekte der Medienkultur. Freiburg i.B. 2004. Medien und Emotionen. Münster 2005; Beobachtungsmanagement. Audio-CD, Köln 2007.

Guido Zurstiege, geboren 1968 in Münster, Studium der Kommunikationswissenschaft, Anglistik und Wirtschaftspolitik an der Westfälischen Wilhelms-Universität in Münster, Promotion 1997 über Männer und Männlichkeit in der Werbung. 2004 Habilitation für Kommunikationswissenschaft. Lehraufträge und Gastprofessuren in Münster, Berlin, Greifswald und Zürich. Seit 2005 Professor für Kommunikationswissenschaft an der Universität Wien.

Wichtigste Veröffentlichungen der letzten Jahre: Mannsbilder – Männlichkeit in der Werbung. Opladen 1998; zus. mit Siegfried J. Schmidt, Orientierung Kommunikationswissenschaft. Was sie kann, was sie will. Reinbek 2000; (Hg.), Festschrift für die Wirklichkeit. Opladen/Wiesbaden 2000; zus. mit Siegfried J. Schmidt (Hg.), Werbung, Mode und Design. Opladen/Wiesbaden 2001; zus. mit Siegfried J. Schmidt u. Joachim Westerbarkey (Hg.), a/effektive Kommunikation. Münster/Hamburg 2001; zus. mit Christoph Jacke (Hg.), Hinlenkung durch Ablenkung. Münster 2003; Zwischen Kritik und Faszination. Köln 2005; Lehrbuch Werbung. Konstanz 2007.

Siegfried J. Schmidt
Guido Zurstiege

KOMMUNIKATIONSWISSENSCHAFT

Systematik und Ziele

rowohlts enzyklopädie
im Rowohlt Taschenbuch Verlag

rowohlts enzyklopädie
Herausgegeben von Burghard König

Originalausgabe
Veröffentlicht im Rowohlt Taschenbuch Verlag,
Reinbek bei Hamburg, Dezember 2007
Copyright © 2007 by Rowohlt Verlag GmbH,
Reinbek bei Hamburg
Umschlaggestaltung any.way, Walter Hellmann
Satz Proforma PostScript (InDesign)
bei Pinkuin Satz und Datentechnik, Berlin
Druck und Bindung Clausen & Bosse, Leck
Printed in Germany
ISBN 978 3 499 55697 5

Inhalt

1. Kommunikationswissenschaft: ein Fach im Wandel

1.1 Wandlungsprozesse

Die Kommunikationswissenschaft durchläuft seit einigen Jahren tief greifende Wandlungsprozesse. Diese Prozesse betreffen zum einen eine thematische Öffnung in Richtung auf Medien und Medienwissenschaft, verbunden mit einer Erweiterung des Themenspektrums (Medienrecht, Medienökonomie, Medienunterhaltung, Medienkunst, visuelle Kommunikation, Mediengeschichtsschreibung usw.) über den traditionellen auf die Journalistik bezogenen Kernbestand hinaus. Diese Wandlungsprozesse betreffen zum anderen die Umsetzung des Bologna-Programms, das alle betroffenen Fächer vor erhebliche fachsystematische, organisatorische und didaktische Probleme stellt: Was sind die Kernbereiche des Fachs, die auch bei einem sechssemestrigen BA-Studium unverzichtbar sind? Wie können sie auf einem einer universitären Ausbildung angemessenen Niveau vermittelt werden, und wie können das auch personell schwach besetzte Institute bewältigen? Welche Lehr- und Lernformate müssen eingesetzt werden, um eine praxisorientierte wissenschaftliche Ausbildung zu verwirklichen?

Angesichts solcher Herausforderungen ist es u. E. an der Zeit, die thematischen Kernbestände der Kommunikationswissenschaft und die Systematik ihres Zusammenhangs zusammenfassend darzustellen, um eine fachspezifische Plattform für die Entscheidungen zu schaffen, die das Fach in der nächsten Zukunft treffen und legitimieren muss.

Dass es sich bei unserem Systematisierungsvorschlag um *einen* neben möglichen anderen handelt, muss nach den erkenntnis- und wissenschaftstheoretischen Debatten der letzten Jahrzehnte wohl nicht mehr eigens betont werden. Dass wir hoffen, einen fundierten und plausiblen Vorschlag erarbeitet zu haben, möchten wir dagegen ausdrücklich betonen.

Beginnen wir mit einer Übersicht über die zentralen Aspekte des Bologna-Prozesses, der in den letzten Jahren Gegenstand heftiger Kontroversen gewesen ist, die bis heute andauern, obwohl – oder vielleicht gerade weil – sich viele Institute schon auf diesen Prozess eingestellt haben.

1.2 Der Bologna-Prozess

Mit dem Umstellungsprozess im europäischen Hochschulsystem, dem die so genannte Bologna-Erklärung (1999) von 29 europäischen Bildungsministern zugrunde liegt, sind weit reichende Konsequenzen verbunden, die viele Studierende und Lehrende der Kommunikationswissenschaft mit einer gewissen Sorge in die Zukunft blicken lassen. Daher lohnt es sich, genauer in Augenschein zu nehmen, worum es dabei in der Sache geht, welche Entwicklungen durch den Bologna-Prozess angestoßen werden sollen und welche Konsequenzen damit für die Studierenden und Lehrenden des Fachs verbunden sind.[1]

Die Schaffung eines einheitlichen europäischen Hochschulraums ist eines der wichtigsten langfristigen Ziele, auf die der Bologna-Prozess ausgerichtet ist. Die Einführung eines Systems vergleichbarer Studienabschlüsse sowie eines einheitlichen Leistungspunktesystems (sog. ECTS-Punkte), die Ordnung der Studieninhalte in aufeinander aufbauenden Modulen, die Förderung des akademischen Austauschs und der wissenschaftlichen Zusammenarbeit in Europa – Maßnahmen wie diese sollen dazu beitragen, dass es in Zukunft leichter sein wird, in Europa zu studieren und zu forschen. Die Verkürzung der Studienzeit sowie die Schaffung eines zweistufigen Systems von Bachelor- und Master-Studiengängen sollen dazu beitragen, dieses ehrgeizige Ziel zu erreichen. Berufsfeldorientierung schon während des Studiums lautet das dritte Ziel, an dem sich vor allem die neuen Bachelor-Studiengänge orientieren müssen.

Hinter diesen Zielvorgaben stehen Erfahrungen mit grundlegenden Veränderungen des Arbeitsmarkts, die sich mit Schlagworten wie Informatisierung, Entgrenzung der Arbeitskraft, Wandel der Betriebsorganisation, Erosion des Berufsprinzips und Diskontinuität von Erwerbsbiographien auf den Punkt bringen lassen. Im Vordergrund steht das Konzept des *lebenslangen Lernens*, weil man erkennt, dass es keine endgültigen Abschlüsse mehr gibt, sondern Ausbildung bestenfalls zum Erwerb von Schlüsselkompetenzen führen kann. Der Hamburger Kommunikationswissenschaftler Bernhard Pörksen hat diese Tendenz auf folgenden Nenner gebracht: «Im Kern geht es auch darum, die zukünftige Universität in ein Dienstleistungsunternehmen zu verwandeln, das in einem sehr viel stärkeren Ausmaß bedarfsgerecht ausbildet – ohne jedoch zur Berufsakademie zu werden, ohne die autonome, nicht von Verwertungs-Denken geprägte Entfaltung der Persönlichkeit ganz zu vernachlässigen» (2006: 72). Dass hier eine gewisse Skepsis anklingt, ist deswegen kein Zufall, weil wir eine gewisse Übung darin besitzen, uns um «die Zukunft unserer Bildungsanstalten» zu sorgen – immerhin beklagte bereits gegen Ende des 19. Jahrhunderts unter ebendieser Überschrift der Philosoph Friedrich Nietzsche den Untergang «wahrer Bildung» und die Geburt des «kuranten Menschen», der sich selbst zum Markte trägt (cf. Nietzsche [1872] 1955: 417).

Die Hochschulen in Deutschland haben inzwischen begonnen, sich der neuen politisch gewollten Situation anzupassen, was in Zeiten der Mittelkürzung im Bildungsbereich sowie angesichts der Studierendenzahlen (inzwischen über zwei Millionen in Deutschland) kein leichtes Unterfangen ist. Das gilt besonders für das Fach Kommunikationswissenschaft, und zwar aus drei Gründen:

– Kommunikationswissenschaftliche Studiengänge sind geradezu notorisch überlastet, und sie haben (auch deshalb, weil die Kommunikationswissenschaft ein relativ junges Fach ist) Schwierigkeiten, sich bei der Mittelverteilung in den Gremien gegen alt eingesessene Fächer durchzusetzen.

– Darüber hinaus ist die kommunikationswissenschaftliche Ausbildung in Deutschland noch immer sehr unterschiedlich, was die unterschiedlichen Bezeichnungen für das Fach an den verschiedenen Hochschulen ebenso belegen wie die wachsende Zahl einführender Lehrbücher, die zeigen, wie weit das Fach von einer gemeinsamen thematischen Grundlage oder gar von einem einheitlichen Curriculum entfernt ist.[2]

– Hinzu kommt, dass die Veränderungen in der Medienlandschaft unter dem Einfluss von Digitalisierung und Globalisierung weitreichende Veränderungen in der Aufgabenstellung wie in der Berufsfeldorientierung der Kommunikationswissenschaft mit sich bringen. Videojournalisten, Online- und Multimediaredakteure, neue Berufsfelder in der Öffentlichkeitsarbeit (Public Relations), in der Werbung, in der Mediaplanung oder im Medienmanagement, im Kulturmanagement oder in der schwierigen Kommunikationsplanung von Nicht-Regierungsorganisationen (sog. NGOs, d. h. Non Gouvernmental Organisations) sind neben die traditionellen Berufsfelder des Journalisten getreten.[3]

In dieser besonderen Situation des Fachs Kommunikationswissenschaft stellt die Zielvorgabe der Berufsfeldorientierung eine schwer lösbare Aufgabe dar: Für welchen der möglichen und fast täglich neu entstehenden Berufe sollen die Universitäten ausbilden[4] – und das in sechs, längstens in zehn Semestern (bei MA-Abschluss)? Bei aller Skepsis, die angesichts der unbestreitbaren Dynamik der Medienlandschaft gut zu verstehen ist, liegt jedoch genau hier, in der Berufsfeldorientierung, auch eine große *Chance* für das Fach und für alle, die es studieren und lehren – freilich nur dann, wenn wir die Herausforderungen erkennen und ernst nehmen, vor die uns das Berufsfeld der Kommunikationspraxis tatsächlich stellt. Was also heißt für Kommunikationswissenschaftler Praxisbezug, was heißt Berufsfeldorientierung, und welche Konsequenzen ergeben sich daraus für die Studierenden und Lehrenden des Fachs?

1.3 Was heißt Praxisbezug?

Praxismodule gehören in verschiedenen Varianten zur Grundausstattung aller kommunikationswissenschaftlichen BA-Studiengänge. Durch mehrmonatige Praktika im Berufsfeld, in vor- oder nachbereitenden Begleitseminaren, in so genannten medienpraktischen Kursen, die oft von externen Lehrbeauftragten abgehalten werden – überall können

Studierende vertiefende Praxiserfahrungen sammeln. Dabei sind jene grundlegenden theoretischen Kenntnisse, die die Studierenden in den ersten Semestern ihres kommunikationswissenschaftlichen Studiums erworben haben, sehr hilfreich. Wer sich z.B. bereits mit Theorien der Nachrichtenauswahl (s. dazu unten Kap. 7.4.1) befasst hat, der besitzt schon vor der ersten Teilnahme an einer Redaktionskonferenz eine recht genaue Vorstellung vom Spektrum möglicher Themen. Wer in Bezug auf Prozesse der beruflichen Sozialisation grundlegende Kenntnisse besitzt, der wird sehr genau darauf achten, welcher Kollege ihn auf welche Weise mit den Arbeitsabläufen in der Redaktion, der PR- oder Werbeagentur vertraut macht. Umgekehrt sind viele Erfahrungen, die Studierende im Rahmen ihrer Praktika sammeln, ausgesprochen hilfreich, um berufsfeldorientierte Forschungen besser beurteilen zu können.

Einige der großen Verbände der Kommunikations- und Medienwirtschaft bieten mit Blick auf die akademische Ausbildung Programme zur Nachwuchsförderung an. Die Deutsche Public Relations Gesellschaft (DPRG) z.B. verleiht alle zwei Jahre einen *Junior Award* für herausragende wissenschaftliche Abschlussarbeiten. Der Gesamtverband Kommunikationsagenturen (GWA) veranstaltet in Kooperation mit Universitäten und Fachhochschulen, Werbeagenturen und Partnern aus der werbetreibenden Wirtschaft das Projekt *Junior Agency*, bei dem konkrete Fallstudien aus dem Berufsalltag von PR- und Werbeagenturen von studentischen Teams bearbeitet werden. Projekte dieser Art stellen sowohl für Studierende als auch für Lehrende eine große Herausforderung dar. Lernen lässt sich hier, dass es in der Kommunikationspraxis nicht nur um gute Ideen, sondern um gute und *gut begründete* Ideen geht. Lernen lässt sich darüber hinaus, wie schwierig es ist, trotz zum Teil sehr unterschiedlicher Lern-, Wissens- und Arbeitskulturen innerhalb eines Teams termingerecht gemeinsam Lösungen zu erarbeiten.

Nicht selten ergibt sich aus einer konkreten Projektarbeit, aus einem Praktikum oder aus dem Kontakt mit einem Lehrbeauftragten aus der Praxis eine Anstellung als freier Mitarbeiter. Angesichts von Studiengebühren auf der einen Seite, der deutlichen Forderungen nach mehr Berufsfeldorientierung auf der anderen ist diese vorweggenommene Berufspraxis bei den meisten Studierenden der Kommunikationswissenschaft höchst willkommen. Immerhin interessiert sich die Mehrheit der Studierenden ja weniger für eine Karriere im Wissenschaftssystem als vielmehr für eine Karriere in der Kommunikations- und Medienbranche. Bevor man sich als Studierender aber dazu entschließt, eine Stelle als freier Mitarbeiter anzunehmen, sollte man sich gründlich prüfen, ob man in der Lage sein wird, die Doppelbelastung von Studium und Arbeit zu bewältigen.

1.4 Was heißt Berufsfeldorientierung?

Schon die wenigen Hinweise auf den Bologna-Prozess lassen erkennen, dass der Umbau des europäischen Hochschulwesens vor zwei zentralen Problemen steht. Es geht zum einen um einen großen organisatorischen und ökonomischen Aufwand bei der Entwicklung und Genehmigung (der sog. Akkreditierung) der neuen Studiengänge. Es geht zum zweiten darum, dass sich alle Fächer intensiv darauf besinnen müssen, welche unverzichtbaren *Kernbestände* und *Kernkompetenzen*[5] sie mit welchen Begründungen in den Mittelpunkt der wissenschaftlichen Ausbildung stellen wollen. Im Fall der Kommunikationswissenschaft geht es also um die Frage, was ein Studierender dieses Fachs gelernt haben muss/sollte, welche Kompetenzen er erworben haben muss, um später – in welchem Beruf auch immer – als kritischer Kommunikationsexperte verantwortlich arbeiten zu können. Eine Antwort auf diese Frage liefert eine genaue Beobachtung des Phänomenbereichs, auf den sich das Interesse von Kommunikationswissenschaftlern richtet. Betrachten wir einige Beispiele.

Eine unter Kommunikationswissenschaftlern weitgehend anerkannte These besagt, dass kein neues Medium in der Lage ist, ein älteres, bereits etabliertes Medium gänzlich zu verdrängen. Zwar gibt es immer wieder Ausnahmen von dieser Regel, die nach ihrem Entdecker, dem Altphilologen und Journalisten Wolfgang Riepl (1913), das «Riepl'sche Gesetz» genannt wird; dennoch sind die meisten Fachvertreter mehr oder weniger von diesem Zusammenhang überzeugt. Einen wesentlichen Grund für das Beharrungsvermögen älterer Medien erkannte Riepl in der Komplementarität der verschiedenen Medien, die sich im Zuge der Medienentwicklung immer wieder auf neue Anwendungsgebiete spezialisieren.

Medien prägen die Art und Weise, wie Menschen miteinander kommunizieren; und neue Medien, heißt das, verändern die Art und Weise, wie Menschen mit Hilfe älterer Medien miteinander kommunizieren. Beispielsweise hat die Erfindung der Schrift den Stellenwert des gesprochenen Worts verändert. Deshalb ist es etwas anderes, ob diese Zeilen gelesen oder in einer Vorlesung gehört werden. Ganz ähnlich hat der Druck mit beweglichen Lettern den Stellenwert des handgeschriebenen Textes verändert. Deswegen schreibt man Bücher mit dem Computer, aber Liebesbriefe in aller Regel mit der Hand. Trotz E-Mail schreiben wir noch immer Briefe; trotz Fernsehen hören wir noch immer Radio; trotz Internet lesen wir noch immer Zeitung – nur: Wir tun all dies eben anders als in jenen Zeiten, als die heutigen Alternativen noch nicht verfügbar waren.

Bereits diese wenigen Beispiele verdeutlichen, dass die Entwicklung der Kommunikation kein additiver, sondern ein höchst integrativer Prozess ist. Das heißt, neue Komponenten werden nicht einfach zum Bestehenden hinzuaddiert, sondern sie verändern das gesamte Gefüge des Bestehenden – und zwar grundsätzlich. Über den skizzierten Mechanismus herrscht, wie gesagt, im Fach weitgehend Einigkeit, vor allem auch deswegen, weil es jeder, der sich im Feld der Medien- und Kommunikationsforschung engagiert, früher oder später mit diesem Mechanismus zu tun bekommt – sei es mit Blick auf Massenkommunikation oder mit Blick auf direkte, so genannten Face-to-Face-Kommunikation, sei es mit Blick auf die Medien im Allgemeinen oder auf spezifische Medienangebote im Besonderen, sei es mit Blick auf Formen, Formate oder Inhalte, sei es mit Blick auf Produktions-, Distributions- oder Rezeptionsprozesse.

Die Komplementarität der Medien, gepaart mit ihrer enormen Entwicklungsdynamik, wird zu Recht als große Herausforderung für das Fach und die Kommunikationspraxis wahrgenommen. Darüber wird jedoch in aller Regel vergessen, dass uns unsere eigenen Beobachtungen helfen könnten, besser zu verstehen, welchen Beitrag wir als Kommunikationswissenschaftler für jene Praxis leisten können, die sich uns leistet.

Die Kommunikationswissenschaft, so lässt sich verallgemeinern, hat es mit Beobachtern zu tun, die immer wieder zwischen Selbst- und Fremdbeobachtung die Spur wechseln. Anders ließe sich jener Mechanismus, dem seit Wolfgang Riepl im Fach gar Gesetzesstatus beigemessen wird, gar nicht erklären. Die Medien der Gesellschaft können sich nur deswegen komplementär zueinander verhalten und auf Innovationen flexibel durch die Neubestimmung ihrer Funktionsmöglichkeiten reagieren, weil sie sich wechselseitig beobachten und aufgrund dieser Beobachtungen aufeinander reagieren.

Jedes Medium ist in der Lage und daran interessiert, sich selbst und andere Medien zu beobachten. Was wählen andere Medien als berichtenswert aus? Wie wird das Berichtenswürdige im Medium präsentiert und inszeniert? Mediennutzer beobachten ihrerseits, was Medien beobachten und wie sie es präsentieren. Auf diese Weise wird der Beobachtungsmodus zweiter Ordnung (= das Beobachten des Beobachtens, in der Soziologie «Latenzbeobachtung» genannt) eingeübt und entwickelt sich zur Routine von Mediennutzern. In diesem Beobachtungsmodus aber wird deutlich, dass man immer auch anderes und anders beobachten könnte, was als Kontingenzerfahrung[6] bezeichnet wird.

Die Fähigkeit, mit Latenzbeobachtungen produktiv umzugehen, gehört zum unverzichtbaren Rüstzeug kompetenter Mediennutzer. Der souveräne Umgang mit Kontingenzerfahrungen, die Fähigkeit, Differenzen wahrzunehmen, zu erkennen, auszuhalten und entsprechend zu handeln – diese Fähigkeiten zu schulen heißt für uns *Berufsfeldorientierung*.

Aufgrund dieser Zielsetzung versteht sich unser Buch nicht als darstellender Überblick über möglichst alle Themen der Kommunikationswissenschaft. Vielmehr geht es uns darum, Studierenden der Kommunikationswissenschaft zu verdeutlichen, wie die Inhalte dieser Wissenschaft miteinander zusammenhängen, welche wissenschaftlichen Bearbeitungs- und Darstellungsformen für diese Inhalte zur Verfügung stehen und welche Ziele mit der wissenschaftlichen Auseinandersetzung mit Kommunikation und Medien sinnvoll verfolgt werden können. Es geht darum, Studierenden sozusagen den inneren Mechanismus der Kommunikationswissenschaft zu verdeutlichen und so etwas wie eine Kosten-Nutzen-Rechnung in Bezug darauf aufzumachen, welche Inhalte man auswählt, welche Methoden man einsetzt, welche Begrifflichkeit man wählt und welche Ziele man verfolgt.

Wir haben in diesem Lehrbuch den Versuch unternommen, auf der Grundlage einer explizit dargestellten Erkenntnis- und Wissenschaftstheorie sowie mit Hilfe einer ausführlichen Definition aller verwendeten Grundbegriffe die Thematik wie die Systematik des Fachs Kommunikationswissenschaft darzustellen. Der kontinuierliche Rückgriff unserer Argumentation auf diese theoretischen Grundlagen macht gelegentliche Wiederholungen unvermeidlich und sollte eher als Vergewisserung denn als überflüssige Repetition gelesen werden. Besonders der von uns benutzte Medienkompaktbegriff (Abb. 4) dient uns als Leitfaden für das Aufspüren und die Systematisierung von Beobachtungs- und Beschreibungsmöglichkeiten im Bereich medienvermittelter Kommunikation.

Da wir der Ansicht sind, dass sinnvoll gestellte Fragen oft aufschlussreicher sind als die darstellende Ausbreitung von Daten, die heute leicht im Internet zugänglich sind, haben wir besondere Aufmerksamkeit auf das *Erkenntnisinstrument Fragen* verwandt. Diese Aufmerksamkeit ist zugleich Ausdruck unserer Überzeugung, dass wir bei der Erforschung eines so komplexen Problembereichs wie Kommunikation in der Gesellschaft immer nur bruchstückhaftes und sich rasch wandelndes Wissen erarbeiten können – anders gesagt: Die Fragen überdauern in der Regel die Antworten.

2. Gegenstand und Selbstverständnis des Fachs Kommunikationswissenschaft

2.1 Die Wissenschaft der Mediengesellschaft

Wer sich für das Studium eines bestimmten Fachs entscheiden will, hat berechtigten Anspruch darauf zu erfahren, womit sich dieses Fach aus welchen Gründen, in welcher Weise und mit welcher Zielsetzung beschäftigt.

Wenn man Auskunft darüber erhalten will, wie sich die Kommunikationswissenschaft selbst versteht, dann wendet man sich an die Fachvertretung, und das heißt hier an die Deutsche Gesellschaft für Publizistik- und Kommunikationswissenschaft (abgekürzt DGPuK). Diese hat in einem so genannten Selbstverständnispapier vom Januar 2001 unter dem selbstbewussten Titel *Die Mediengesellschaft und ihre Wissenschaft* den Gegenstand und die Problemstellung des Fachs wie folgt bestimmt: «Im Zentrum des Fachs steht die indirekte, durch Massenmedien vermittelte, öffentliche Kommunikation. Die damit verbundenen Produktions-, Verarbeitungs- und Rezeptionsprozesse bilden den Mittelpunkt des Fachinteresses» (DGPuK 2001: 3). Neben den klassischen Massenmedien (Zeitung, Hörfunk, Fernsehen) richtet sich das Interesse aber auch auf andere Medien und verschiedene Formen computervermittelter Kommunikation.

Die Forschungsfelder sind breit gestreut. Untersucht werden (nationale und internationale) Mediensysteme, Medien- und Kommunikationspolitik, Kommunikations- und Medientheorien, Medien- und Kommunikationsgeschichte, ökonomische, rechtliche und politische Probleme der öffentlichen Kommunikation, Methoden zur Erforschung von Kommunikation und Medien, Medienwirkungen, Typen von Kommunikatoren in Journalistik, Public Relations, Werbung oder Unternehmenskommunikation. Nach einer stark historischen Ausrichtung bis in die 1950er Jahre ist das Fach seitdem in erster Linie empirisch ausgerichtet, wobei quantitative wie qualitative Methoden eingesetzt werden.

Diese Selbsteinschätzung lässt einige interessante Aspekte erkennen. Die Kommunikationswissenschaft versteht sich *heute* als Einheit von Kommunikations- und Medienwissenschaft,[7] was der Tatsache Rechnung trägt, dass sie die Wissenschaft der *Mediengesellschaft* sein will. Als eine solche Wissenschaft beobachtet, analysiert, kritisiert und bewertet sie im Prinzip alle Prozesse medienvermittelter öffentlicher Kommunikation hinsichtlich ihrer Voraussetzungen, Durchführungen und Wirkungen. Der Schwerpunkt auf *öffentlicher* Kommunikation dient dabei der Abgrenzung von anderen Disziplinen, die sich mit individueller interaktiver Kommunikation (sog. Face-to-Face-Kommunikation) beschäftigen, so etwa die Sprachwissenschaft oder die Psychologie.

Vier Jahre später, in einem Diskussionspapier der Arbeitsgruppe «Fachperspektive» in der DGPuK, wird diese Eingrenzung auf öffentliche Kommunikation allerdings infrage gestellt. Kommunikations- und Medienwissenschaft wird nun sehr breit verstanden als eine Disziplin, «... deren grundlegende Perspektive dadurch gekennzeichnet ist, dass sie sich mit (im weitesten Sinne) sozialen Phänomenen unter dem Blickwinkel von Kommunikation und Medien befasst» (Arbeitsgruppe «Fachperspektive» in der DGPuK 2005). Die so verstandene Disziplin soll, so die Empfehlungen der Arbeitsgruppe, die *interdisziplinäre* Ausrichtung fördern, die *Internationalität* verbreitern und die gesellschaftliche *Relevanz* des Fachs in und für eine Mediengesellschaft stärker betonen.

Zwar sind diese Vorschläge in der DGPuK keineswegs auf einhellige Zustimmung gestoßen. Aber die Diskussion zeigt doch, dass sich das Fach in Bewegung befindet und versucht, in angemessener Weise mit der Komplexität medienvermittelter Prozesse, ihren Voraussetzungen, Durchführungen und Wirkungen umzugehen. Dabei macht u. E. eine Trennung in Medien- *versus* Kommunikationswissenschaft(en) heute keinen Sinn mehr. Ebenso deutlich ist heute, dass das Fach – vor allem unter den Bedingungen des Bologna-Prozesses – nur in interdisziplinärer Zusammenarbeit und nur orientiert am internationalen Forschungsprozess seine Aufgaben angemessen erfüllen kann.

Die Frage, ob sich die Kommunikationswissenschaft in erster Linie – wenn schon nicht mehr ausschließlich – mit durch Massenmedien[8] vermittelter öffentlicher Kommunikation beschäftigen soll, kann u. E.

wie folgt beantwortet werden: Wer sich mit Massenkommunikation beschäftigt, muss die Differenz zur interaktiven direkten Face-to-Face-Kommunikation kennen, um die Spezifik von so genannter Massenkommunikation bestimmen zu können; denn wir erkennen und lernen nur durch die Beobachtung von Unterschieden.

Dieses Argument gilt auch im Hinblick auf die thematische Festlegung auf öffentliche Kommunikation. Auch hier verstehen wir die Spezifik durch die Beobachtung von Unterschieden zwischen journalistisch in Gang gesetzter Kommunikation, Kommunikationsformen wie Organisations- oder Werbekommunikation und interaktiver Kommunikation.

Eine Kommunikationswissenschaft kann sich u. E. nur dann kompetent entfalten, wenn sie über Differenzbeobachtung die ganze Bandbreite und die Besonderheiten der unterschiedlichen Kommunikationsformen und Kommunikationstypen in der Gesellschaft aufdeckt und beschreibt. Kommunikationswissenschaftler brauchen Theorien zur Bearbeitung der verschiedenen Seiten der Differenzen,[9] sonst werden mehrere Kommunikationswissenschaften erforderlich.

Mit dieser Themenstellung sprengt die Kommunikationswissenschaft keineswegs ihren Rahmen oder überzieht ihre Zuständigkeit, wie immer noch viele Fachvertreter behaupten. Vielmehr dokumentiert sie damit, dass sie sich interdisziplinär orientieren und informieren muss, um ihr «Kerngeschäft» kompetent betreiben zu können.

Die Kommunikationswissenschaft ist nicht das einzige akademische Fach der Mediengesellschaft, sondern sie hat Gesellschaft bekommen. Die Medienwissenschaft und die Philologien, die Kulturwissenschaften, die Kunstwissenschaften, aber auch die Psychologie, die Soziologie, die Wirtschaftswissenschaft oder die Bildwissenschaft haben in den vergangenen Jahrzehnten mit Blick auf Medien- und Kommunikationsprozesse Interesse gezeigt, Verantwortung übernommen und Kompetenz unter Beweis gestellt. In diesem Umfeld sollte die Kommunikationswissenschaft bewusst wachsen und sich durch die Differenzierung ihrer Angebotspalette behaupten. Und das bedeutet eben auch: In diesem Umfeld werden gewissermaßen Claims abgesteckt, werden Interpretations- und Deutungshoheit reklamiert und Demarkationslinien zu an-

grenzenden Wissenschaften aufgebaut (siehe dazu exemplarisch Donsbach 2006).

Die Kommunikationswissenschaft, davon sind wir überzeugt, und
das wollen wir an dieser Stelle deutlich betonen, hat *gute* Gesellschaft
bekommen; und sie kann von dieser guten Gesellschaft viel profitieren,
wenn sie auf die Nutzbarmachung von Pluralismus und Differenz setzt.
Kommunikation heißt: Kontingenz erleben, ertragen und bearbeiten.
Und das gilt eben auch für die Kommunikation der Kommunikationswissenschaft mit ihren Nachbarn.

Darum plädieren wir für mehr Integration, mehr Inter- und Transdis-
ziplinarität, wodurch man den Geltungsanspruch der Kommunikationswissenschaft mit Leben füllen könnte. Mit diesem Plädoyer stehen wir
nicht allein. Die Kommunikationswissenschaftler und Kommunikati-
onswissenschaftlerinnen Anna-Maria Theis-Berglmair, Andreas Hepp,
Friedrich Krotz und Irene Neverla haben sich ebenfalls für eine stärkere
Öffnung und interdisziplinäre Ausrichtung des Fachs eingesetzt. In dem
bereits erwähnten gemeinsam verfassten Diskussionspapier schreiben
sie: «Die Kommunikations- und Medienwissenschaft versteht sich seit
ihren Anfängen als Integrationswissenschaft, die Theorien und Methoden aus den verschiedenen Sozial- und Kulturwissenschaften aufgreift
und in ihre Perspektive einordnet. Dies ist gerade im Kontext gegenwärti-
ger ‹Wissens-› und ‹Mediengesellschaften›, in denen relevante Wissensbestände sich nicht (mehr) in die ‹Kästchen› von Universitätsfächern
aufteilen lassen, eine erhebliche Stärke: Die Kommunikations- und Medienwissenschaft ist dadurch nachhaltig anschlussfähig für andere Disziplinen» (Arbeitsgruppe «Fachperspektive» in der DGPuK 2005).

2.2 Thematische Ausdifferenzierungen

Neue Themen kommunikationswissenschaftlicher Forschung sind in
den letzten Jahren durch bewusste Erweiterung der Beobachtungsbereiche in interdisziplinärer Zusammenarbeit in so genannten Bindestrich-
disziplinen von Medien-Ästhetik bis Medien-Recht erzeugt worden. Mit

dieser Entwicklung reagiert die Kommunikationswissenschaft im Verein mit anderen Disziplinen auf die Tatsache, dass immer mehr Bereiche des gesellschaftlichen Lebens in den westlichen *Medienkulturgesellschaften*[10] von Medien beeinflusst werden, wodurch traditionelle Fragen, Antworten und Probleme neu formuliert und eingeschätzt werden müssen.

Aber nicht nur die Kommunikationswissenschaft steuert über neue Beobachtungsbereiche in neue Aufgabenfelder und Kooperationen. Vielmehr sieht es so aus, als stünden auf der anderen Seite viele Geistes- und Sozialwissenschaften einschließlich der Philosophie vor der Einsicht, ihrerseits einen fachspezifischen Blick auf Medien und Kommunikation ausarbeiten zu müssen und mit den Kommunikations- und Medienwissenschaften zu erproben.[11]

Längst gibt es Lehrstühle für Medien-Psychologie und Medien-Soziologie, deren Vertreter Aspekte der Rezeption und Nutzung von Medienangeboten bei Aktanten(-Gruppen) oder die Rolle von Medien im Globalisierungsprozess bei der Entwicklung transkultureller Perspektiven untersuchen.[12] Medienhistoriker beschäftigen sich mit Kommunikations- und Mediengeschichte(n). Medienpädagogen und Mediendidaktiker erforschen, wie sich die medienbestückte Umwelt auf das Lernverhalten von Kindern und Jugendlichen auswirkt, wie Medien im Unterricht sinnvoll genutzt werden können und wie die Lerner effektive Medienkompetenz erwerben können, die ihnen eine auch kritische Distanz zu Medien und dem Gebrauch von Medienangeboten ermöglicht.[13] Selbst die Philosophie diskutiert seit einigen Jahren ernsthaft, ob die Entwicklung einer eigenständigen Medien-Philosophie angesagt ist,[14] in der viele der traditionellen philosophischen Probleme reformuliert werden müssen. Eine solche Reformulierung ist u. E. erforderlich für eine neue Beobachtung und Beschreibung von Bereichen wie Wahrnehmung, Wissen und Wirklichkeit, aber auch von Gedächtnis/Erinnerung oder Kultur. Wenn Wissen mit Hilfe von Medien fast beliebig gespeichert und recherchiert werden kann, wandelt sich notwendig unsere Beobachtung und Beschreibung von Wissen, Wissenserwerb und den Trägern von Wissen, müssen wir mit den traditionellen Themen Gedächtnis und Erinnerung anders umgehen als bisher.[15] Wenn wir z. B. im Alltag wie in den Wissenschaften Medien zur Konstruktion von Wirklichkeiten[16] nutzen, wenn wir einsehen, dass «die Wirklichkeit» nicht einfach objektiv abgebildet werden kann, wenn wir die Produktion von Simulationen und Virtualitäten technisch ständig verfeinern, dann kommen wir mit traditionellen dualistischen Vorstellungen von Wirklichkeit (hier das Objekt, dort das Subjekt) nicht mehr aus. Oder wenn wir uns klarmachen, dass Medien zwar einerseits die Anzahl von Anlässen zur Produktion von Erinnerungen enorm erhöhen (die Archive wachsen ins schier Unendliche), andererseits durch raschen Verfall der technischen Systeme das Vergessen ebenso fördern wie durch ihre Schnelllebigkeit und Aktualitätssucht, dann wird Erinnern zu einem Thema, an dem nicht nur der psychologische, sondern auch der politische Aspekt (Gedächtnispolitik) beobachtet werden muss. Erkenntnistheorie wandelt sich mit Blick auf die Entfaltung von Medienkulturgesellschaften plausiblerweise zu Formen von Medienepistemologie,[17] die die Rolle von medial erworbenem Wissen, die Ordnungsleistung von Medienschemata und die Beziehung zu medialen Akteuren berücksichtigen sollte.

2.3 Konsequenzen für das Selbstverständnis der Kommunikationswissenschaft

Schon diese kurzen einführenden Überlegungen lassen wichtige Konsequenzen für das Selbstverständnis des Fachs wie für die Orientierung des Fachstudiums über alle bis heute bestehenden curricularen Unterschiede hinweg deutlich werden:

– In allen wissenschaftlichen Disziplinen, so auch in der Kommunikationswissenschaft, *ist nichts selbstverständlich*. Welche Probleme formuliert und welche Problemlösungen akzeptiert werden, hängt von den Wissenschaftlern ab, die aufgrund ihres jeweiligen (historisch bedingten) Wissensstands Probleme und Problemlösungen inhaltlich und methodisch im Hinblick auf angestrebte Lösungen bearbeiten und bewerten. Und dabei gilt, was schon der Apostel Paulus an die Korinther schrieb: All unsere Erkenntnis ist Stückwerk.
– In allen wissenschaftlichen Disziplinen müssen die verwendeten

Grundbegriffe möglichst eindeutig bestimmt und verwendet werden. Nur dann kann sich ein wissenschaftlicher Diskurs entwickeln, in dem die Beteiligten nicht aneinander vorbeireden und gemeinsam Probleme lösen.

- In allen wissenschaftlichen Disziplinen werden – mehr oder weniger bewusst – Metaphern[18] und Modelle verwendet, die durchaus nicht eindeutig sind. So spricht man etwa, wie wir gesehen haben, in der Kommunikationswissenschaft von «Archiven des Wissens», aber auch, wie wir noch sehen werden, vom «Informationsfluss» oder der «Informationsüberflutung», von «Gatekeepern», von der «Schweigespirale», von «Fernsehfamilien» oder von «Aufmerksamkeitsökonomie». Man entwickelt zum Teil sehr komplizierte Modelle von Massenkommunikation oder Wirkungszusammenhängen. Metaphern und Modelle sind in allen Wissenschaften unvermeidbare Mittel der Kommunikation, aber sie müssen *als* Metaphern und Modelle bewusst gemacht oder gehalten werden, damit wir nicht ihrem Charme erliegen.

- Alle wissenschaftlichen Disziplinen sind historisch veränderlich und reagieren auf Veränderungen in ihren Themenbereichen und ihren Methoden. Das zeigt sich im Fall der Kommunikationswissenschaft am Wandel ihres Selbstverständnisses von der Zeitungswissenschaft in der ersten Dekade des 20. Jahrhunderts zur Wissenschaft der Medienkulturgesellschaft an der Schwelle zum 2. Jahrtausend unter Bedingungen der Digitalisierung und Globalisierung.

- Alle wissenschaftlichen Disziplinen müssen sich darum bemühen, ihren Nutzen für die Gesellschaft und die Mitglieder der Gesellschaft zu begründen und zu beweisen. Das heißt, sie müssen ihre Arbeit und deren Ergebnisse kritisch beobachten und der Gesellschaft kommunikativ verdeutlichen. Darum ist es keineswegs unwichtig, welche Themen eine Disziplin auf welche Weise und mit welcher Zielsetzung bearbeitet. Das ist etwa im Hinblick auf die Wirkung von Medien (Kap. 5) leicht zu begründen (wenn auch erwiesenermaßen schwer zu verwirklichen); das ist etwa im Hinblick auf Medienkritik (Kap. 11.5) heute ebenso schwer zu begründen wie zu leisten.

- Alle wissenschaftlichen Disziplinen sind aus guten Gründen daran interessiert, ihre Identität dadurch zu sichern, dass sie ganz bestimmte Themen als ihren Zuständigkeitsbereich reklamieren. Diese guten Gründe dürfen aber nicht dazu führen, betriebsblind für neue Entwicklungen zu werden. Das gilt besonders für Disziplinen, die sich mit gesellschaftlichen Entwicklungen beschäftigen, die nie abgeschlossen sind. – Der oben angeführte Vergleich der beiden Selbstverständnispapiere der DGPuK zeigt, dass die Kommunikationswissenschaft diese Lektion zu lernen begonnen hat.

3. Grundlagen der Kommunikationswissenschaft

3.1 Erkenntnistheoretische Grundlagen

Schon an verschiedenen Stellen der bisherigen Überlegungen haben wir auf die besondere Rolle des *Beobachters*, des *Beobachtens* und *Beschreibens* hingewiesen. Diese Hinweise sollen jetzt konzentriert auf den Punkt gebracht und in ihrer Bedeutsamkeit für die Arbeit von Kommunikationswissenschaftlern verdeutlicht werden.[19] Dabei werden wir auf drei Argumente besonders eingehen.

1. Gestaltpsychologen wie Wolfgang Metzger oder Wolfgang Köhler haben schon in den 1930er Jahren experimentell gezeigt, dass wir ständig mit *Unterscheidungen* arbeiten. Für die Wahrnehmung ist die wichtigste Unterscheidung die von Figur und Grund.

Abb. 1: E. Boring: Umkehrtäuschung. In: Rentschler & Schober 1988: 65

Damit konnten die Gestaltpsychologen plausibel machen, dass wir nur etwas *als etwas* wahrnehmen können, wenn wir es von etwas anderem unterscheiden können – das Buch auf dem Tisch und nicht der Tisch, das Bild an der Wand und nicht die Wand usw.

Menschen beobachten wir mit Hilfe von Unterscheidungen wie männlich/weiblich oder alt/jung, Temperatur mit Hilfe der Unterscheidung warm/kalt, Gefühle mit Hilfe der Unterscheidung Hass/Liebe usw. Im Vorgang der Unterscheidung beobachten wir das Unterschiedene (einen Mann oder eine Frau), nicht aber den Unterscheidungsvorgang und die dabei verwendeten Unterscheidungskategorien. Diese bilden den so genannten blinden Fleck[20] jeder Unterscheidung, den wir erst in einem neuerlichen Unterscheidungsvorgang beobachten können – auf Kosten eines neuen blinden Flecks. Dieses Argument erlaubt es, unterschiedliche Formen des Beobachtens voneinander zu unterscheiden. In Wahrnehmungsvorgängen handeln wir als so genannte Beobachter erster Ordnung, die etwas beobachten und beschreiben. Wenn wir Beobachter erster Ordnung beim Beobachten beobachten, agieren wir als Beobachter zweiter Ordnung, aber auch wir können wieder von einem Beobachter dritter Ordnung beim Beobachten beobachtet werden – und alle beobachten auf Kosten ihres blinden Flecks.

Der blinde Fleck

Halten Sie das Buch mit der rechten Hand, schließen Sie das linke Auge und fixieren Sie den Stern mit dem rechten Auge. Bewegen Sie sodann das Buch langsam entlang der Sehachse vor und zurück, bis der Abstand erreicht ist (ca. 30 bis 35 cm), bei dem der große schwarze Punkt verschwindet. Wenn der Stern gut fixiert wird, bleibt der Punkt unsichtbar, auch wenn das Buch parallel zu sich selbst in beliebiger Richtung bewegt wird. Diese lokalisierte Blindheit ist eine direkte Folge des Fehlens von Fotorezeptoren (Stäbchen und Zapfen) an dem Punkt der Retina, dem «blinden Fleck», wo alle Fasern von der lichtempfindlichen Schicht des Auges zusammenkommen und den Sehnerv bilden. Es liegt auf der Hand, dass der Punkt, wenn er auf den blinden Fleck projiziert wird, nicht gesehen werden kann. Es ist zu betonen, dass diese lokalisierte Blindheit nicht als dunkle Wolke in unserem visuellen Feld wahrgenommen (eine dunkle Wolke sehen würde bedeuten, dass man sie «sieht»), sondern dass diese Blindheit *überhaupt* nicht wahrgenommen wird, d.h. weder als etwas, das gegeben ist, noch als etwas, das fehlt: Wir sehen nicht, dass wir nicht sehen.

Foerster, Heinz von (1993): Wissen und Gewissen. Versuch einer Brücke. Hg. von Siegfried J. Schmidt. Frankfurt/M.: Suhrkamp, 26 f.

So beobachten etwa Kommunikationswissenschaftler mit Hilfe einer bestimmten Konflikttheorie, wie ein Ehestreit ausgetragen wird, während Wissenschaftstheoretiker beobachten, wie und warum die Kommunikationswissenschaftler gerade diese Konflikttheorie und keine andere verwenden.

Diese Argumentation sollte darauf aufmerksam machen, dass alles, was wir tun, zwar erfolgreich und plausibel sein kann, aber nie in einem universalen Sinn *wahr* oder *objektiv* ist. Wir handeln immer, alle und überall auf der Grundlage von Voraussetzungen, die wir im Handeln in Anspruch nehmen, ohne sie uns im Vollzug der Inanspruchnahme bewusst zu machen bzw. bewusst machen zu können. Und das gilt auch dann, wenn wir dieses Beziehungsverhältnis von Handeln und Voraussetzungen seinerseits beobachten usw. Bei diesen Voraussetzungen handelt es sich je nach Handlungszusammenhang um Erfahrungen und Wissen, um Zielsetzungen, Gefühle, moralische Orientierungen usw. Wir sind als Handelnde nie neutral – wenn wir uns um Neutralität bemühen, hat das besondere Gründe und wird von uns als wichtig, gut und befriedigend eingeschätzt. Und wir handeln stets in ganz konkreten Situationen, bezogen auf Handlungspartner und orientiert durch Erwartungen aus vorausgegangenen Handlungen.[21]

2. Von der Wahrnehmung an vollziehen wir in unseren Handlungen dreistellige Prozesse: Ein Handelnder (im Folgenden «Aktant» genannt)[22]

nimmt in einem räumlich und zeitlich konkreten Wahrnehmungsprozess *etwas als etwas* wahr. In diesem Prozess kann um keine Komponente gekürzt werden. Der Wahrnehmungsprozess braucht einen *Träger*, er muss von diesem Träger als *Prozess* vollzogen werden, und er führt zu einem bestimmten *Prozessresultat*, das vom Träger wie vom Prozess bestimmt ist. Konkret: Aktant A nimmt einen Baum wahr.[23] Als wahrgenommener Baum ist er in seiner Wahrnehmungs- bzw. Erfahrungswelt unbestreitbar «wirklich». Wenn nun spitzfindige Philosophen die Frage stellen, ob der Baum auch existiert, wenn A ihn nicht wahrnimmt, darf man sich nicht verwirren lassen. Die Antwort auf eine solche Frage lautet nicht: Ja oder Nein, sondern: Im Falle, dass A den Baum nicht wahrnimmt, ist von diesem Baum *nicht die Rede*. Mit anderen Worten, es gibt dann weder einen Handlungs- noch einen Kommunikationszusammenhang, in dem der Baum als Prozessresultat in dem o. g. dreistelligen Prozess eine Rolle spielt.

Diese Argumentation ist deshalb so wichtig, weil sie die uralte Streitfrage, wie «die Wirklichkeit» an sich und unabhängig von uns Beobachtern objektiv aussieht, nicht etwa löst – sondern *auf*löst. Wirklichkeit spielt für uns ausschließlich eine Rolle im Rahmen von konkreten Handlungen und Diskursen, in denen wir eine Rolle spielen. Oder mit den Worten des österreichischen Philosophen Joseph Mitterer (1992: 107): Es gibt kein «Diskursjenseits» – außer in unserem «Diskursdiesseits». Ebendeshalb können wir (und nur wir) nur Aussagen machen über *unsere* Wirklichkeiten (= Prozessresultate), und auch Aussagen wie «Die Wirklichkeit existiert unabhängig von uns» sind *unsere* Aussagen, die etwas über uns aussagen, nicht über »die Wirklichkeit an sich».

3. In der neueren Diskussion über Ergebnisse der Neurobiologie und der Kognitionswissenschaften wird oft die so genannte *kognitive Autonomie* von Aktanten betont.[24] Was damit kognitionstheoretisch gemeint ist, haben Neurobiologen in den letzten Jahrzehnten mit Hilfe von Konzepten von Selbstreferenz, Selbstorganisation und operationaler Geschlossenheit zu klären versucht.[25] Unabhängig von solchen Klärungsversuchen lässt sich das mit diesem Konzept Gemeinte so formulieren: Wir erfahren täglich, dass wir nicht beobachten können, was im Kopf eines anderen abläuft. Wir versuchen daher, von seiner Mimik und Ges-

tik, von seinen Handlungen und Äußerungen auf das zu schließen, was wohl in seinem Kopf vor sich gehen mag, und sind damit erfahrungsgemäß ganz unterschiedlich erfolgreich. Auch ohne auf den Zusammenhang zwischen Körper, Gehirn und Bewusstsein einzugehen, können wir die kaum widerlegbare Annahme formulieren, dass jeder Aktant nur das tun (im weitesten Sinn) kann, was ihm das an seine Person gebundene Zusammenwirken von Körper, Gehirn und Bewusstsein in konkreten Situationen in gesellschaftlichen Kontexten zu tun erlaubt bzw. ermöglicht. Darum ist all unser Tun spezifisch für diesen Wirkungszusammenhang, es ist systemspezifisch für jedes lebende System, sosehr wir auch bei unserem Tun Voraussetzungen in Anspruch nehmen, die kulturell und sozial geprägt sind.

Alles, was wir tun, ist *kontingent*,[26] was bedeutet, wir könnten stattdessen auch etwas anderes tun, und wir könnten das, was wir tun, auch anders tun. Wir könnten z.B. heute Abend statt ins Kino zu Freunden gehen, und wir könnten das allein oder mit anderen tun. Wir könnten statt dieser Frau eine andere heiraten und könnten dies kirchlich oder standesamtlich tun. Die so genannten Notwendigkeiten oder Sachzwänge erweisen sich in der Regel als undurchschaute Kontingenz – selbst unserem Leben können wir bewusst ein Ende setzen oder eben nicht. Kontingenz gilt wohlgemerkt nur für das, was wir *tun*. Wenn uns ein Blitz erschlägt, ist das für einen Beobachter zwar kontingent, aber uns betrifft das Problem dann leider nicht mehr.

Wenn diese Vermutung zutrifft, dann sind wir ständig damit beschäftigt, Kontingenz zu bearbeiten, um sie erträglich zu machen. Dabei spielen zwei Instanzen eine wichtige Rolle: Die *Medien* verdeutlichen uns von morgens bis abends, dass wir Möglichkeiten des Lebens und Sterbens, von Glück und Unglück, von Erfolg und Misserfolg sehr selektiv, also kontingent nutzen; mit anderen Worten, sie versorgen uns *nolens volens* mit *Kontingenzbewusstsein.* Umgekehrt liefert uns das *Kulturprogramm* (Kap. 3) unserer Gesellschaft Angebote zur Kontingenzbearbeitung, die die Kontingenz zumindest im Normalfall unsichtbar werden lassen, indem sie bestimmte Handlungs- und Bewertungsselektionen auszeichnet und als selbstverständlich erscheinen lässt – gewissermaßen als «Wir-Normalität»: Wir tun dies und nicht etwas anderes, und wir tun es so und nicht anders – zumindest im Prinzip: Bei uns wird kirchlich und standesamtlich geheiratet; wir bieten alten Leuten unseren Sitz in der Straßenbahn an; wir behandeln körperbehinderte Menschen zuvorkommend; wir reißen im Gottesdienst keine Witze usw. – Diese kurze Schilderung zeigt, dass solche Programmpunkte unserer Kultur zwar im Prinzip noch Selbstverständlichkeit suggerieren, dass die Praxis aber durchaus anders aussehen kann, was als Kommentar zum Verpflichtungsgrad von Kulturprogrammen in Medienkulturgesellschaften gelesen werden kann.

3.2 Themen und Konzepte der Kommunikationswissenschaft

«Im Zeitalter von Internet, globaler Ökonomie und Mediengesellschaft wird die Kommunikationswissenschaft in besonderer Weise herausgefordert. Technisierung, Kommerzialisierung, Entertainisierung und andere Trends verändern die Bedingungen, Strukturen und Leistungen von Medien. Die größte Herausforderung der Kommunikationswissenschaft bleibt jedoch: das Verständnis von Kommunikation.» (Löffelholz & Quandt 2003b: 16)

Im Folgenden wollen wir versuchen, in der Auseinandersetzung mit zentralen Begriffen die wichtigsten Themen und Konzepte der Kommunikationswissenschaft vorzustellen. Dabei wird sich zeigen, dass die Behandlung zentraler Konzepte nicht isoliert am einzelnen Begriff erfolgen kann. Vielmehr bilden diese Begriffe ein systematisch miteinander verbundenes *Netzwerk* von Begriffen, innerhalb dessen im wissenschaftlichen Diskurs die Bedeutung und der Stellenwert einzelner Begriffe überhaupt erst festgelegt werden können.

Beginnen wir mit dem für die Kommunikationswissenschaft namengebenden Begriff *Kommunikation*.

Im Laufe der Geschichte der Kommunikationswissenschaft sind ganz unterschiedliche Konzepte von Kommunikation entwickelt worden,[27] die hier nicht einzeln vorgestellt werden können. Aus der Geschichte dieser Definitionen lässt sich aber die Lehre ziehen, dass neue Begriffsbestimmungen immer dann versucht worden sind, wenn man beobachtete, dass die alten einseitig oder unvollständig waren. So wurde z. B. das so genannte Containermodell von Kommunikation erst dann aufgegeben, als man die aktive Rolle der Kommunikationsteilnehmer erkannte und sich klarmachte, dass Kommunikationsangebote wie etwa sprachliche Texte keine neutralen Container sind, die Gedanken, Informationen oder Meldungen ohne Reibungsverluste von A nach B transportieren und dort dem Container unversehrt entnommen werden können.

Wenn wir den Kommunikationsbegriff klären wollen, müssen wir fünf Aspekte berücksichtigen:

- In der Kommunikationswissenschaft kommunizieren wir mit Hilfe von Kommunikation über Kommunikation. Das bedeutet, dass wir den Untersuchungsgegenstand bei der Untersuchung immer schon zugleich voraussetzen und benutzen. Dieser Sachverhalt wird als *Autologieproblem* (Problem der Selbstbezüglichkeit) bezeichnet. Dabei passiert es immer wieder, dass wir vieles als bekannt voraussetzen, was sich bei genauerem Hinsehen keineswegs als bekannt herausstellt, so etwa die oben genannte Alltagsauffassung, dass Texte Bedeutungen oder Gedanken enthalten, die man ihnen direkt entnehmen kann, oder dass wir beim Verstehen die Gedanken eines anderen erfassen.

- Kommunikationswissenschaftler sind von vornherein mit dem Problem konfrontiert, dass ihr Untersuchungsgegenstand flüchtig, komplex und selbstbezüglich ist. Kommunikation ist ein ausgesprochen *flüchtiger* Prozess, der sich bereits unwiederbringlich verändert hat, wenn man mit seiner Beobachtung fertig geworden ist. Kommunikation ist *selbstbezüglich*, das heißt, sie setzt Kommunikation voraus und vollzieht sich als Anschlusskommunikation. Kommunikation ist *komplex*, weil hier ganz unterschiedliche Kontexte, Wahrnehmungskanäle, Medientypen, Kommunikationsrollen, Adressaten und Kommunikationsformen zusammenwirken. Darum gibt es keinen objektiv verlässlichen und ausgezeichneten Einstiegspunkt in ihre Analyse, und darum sind anspruchsvolle Modelle von Kommunikation immer äußerst komplex – was sich auch in dem von uns erarbeiteten Modell zeigen wird.

- Die Kommunikationswissenschaft muss sich daher um besondere theoretische und methodische Disziplin bemühen, um die Rede über ihren Gegenstand nicht mit dem Gegenstand selbst zu verwechseln.

Das gilt umso mehr, als die Theorien und Modelle von Kommunikation, die Kommunikationswissenschaftler entwickeln, nie gesellschaftlich neutral sind. Wer Kommunikation etwa als Mittel der direkten Beeinflussung oder gar als Steuerung von Menschen modelliert, liefert damit Propagandisten die Begründung dafür, jede Lüge mit Propaganda durchsetzen zu können. Darum sollte jeder Kommunikationswissenschaftler sich ernsthaft fragen, ob er seine Theorie nur für andere entwickelt oder ob er sie ernsthaft auch *auf sich selbst anwendet.*

– Als Kommunikationswissenschaftler beobachten wir Aktanten beim Kommunizieren in konkreten Situationen bzw. beim Umgang mit Medienangeboten unterschiedlicher Art. Dabei haben wir – wie bewusst auch immer – bestimmte Vorstellungen davon, wie Menschen denken, handeln und kommunizieren; das heißt, wir haben – mehr oder weniger bewusst – immer ein bestimmtes *Menschenbild* im Kopf, das sich notwendigerweise auf die theoretische Modellierung unseres Kommunikationskonzepts auswirkt.

– Wenn wir Kommunikation theoretisch modellieren wollen, arbeiten wir mit einem bestimmten Konzept der Kommunikationsmittel, die im Kommunikationsprozess eingesetzt werden, also vor allem von Sprache.

3.3 Kommunikation: die wichtigsten Aspekte

In den folgenden Abschnitten wollen wir versuchen, Schritt für Schritt die wichtigsten Aspekte menschlicher Kommunikation zu erläutern.

3.3.1 Zur Entstehung von Kommunikation und Sprache

Wichtige Hinweise auf die Arbeitsweise von Kommunikation kann man aus einem Blick auf die *Entwicklung* von Kommunikation sowie auf die Weiterentwicklung von Kommunikation durch *Sprache* beim Menschen gewinnen. Darauf wollen wir im Folgenden etwas näher eingehen.

In der Kulturanthropologie und der historischen Kommunikations-forschung ist schon lange die Meinung vorherrschend, dass erst der aufrechte Gang, die Freisetzung der Hände und das Vorherrschen visueller Wahrnehmung so etwas wie Kommunikation ermöglicht haben. So betont der Münsteraner Kommunikationswissenschaftler Klaus Merten (1977, 1999), dass Kommunikation reflexive (also auf Gegenseitigkeit beruhende) Wahrnehmung (einschließlich der Möglichkeit reflexiver Personenwahrnehmung) voraussetzt. Reflexive Wahrnehmung eröffnet die Entwicklung mehrkanaliger Wahrnehmung (man sieht, was man fühlt, was man mit den Händen tut usw.) sowie die Möglichkeit, sich selbst wahrzunehmen und damit Handeln als Handeln von *sich selbst* (von *Ego*) wahrzunehmen. Erst in reflexiver Wahrnehmung werden die Voraussetzungen für die Entwicklung komplexerer Verhaltensweisen geschaffen, die den Übergang von Instinktverhalten zu Symbolgebrauch ermöglichen.

Reflexive Wahrnehmung erlaubt erst das Anlaufen eines Mechanismus, der mit dem Konzept *Erwartungs-Erwartung* beschrieben werden kann. Beobachter sind in der Lage, Regelmäßigkeiten im eigenen Handeln oder im Handeln anderer zu erfahren und deren Erfahrung auch bei anderen zu unterstellen, wodurch diese zu kalkulierbaren Handlungspartnern werden. Damit aber bildet sich ein gemeinsam unterstelltes Wissen (sog. *kollektives Wissen*) heraus, das die Grundlage für Interaktionen und Kommunikationen abgibt: A erwartet, dass B erwartet, dass A erwartet usw. (= Reflexivität in der Wissensdimension).

Auf der Grundlage von Kommunikation kann sich dann Sprache als Instrument zeichenvermittelter bzw. *symbolischer* Kommunikation entwickeln. Sprachlich geführte Kommunikation steuert nicht nur aktuelle Kommunikation zwischen anwesenden Kommunikationspartnern (wie nichtsprachliche Kommunikation[28]), sondern erzeugt auch eine intersubjektive thematische Vorstrukturierung künftiger Kommunikationen: Man weiß, was bereits besprochen worden ist, und richtet danach sein neues Gesprächsangebot aus.

Mittels Sprache kann Kommunikation in der *Zeit-, Sach- und Sozialdimension* ausdifferenziert werden. Man kann nun gestern, heute und morgen mit allen über alles sprechen, sogar über Sprache und Kommu-

nikation. Man kann die sinnlich wahrnehmbare Welt gegenwartsüber-
greifend symbolisch vervielfachen und das alles durch Verneinung[29]
noch einmal verdoppeln, weil nun jede Aussage in einer positiven und
in einer negativen Form gemacht werden kann.

Reflexivität in der Sozialdimension erbringt, wie Merten betont, die
eigentlich *kommunalisierende* (= vergesellschaftlichende) Leistung sprachlich geführter Kommunikation. Sie liegt allen Phänomenen von Öffentlichkeit und öffentlicher Meinung zugrunde und entfaltet starke soziale
Bindewirkung.

Neben der durch sprachliche Kommunikation eröffneten Reflexivität
in der Zeit-, Sach- und Sozialdimension bildet die Verbindung sprach-
licher und nichtsprachlicher Kommunikation eine weitere Grundlage
kultureller Entwicklung. Dabei übernimmt der *nichtsprachliche Kanal*
äußerst wichtige Funktionen. Auf ihm können sprachliche Aussagen
kommentiert, bestätigt oder infrage gestellt, hervorgehoben und bewertet werden; auf ihm wird die Einschätzung der Beziehung der Kommunikationspartner zueinander sowie zur Kommunikationssituation
ablesbar; und schließlich wird er zur Strukturierung des Prozesses der
Kommunikation (etwa bezüglich Sprecherwechsel) eingesetzt. Im Falle
einer bemerkten Differenz zwischen den beiden Kanälen genießt in der
Regel der nichtsprachliche höhere Glaubwürdigkeit, ist also in seiner
kommunikativen wie metakommunikativen Bedeutung gar nicht zu
überschätzen. – Wir nehmen bis heute an, dass wir mit dem Körper bzw.
mit der Körpersprache nicht lügen können – es sei denn, wir haben das
wie Schauspieler und Politiker eigens gelernt.

In Ergänzung zur Formel von der Erwartungs-Erwartung, die sich eher
auf den Wissensaspekt der Kommunalisierung bezieht, benutzen wir
das Konzept *Unterstellungs-Unterstellungen*, um den Kommunalisierungs-
aspekt auf den Ebenen von Absichten, Zielsetzungen, Gefühlen und
moralischen Orientierungen zu charakterisieren: A unterstellt B, dass B
ihm unterstellt, dass er X aus ganz bestimmten für wichtig gehaltenen
Gründen tut.

Mit der *Schrift* wird eine weitere Steigerung von Kommunikationsleistungen erreicht, die sozusagen erst ihre volle historische Wirksamkeit durch die Einführung und Durchsetzung des Buchdrucks erhält, der zu einer endgültigen Vergegenständlichung des Worts und der geistigen Tätigkeiten führt: Man glaubt, den Geist in das Wort einschließen und ihn von dort auch wieder herausfiltern zu können.

Kommunikationsmöglichkeiten, so kann man die allgemeine Tendenz der *Medienentwicklung* bis heute vielleicht zusammenfassen, werden durch neue Medientechniken exponentiell erweitert und immer stärker vom menschlichen Körper und von Nahkontakten abgelöst. So werden etwa durch den Buchdruck Diskurse möglich, die mit Öffentlichkeiten rechnen müssen und Zielen wie Objektivität, Exaktheit, Wissensfortschritt und Rationalität verpflichtet sind.

Medientechnisch vermittelte Kommunikationsformen setzen weitere reflexive Strukturen frei, und zwar eine reflexive Erwartungs- sowie eine reflexive Wissensstruktur. Die kommunalisierende Funktion medientechnisch vermittelter Kommunikationsformen liegt, wie K. Merten zu Recht betont, nicht länger in der Reflexivität der Wahrnehmung, sondern in der Reflexivität des *Wissens*, die durch parallel erfolgende Medienrezeption ermöglicht wird. An die Unterstellung geteilten Wissens schließt sich zugleich auch die Ausprägung von homogenisierten bzw. homogenisierbaren Meinungen an, da die Verbreitung von Themen in den so genannten Massenmedien nicht nur als Bericht, sondern zugleich als (zumindest impliziter) Verweis auf Meinungen rezipiert wird. Insofern im Prozess der «Massenkommunikation» reflexive Strukturen des Wissens und Meinens ausgebildet werden, wird also eine Kommunalisierung der Teilnehmer an dieser Kommunikation geleistet – allerdings eine Kommunalisierung, die auf einer nie (zumindest nicht völlig) überprüfbaren *Kollektivfiktion* beruht.

Kommen wir nach diesen Überlegungen wieder zurück zu der Frage, wie Kommunikation theoretisch *konzipiert* werden kann.

Wenn man die scheinbare Selbstverständlichkeit ernst nimmt, dass Kommunikationsmittel von Aktanten verwendet werden müssen, um in Kommunikationsprozessen eine soziale Rolle spielen zu können, dann liegt es nahe, Kommunizieren als eine spezifische Form von *Handeln* zu konzipieren. Entsprechend muss daher zunächst der dabei verwendete Handlungsbegriff geklärt werden.

Im Anschluss an den Marburger Philosophen Peter Janich (1997) schlagen wir folgende Begriffsbestimmung vor:

– Handeln kann man tun oder lassen; das unterscheidet Handeln von Verhalten.
– Man handelt, um bestimmte Zwecke zu erreichen, und folgt dabei einem mehr oder weniger bewussten Plan bzw. einem mehr oder weniger stark geregelten Handlungsschema.
– Handeln kann gelingen oder misslingen.
– Im Unterschied zum Verhalten kann man zum Handeln auffordern oder dies unterlassen.
– Handeln erfolgt immer in bestimmten Situationen, ist von außen beobachtbar und wird Aktanten von Beobachtern als Verdienst oder Verschulden zugerechnet.
– Schließlich ist Handeln abhängig von Sinnzusammenhängen bzw. von kulturellem Wissen.

Wenn man Kommunikation über den Handlungsaspekt modelliert, dann stellen sich Fragen bezüglich der sozialen Realisierungen solcher Handlungen.

Eine wichtige Rolle spielt die *Spezifik der Kommunikationssituation.* Hier kann unterschieden werden zwischen:

– Nahkommunikation: räumliche und zeitliche Nähe der Kommunikationsteilnehmer (Face-to-Face-Kommunikation),
– Fernkommunikation: zeitlich und räumlich fern (Schreiben):
zeitlich nah, räumlich fern (Telefonieren),
zeitlich nah, räumliche Nähe simuliert (Video-Chat, Bildtelefon),

– computergestützte Kommunikation: zeitlich nah, räumlich unbestimmt (E-Mail).

Strukturiert werden Kommunikationsprozesse durch *Kommunikationskonstellationen*. Dabei kann zwischen der Grundkonstellation und ihren Realisierungsformen unterschieden werden.

Die Grundkonstellation besagt: Jemand macht im Rahmen des Beziehungsverhältnisses doppelter Kontingenz (A weiß nicht, was B denkt, und umgekehrt) einem oder mehreren Aktanten ein Kommunikationsangebot und erhebt damit Anspruch auf Aufmerksamkeit und Verstehen in Form erwünschter Anschlusshandlungen. (Der Bitte, das Fenster zu öffnen, wird entsprochen. Eine Frage wird beantwortet usw.)

Interaktive Kommunikation kann also bestimmt werden als Handeln mit Hilfe von Kommunikationsinstrumenten. Kommunizierende Aktanten, die sich gegenseitig wahrnehmen, produzieren Kommunikationsangebote, die von anderen Kommunikationspartnern zum Zweck der kognitiven Produktion von Bedeutung rezipiert und genutzt werden können. Das bedeutet: Kommunikation vollzieht sich als reflexiver sozialer Zeichenverwendungsprozess, an dem mindestens zwei Aktanten in der Rolle als Kommunikator bzw. als Rezipient beteiligt sein müssen.

Diese Grundkonstellation kann unterschiedlich realisiert werden, wobei die Differenz zwischen interaktiver und medienvermittelter Kommunikation deutlich wird.

1. Relationen der Kommunikationsteilnehmer:

– Interaktive Kommunikation: einfach adressiert: Kommunikation zwischen zwei Partnern, die jeweils an den anderen und nur an ihn adressiert ist (z. B. ein Gespräch unter vier Augen).

– Interaktive Kommunikation, mehrfach adressiert: Im Wahrnehmungsraum des Kommunizierenden befinden sich mehrere mögliche Kommunikationsteilnehmer, die er als Gruppe anspricht (z. B. eine Diskussionsrunde).

– Unspezifische medienvermittelte Kommunikation, mehrfach adressiert: Ein Kommunikator produziert ein Medienangebot für ein zahlenmäßig und merkmalmäßig nicht genau bestimmbares Publikum (z. B. eine Hörfunksendung).

– Spezifische medienvermittelte Kommunikation, mehrfach adressiert:

Ein Kommunikator produziert ein Medienangebot für ein zahlenmäßig nicht bestimmtes, merkmalmäßig aber bestimmtes Publikum (z. B. Special-Interest-Zeitschriften).

2. Gesellschaftliche Konstellationen der Kommunikationsteilnehmer:

– Symmetrische Konstellation: Die Kommunikationsteilnehmer sind gleichberechtigt in dem Sinn, dass sie die gleichen Handlungen ausführen und dieselben Kommunikationsinstrumente verwenden dürfen (z. B. zwei Studenten im Gespräch).

– Asymmetrische Konstellation: Die Kommunikationsteilnehmer stehen auf sozial unterschiedlichen Stufen, einer ist dominant (z. B. Lehrer und Schüler in einem Prüfungsgespräch).

Neben diesen beiden klar bestimmbaren Typen kann man weitere Typen beobachten, in denen Kommunikationsteilnehmer spezielle Rollen spielen. So ist ein Sonderfall der symmetrischen Konstellation die *paradoxe Konstellation*, bei der Kommunikationsteilnehmer lediglich beanspruchen, dominant zu sein (z. B. ein Streit unter gleichberechtigten Partnern). Gespräche solcher Art werden entweder mit großer Lautstärke oder mit wenigen Worten geführt, wobei nichtsprachliche Komponenten eine große Rolle spielen. Als Sonderfall der asymmetrischen Konstellation kann die *komplementäre Konstellation* angesehen werden, bei der die Dominanz eines Kommunikationsteilnehmers von den anderen freiwillig auf Zeit akzeptiert wird (z. B. als Diskussionsleiter) und wechseln kann.

Diese Typologie kann noch ergänzt werden um den Aspekt des Berufs- oder Tätigkeitsbereichs der Kommunikationsteilnehmer. Operieren sie in demselben Bereich, kann ihre Kommunikationsform als *horizontal* bezeichnet werden (z. B. zwei Bauarbeiter reden miteinander); *vertikal* ist sie, wenn die Tätigkeitsbereiche zwar gleich sind, die berufliche Position aber verschieden ist (der Meister gibt den Arbeitern Anweisungen); *diagonal* ist sie, wenn Kommunikationsteilnehmer gleicher beruflicher Position aus unterschiedlichen Tätigkeitsbereichen miteinander kommunizieren (Manager unterschiedlicher Bereiche unterhalten sich bei einer Tagung).

3. Eine wichtige Strukturierungsleistung erbringt die Verteilung der *Kommunikationsanteile*. Hier ist zu unterscheiden zwischen:

– monologischer Kommunikation (A hält einen Vortrag),

- dialogischer Kommunikation (A und B diskutieren miteinander),
- polylogischer Kommunikation (Seminardiskussion mit wechselnden Rednern). Wichtig bei dieser Form der Kommunikation ist die Regelung, wer wann das Wort ergreifen, Fragen stellen bzw. Redebeiträge unterbrechen darf.
4. Wichtig ist schließlich auch die *Medienspezifik:*
- Kommunikation mit Hilfe von Kommunikationsinstrumenten (z. B. natürliche Sprachen),
- Kommunikation mit Hilfe technisch produzierter Medienangebote (medienvermittelte Kommunikation).

Um die bisher vorgenommene Modellierung des Kommunikationsbegriffs zu vervollständigen, müssen zwei Begriffe geklärt werden, die direkt mit dem Konzept von Kommunikation als zeichenverwendendem Handeln zusammenhängen, nämlich ‹Aktant› und ‹Sprache›.

3.3.4 Menschenbild: kognitive Autonomie und strukturelle Kopplung

Wir hatten oben (Kap. 3.2) bereits erwähnt, dass Kommunikationskonzepte immer ein bestimmtes Menschenbild voraussetzen. Das hier vertretene *Menschenbild* lässt sich im Hinblick auf die Kommunikationsproblematik kurz so bestimmen: Aktanten sind handelnde Menschen, die notwendigerweise unter ihren je spezifischen Bedingungen handeln. Zeichenverwendendes Handeln ist kognitiv, emotional, moralisch und empraktisch[30] bestimmt, das heißt, es ist bestimmt von Gedanken, Gefühlen, moralischen Orientierungen und Relevanzeinschätzungen, die sich gegenseitig beeinflussen.

So wird ein Studierender, der die Bearbeitung einer bestimmten Aufgabe für sinnlos hält und sich daher unwohl fühlt, diese Arbeit für unzumutbar halten und entsprechend kognitiv nicht besonders kreativ arbeiten.

Wie schon ausgeführt, ist zu berücksichtigen, dass Aktanten sich nicht gegenseitig in die Köpfe schauen und die Gedanken der anderen direkt beobachten können. Das heißt, dass sie *kognitiv autonom* sind. Sie können daher nur miteinander kommunizieren, indem sie gesellschaft-

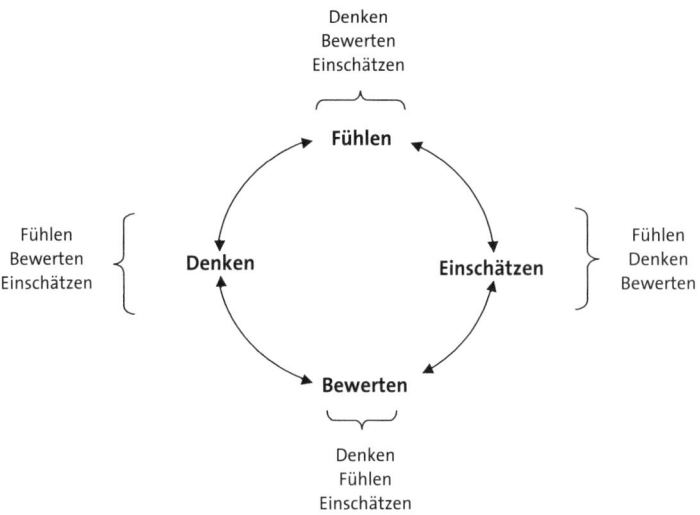

Abb. 2: Steuerungsgrößen im Kognitionsprozess. Quelle: Schmidt 2001: 22

lich geregelte Zeichen auf gesellschaftlich akzeptable Art und Weise verwenden. Das heißt mit anderen Worten: Aktanten produzieren Zeichen-materialien (Laute, Schriftzeichen usw.) und hoffen, dass andere diese Zeichenmaterialien in ihrem Kopf in Sinn oder Bedeutung verwandeln. Diese Hoffnung gründet sich darauf, dass alle Aktanten in der Gesellschaft auf den Erwerb kollektiven Wissens hin sozialisiert worden sind.

Mit anderen Worten: Kognition und Kommunikation laufen in unterschiedlichen Bereichen ab (Kognition im individuell-psychischen, Kommunikation im sozialen Bereich). Und ihre Operationsweisen sind unterschiedlich (kognitive Operationen versus Austausch von Zeichen-materialien). Darum ist es höchst unplausibel anzunehmen, dass man die Operationen des einen Bereichs direkt in solche des anderen Bereichs übersetzen kann. Der französische Dichter Paul Valéry hat diesen Sach-verhalt einmal präzise so formuliert: «Die Sprache hat das Denken nie zu Gesicht bekommen.» Wohl können in beiden Bereichen Angebote zu jeweils bereichsspezifischen Operationen genutzt werden. So können wahrgenommene Texte oder Medienangebote zur Gedanken- und Vorstellungsproduktion genutzt werden, und umgekehrt können aus Gedanken und Vorstellungen Texte und Medienangebote gemacht werden, und zwar – wie oben gesagt – deshalb, weil in beiden Bereichen kulturell geprägtes kollektives Wissen von den Aktanten genutzt wird.

Dieser Zusammenhang zwischen Kognition und Kommunikation wird als *strukturelle Kopplung* bezeichnet, womit zum Ausdruck gebracht werden soll, dass die beiden Bereiche zwar nicht direkt aneinander angeschlossen werden können, wohl aber durch den Rückgriff auf sozialisatorisch erworbenes kollektives Wissen, über das die einzelnen Aktanten verfügen und dessen Verfügbarkeit sie auch bei anderen erwarten (= Erwartungs-Erwartung).

Erst in und durch Kommunikation, die kulturell geprägt ist und in jedem Vollzug das Kulturprogramm einer Gesellschaft vollzieht und bestätigt, kann ein Mensch seine Individualität und Identität entwickeln und zugleich gemäß den sozialen Orientierungen seiner Kultur gesellschaftsfähig handeln.

3.3.5 Kommunikationsinstrumente

Sozialisation – und damit kommen wir unter einer individualpsychologischen Perspektive noch einmal auf den Begriff *Sprache* zurück – hat einen sprachlichen und einen nichtsprachlichen Aspekt. Von Geburt an werden Kinder in eine bestimmte gesellschaftliche Praxis eingebunden und lernen, sich durch Orientierung an Bezugspersonen nach den jeweiligen Wertvorstellungen sozial angemessen zu verhalten. Dazu gehört auch der Gebrauch der Muttersprache. Sprachliche und nichtsprachliche Sozialisation bilden für das Kind lange Zeit eine Einheit, die erst nach Jahren in zwei eigenständige Komponenten zerfällt. Insofern lernen Kinder *erfolgreiches Sozialverhalten* zugleich im Bereich des Handelns wie der Zeichenverwendung. Wenn einem Kind bewusst wird, dass es sprechen kann, hat es schon gelernt, wie man mit Sprachmaterial gesellschaftlich erfolgreich umgeht. Wer eine Sprache zu benutzen gelernt hat, der spricht in einer bestimmten Weise in einer bestimmten Gesellschaft aufgrund bestimmter kultureller Voraussetzungen in bestimmten

Situationen. Keiner von uns kann hinter seine Muttersprache zurück, wenn er sie einmal erworben hat. Sie bildet die Grundlage für soziales Handeln, das in konkreten Situationen gelingen oder misslingen kann, zu dem man auffordern oder dies unterlassen kann usw.

Der Erwerb von Sprechfähigkeit führt dazu, dass die Aktanten erwarten, dass andere die Muttersprache genau so oder doch zumindest in ähnlicher Weise benutzen wie sie selbst. Das betrifft nicht nur die regelhafte Verwendung von Sprachmaterialien (also den kommunikativen Prozess), sondern auch die gedanklichen Operationen, die Kommunikationsprozesse bei den Beteiligten auslösen (also den kognitiven Prozess). Obwohl wir, wie gesagt, die kognitiven Operationen bei anderen nie direkt beobachten, sondern nur Rückschlüsse aus nachfolgenden kommunikativen Operationen ziehen können, gehen wir normalerweise davon aus, dass andere beim Umgang mit bestimmten Kommunikationsangeboten in etwa dasselbe denken wie wir. Deshalb haben wir auch Schwierigkeiten zu verstehen, warum Missverständnisse auftreten, obwohl wir doch überzeugt sind, uns klar und deutlich ausgedrückt zu haben. Diese Argumentation verdeutlicht, dass wir es beim Thema Sprache mit komplizierten Sachverhalten zu tun haben, die im Fachdiskurs wiederum unter der Überschrift «Reflexivität» diskutiert werden (Kap. 3.3.1).

3.3.6 Komplexitätsreduktion: Regeln, Schemata und Konventionen

Der Gebrauch von Sprache in Kommunikationsprozessen wird von vielfältigen *Regeln*, *Schemata* und *Konventionen* geprägt, die wir uns im Laufe der sprachlichen Sozialisation aneignen. Das beginnt mit den Regeln der Wortbildungslehre, der Satzbildungslehre und des Lexikongebrauchs. Das setzt sich fort mit Erzählschemata (Ich-Erzählung, Rückblende, innerer Monolog usw.), Gattungen (Roman, Hörspiel, Feature usw.) und Darstellungsformen (s. u.) und reicht bis hin zu so genannten Makroformen der Kommunikation wie dem Journalismus, der Werbung oder den Public Relations (dazu Kap. 8).[31] Bei all diesen Formen handelt es sich um Einschränkungen der Beliebigkeit oder Willkür aufseiten der Aktanten. Wer erfolgreich an Kommunikation teilnehmen will, muss wissen und befolgen, wie Wörter, Sätze und Texte gebildet werden. Er muss wissen, wie man bei Tisch oder in einem Prüfungsgespräch reden muss, welche Beiträge in einem wissenschaftlichen Diskurs erwartet werden und wie man seine Beiträge sprachlich, stilistisch und inhaltlich so formuliert, dass sie wahrscheinlich akzeptiert werden. So müssen z. B. angehende Journalisten Darstellungsformen erlernen, also erlernen, wie man eine Meldung oder einen Bericht, einen Kommentar oder eine Glosse, eine Reportage oder ein Feature verfasst, um beruflich erfolgreich sein zu können. Sie müssen die Regeln des Informationsjournalismus von denen des Präzisionsjournalismus oder des Enthüllungs- und Sensationsjournalismus unterscheiden und beurteilen lernen.[32]

Schemawissen gehört im kognitiven wie im kommunikativen Bereich zum gemeinsam geteilten *kollektiven Wissen*. Es prägt unsere Wahrnehmungen, Handlungen und Kommunikationen und ermöglicht durch seine reflexive Erwartung und Unterstellung soziales Handeln von Aktanten, die einander kognitiv unzugänglich sind.

Schemata bilden im Umgang mit Kommunikations- und Medienangeboten die Grundlage für deren Produktion, Verbreitung, Rezeption und Nutzung. Produzenten von Medienangeboten glauben zu Recht zu wissen, was Rezipienten erwarten, wenn ihnen ein Krimi, ein Western oder eine Verwechslungskomödie angeboten wird. Distributoren wissen, wann welcher Typ von Medienangeboten im Tagesprogramm am besten angeboten oder wo er in der Tageszeitung platziert wird. Und da Mediennutzer unter solchen Gattungsnamen im Großen und Ganzen vergleichbare Medienangebote vorfinden, bestätigen sich die Erwartungen auf beiden Seiten und verfestigen sich zu Selbstverständlichkeiten, die das Handeln orientierend erleichtern und erfolgreich werden lassen.

3.3.7 Erfolgsbedingungen für Kommunikation

Wie die bisherigen Überlegungen gezeigt haben, ist der von den Kommunikationsteilnehmern gewünschte Erfolg von Kommunikationsprozessen unsicher: Haben die anderen meinem Kommunikationsangebot Aufmerksamkeit geschenkt, wo doch alle immer etwas anderes zu tun haben? Haben sie mich so verstanden, wie ich verstanden werden wollte? Schätzen oder missbilligen sie mein Angebot? Halten sie mein Angebot für wichtig oder unwichtig? Tun sie im Folgenden, was ich von ihnen erwarte oder mir wünsche?

Kommunikationsprozesse werden generell unter einem doppelten Gesichtspunkt beobachtet: kognitiv mit Hilfe der Differenz Anschließbarkeit/Nichtanschließbarkeit und normativ mit Hilfe der Differenz Zustimmung/Ablehnung. Hinzu kommt, dass *Gefühle* auf eine nicht zu unterschätzende Weise kognitive wie normative Prozesse steuern – mit wem wir auf welche Weise worüber sprechen, hängt nicht allein vom Gesprächsthema ab.

Aufgrund der Reflexivität von Kommunikation – es müssen immer zumindest zwei Partner agieren, die ihr zeichenverwendendes Handeln aufeinander abstimmen – ergeben sich wichtige Konsequenzen:

- Wir müssen unsere Kommunikationspartner *ernst nehmen*; denn ohne ihre Mitwirkung am nur gemeinsam zu leistenden Kommunikationsprozess käme dieser mit allen seinen Folgen nicht zustande.
- Wir erwarten von den Kommunikationspartnern die strikte Einhaltung verbindlicher moralischer Prinzipien wie Wahrhaftigkeit, Aufrichtigkeit und guten Willen, die Kommunikation zum Erfolg zu führen, obwohl wir wissen, dass es Lüge und Täuschung, Irreführung und Verschleierung gibt.
- Ohne *Vertrauen* in die Aufrichtigkeit und Verlässlichkeit der Kommunikationspartner, das sich auf bisherige Kommunikationsprozesse stützt und künftige Kommunikation rechtfertigt, gäbe es keine erfolgreiche Kommunikation.
- Kommunikation muss *Folgen* haben, sie muss langfristig sein (sog. sustainability), soll sie für Kommunikationspartner interessant sein. Das gilt in Partnerschaften und Familien ebenso wie in Unternehmen und Organisationen.

Neben diesen Erfolgsbedingungen gibt es zwei weitere, die unter den Titeln «symbolisch generalisierte Kommunikationsmedien» und «Makroformen der Kommunikation» diskutiert werden. Niklas Luhmann vertritt die Auffassung, dass sich im Laufe der Geschichte symbolisch generalisierte Kommunikationsmedien wie Geld, Macht, Wahrheit,

Liebe oder Erfolg entwickelt haben, die die Annahmebereitschaft für Kommunikations- und Medienangebote erhöhen. Diese Kommunikationsmedien signalisieren den Kommunikationsteilnehmern sozusagen von vornherein, worum es in einem bestimmten Sozialsystem geht, und orientieren damit seine Aufmerksamkeit auf einen gesellschaftlich erwarteten Themenkomplex: Im Wirtschaftssystem geht es um Geld, im Wissenschaftssystem um Wahrheit, im Politiksystem um Macht, im Sportsystem um Erfolge/Siege usw. Damit wird von vornherein eine Themenauswahl festgelegt, die in Diskursen in den jeweiligen Sozialsystemen zu erwarten sind, und die Kommunikationsteilnehmer können vorab entscheiden, ob sie an solchen Themen interessiert sind oder nicht.

Eine vergleichbare Wirkung entfalten auch die von uns so genannten Makroformen der Kommunikation wie Journalismus, Werbung, Public Relations, aber auch Literatur.[33] Makroformen bündeln gewissermaßen Diskurse desselben Typs, wobei der jeweilige Typ davon bestimmt wird, wie man mit dem Anspruch auf Wahrheit, Referenz und gesellschaftliche Funktion umgeht. So deklariert der Journalismus seine Aussagenproduktion als objektiv, unparteiisch und aktuell und sieht seine Funktion darin, die Gesellschaft über alle wichtigen Themen aktuell und öffentlich zu unterrichten. Werbung dagegen will folgenreiche Aufmerksamkeit für Produkte, Leistungen und Botschaften erzeugen. Ihr geht es nicht um die Wahrheit ihrer Aussagen, sondern um die Weckung von Faszination durch interessante Inszenierungen kleiner Werbegeschichten. PR ist bemüht, positive Images für Unternehmen oder Parteien durch geeignete Kommunikationsmaßnahmen zu erzeugen und zu erhalten. Sie ist parteiisch, und jeder kann und sollte das wissen.

Eine wichtige Aufgabe der Sozialisation besteht darin, dass Aktanten lernen, in welcher Makroform der Kommunikation sie sich bewegen, um z. B. nicht an Werbung zu glauben oder PR für unparteiisch zu halten.

3.3.8 Kultur: das Problemlösungsprogramm von Gesellschaften

Die bisher angesprochenen Schemata und Orientierungsinstrumente der Kommunikation gehören in einen Bereich symbolischer Ordnungen, den wir *Kultur* nennen. Der hier verwendete Kulturbegriff unterscheidet sich sowohl vom alltäglichen als auch von bisher entwickelten wissenschaftlichen Kulturbegriffen;[34] daher muss er hier erläutert werden. (Ausführliche Erläuterungen finden sich in Kap. 12.)

Unsere Wahrnehmung und unser Denken operieren – wie in Kapitel 3.1 bereits ausgeführt – mit Hilfe der Handhabung von Unterscheidungen. Typische Unterscheidungen, die aus gesellschaftlichen Erfahrungen hervorgehen und das Handeln der Aktanten regeln, sind in Bezug auf die Umwelt etwa außen/innen, nützlich/schädlich, freundlich/feindlich usw.; in Bezug auf Handlungspartner etwa Unterscheidungen wie männlich/weiblich, alt/jung, mächtig/machtlos, schön/hässlich usw.; in Bezug auf Gefühle Liebe/Hass, Trauer/Freude, Wut/Mitleid usw.; und in Bezug auf moralische Orientierungen gut/böse, erlaubt/verboten, richtig/falsch usw.

Da solche Unterscheidungen nicht für sich allein (be)stehen, entsteht in der Entwicklung der jeweiligen Gemeinschaft oder Gesellschaft ein Netz von möglichen Beziehungen zwischen diesen Unterscheidungen.

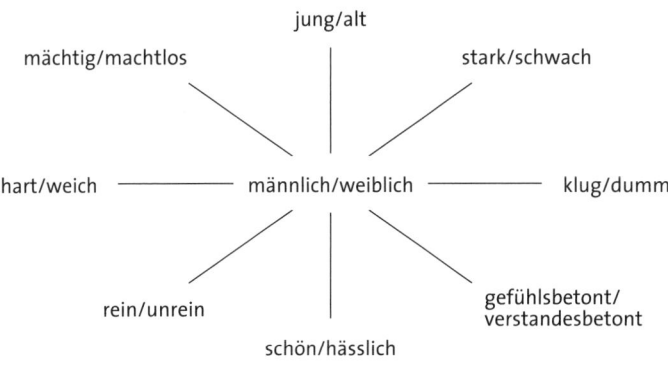

Abb. 3: Beziehungsnetz von Unterscheidungen; eigene Darstellung

Wichtig ist nun, dass jede Unterscheidung und jede Kombination von Unterscheidungen *emotional* und *moralisch* besetzt ist und automatisch nach ihrer *lebenspraktischen* Bedeutung bewertet wird; denn von ihrer gesellschaftlich richtigen Handhabung hängt für die einzelnen Aktanten alles ab. Nur wer im Hinblick und im Vertrauen auf die Gültigkeit dieses Wirklichkeitsmodells handelt und dies auch bei (allen) anderen unterstellt, gilt als Mitglied dieser Gesellschaft. Aus diesem Grunde brauchen Gesellschaften nicht nur ein *Wirklichkeitsmodell*, sondern auch ein akzeptiertes und für alle Gesellschaftsmitglieder verbindliches Programm der Verwendung und Bewertung solcher Unterscheidungen und ihrer Bedeutungshaftigkeit. Sie brauchen ein Programm der gesellschaftlichen Bedeutungszuschreibung (= Semantik) für ihr Wirklichkeitsmodell. Dieses Programm nennen wir *Kultur.* bzw. *Kulturprogramm.*

Bewusst verwenden wir den Kulturbegriff in einer weiten und neutralen Weise und nicht, wie er meistens verwendet wird, in einer normativen Weise, die ihn auf die Bezeichnung von so genannter Hochkultur (Theater, Musik, Dichtung usw.) begrenzt. Unseres Erachtens gibt es keine Gesellschaft ohne Kultur und keine Kultur ohne Gesellschaft. Es gibt keine Kultur und Gesellschaft ohne Aktanten, die sich auf das Wirklichkeitsmodell beziehen und das Kulturprogramm anwenden und umgekehrt. Durch die Anwendung des Kulturprogramms entstehen diejenigen Gegebenheiten, die als kulturelle Leistungen einer Gesellschaft angesehen werden: Riten, Mythen und Religionen; Kunstwerke und Bauwerke; Wissenschaft, Dichtung und Philosophie; aber auch Mode und Essensgewohnheiten, Formen des Sports, des Geschäftemachens usw. Und da diese Ergebnisse der Kulturanwendung von den Mitgliedern einer Gesellschaft als kulturelle Phänomene akzeptiert werden, bestätigen sie wiederum das Programm ihrer Erzeugung. Darum bilden Wirklichkeitsmodelle und Kulturprogramme notwendigerweise einen sich selbst tragenden und begründenden Wirkungszusammenhang.[35]

Alle Prozesse der Produktion und Rezeption von Medienangeboten basieren auf kollektivem Wissen, das für jedes Gesellschaftsmitglied in

Wirklichkeitsmodellen und Kulturprogrammen (s)einer Gesellschaft zur Verfügung steht. Wirklichkeitsmodelle und Kulturprogramme werden zugleich vorausgesetzt, in Anspruch genommen und dadurch immer wieder bestätigt und fortgeschrieben. Weil Wirklichkeitsmodelle und Kulturprogramme den Kern kollektiver Identitäten bilden, sind sie auf Öffentlichkeit, also auf Thematisierung in Kommunikationsprozessen angewiesen. Damit wird eine der meistdiskutierten Fragen der kommunikationswissenschaftlichen Forschung gewissermaßen (auf-) gelöst, nämlich die Frage, in welchem Verhältnis die Wirklichkeit der Medien und «die» Realität zueinander stehen. Produzenten von Medienangeboten im Allgemeinen, Journalisten und Journalistinnen im Besonderen besitzen ein hohes Maß an Definitionsmacht über die Kategorien und semantischen Differenzierungen von Wirklichkeitsmodellen und Kulturprogrammen. In Bezug auf diese Definitionsmacht stellen sich für Kommunikationswissenschaftler einige wichtige Fragen: Welches *Prestige* ist mit dieser Definitionsmacht verbunden? Wie *weit reichend* und wie *anhaltend* ist diese Definitionsmacht? Auf *welche* Kategorien und auf welche semantischen Differenzierungen bezieht sie sich usw.?

3.3.9 Verstehen verstehen

Im Zusammenhang mit der Diskussion über Sprache, Kommunikation, Aktant und Kultur muss nun ein weiterer schwierig zu definierender Begriff geklärt werden, und zwar der von *Verstehen*.[36] Dieser Begriff ist interessanterweise in der Kommunikationswissenschaft bis heute kaum je intensiv behandelt worden.[37]

Jede Überlegung zum Verstehensproblem muss die kognitive Autonomie der Aktanten ernst nehmen. Daraus folgt, dass es unmöglich ist, Bedeutungen mittels Kommunikation von einem Kopf in einen anderen Kopf zu übertragen. Auch wenn man sich intensiv bemüht, sich in einen anderen hineinzuversetzen und seine Mitteilungsabsichten zu erspüren, versetzt man sich immer nur in das Bild, das man sich selbst vom anderen macht. Daraus folgt weiterhin, dass man andere nicht direkt steuern, also nicht in ihren Kopf intervenieren kann. Wir können durch die Kommunikation von Texten und Medienangeboten höchstens versuchen, andere dazu zu bringen, dass sie die von uns gewünschten kognitiven Orientierungsleistungen selbst vornehmen – ein Prozess, den der Siegener Kommunikationswissenschaftler Gebhard Rusch (1986) *Orientierungs-Orientierung* genannt hat.

Im Anschluss an eine wichtige Unterscheidung von Rusch beziehen wir uns mit dem Begriff ‹Verstehen› auf zwei verschiedene Prozesse: einmal auf das, was *innerhalb kognitiver Systeme* passiert, zum anderen auf das, was *zwischen kommunizierenden Systemen* geschieht.

Innerhalb kognitiver Systeme werden Kommunikations- oder Medienangebote wahrgenommen und durch Bezug auf kollektives kulturelles Wissen in kognitive Operationen überführt, die als Bedeutungskonstruktionen bezeichnet werden können. Wenn Bedeutungskonstruktionen ohne Probleme ablaufen und zu einem befriedigenden Gesamtergebnis führen, hat der Aktant das Gefühl, das Angebot verstanden zu haben. Daher bezeichnen wir diesen Prozess als *kognitives Verstehen*.

Wenn in einer Kommunikationssituation ein Angebot gemacht und vom Kommunikator eine sprachliche oder nichtsprachliche Anschlusshandlung des Kommunikationspartners erwartet wird, dann kann diese Anschlusshandlung den Erwartungen des Kommunikators entsprechen oder sie enttäuschen. Entspricht sie den Erwartungen, nimmt der Kommunikator an, dass sein Angebot «verstanden» worden ist. Diese Zuschreibung von erwarteten Anschlusshandlungen nennen wir *soziales Verstehen*. Die Zuschreibung von Verstehen ist also ein sozialer Prozess, der vielen Bedingungen und Faktoren sozialen Handelns unterworfen ist wie Machtkonstellationen (Wer kann und darf z. B. in einer Prüfung Verstehen zu- oder absprechen?), Geschlechterkonstellationen (Wie sprechen Vertreter der verschiedenen Geschlechter miteinander?) oder Generationsverhältnissen (Meine Eltern können mich nicht verstehen!).

Bis zu dieser Stelle haben wir vier basale reflexive Mechanismen beschrieben, die jeweils spezifische Aspekte von Kommunikationsprozessen beschreiben. In der nachstehenden Übersicht sind die verschiedenen Mechanismen noch einmal zusammengefasst.

Wahrnehmungs- Wahrnehmung	Erwartungs- Erwartung	Unterstellungs- Unterstellung	Orientierungs- Orientierung
Reflexivität von Wahrnehmungen	Reflexivität des Wissens	Reflexivität von Motiven	Reflexivität von Handlungen
basale Kommunikation	virtuelle Kommunalisierung	virtuelle Kommunalisierung	Lernen

3.3.10 Funktionen direkter und medienvermittelter Kommunikation

Die Frage, welche Funktion die beiden Haupttypen von Kommunikation für Aktanten wie für die Gesamtgesellschaft erfüllen, wird bis heute in der Kommunikationswissenschaft unterschiedlich beantwortet. Allerdings gibt es durchaus Übereinstimmung in grundsätzlichen Ansichten.

Wie oben ausgeführt, ermöglichen Kommunikationsangebote im Bereich *direkter Kommunikation* eine strukturelle Kopplung kognitiver Systeme. Kommunikationsteilnehmer versuchen, durch geeignete Orientierungsangebote andere Kommunikationsteilnehmer dazu zu bewegen, sich im eigenen kognitiven Bereich in gewünschter Weise selbst zu orientieren (= Orientierungs-Orientierung), indem sie dem Kommunikationsangebot durch Bezugnahme auf kollektives kulturelles Wissen solche Bedeutungen zuordnen, die auch der Kommunikator «im Sinn hatte». Dieses Manöver wird umso besser gelingen, je ähnlicher die Kommunikationspartner sozialisiert sind, je mehr Sympathie sie füreinander empfinden und je entspannter die Kommunikationssituation ist.

Im Bereich *medienvermittelter Kommunikation* kann die Funktion von Kommunikation allgemein bestimmt werden als Kopplung der Informationsverarbeitung von Aktanten, gesellschaftlichen Teilsystemen und Organisationen durch die technisch vermittelte Verbreitung von Medienangeboten. Durch diese Verbreitung werden Themen und Meinungen zu Themen veröffentlicht, die durch diese Veröffentlichung (im Sinne einer Aufmerksamkeitslenkung) Aktualität erlangen. Medien machen insofern Informationsangebote aus allen gesellschaftlichen Teilsystemen für die Gesamtgesellschaft und deren Mitglieder verfügbar. Dabei muss stets berücksichtigt werden, dass die verschiedenen Medien solche Informationsangebote nach ihrer eigenen Systemlogik auswählen, gestalten und verbreiten. Sie konstruieren nach ihren Bedingungen die medienspezifischen Wirklichkeiten, die sie *als Wirklichkeiten* präsentieren.

Nach einem gewissen Konsens im Fach werden die hauptsächlichen Funktionen medienvermittelter Kommunikation als Information und Kommentar, Unterhaltung und Erziehung/Belehrung bestimmt.[38] Klaus Merten hat zu Recht darauf hingewiesen, dass diese Trennung nicht wechselseitig exklusiv ist, da Information in allen drei Fällen vorhanden und deshalb als grundlegend anzusehen ist.

«Neben diesen Hauptfunktionen wird auch eine Funktion der Persuasion (Überredung, Werbung, Überzeugung, Beeinflussung) oder der Belehrung benannt, daneben wichtige latente Funktionen wie Wert- und Normvermittlung oder Stabilisierung der Gesellschaft. Juristen schreiben den Medien durch ihre Arbeit zudem eine ‹öffentliche› Aufgabe zu etc. Empirische Analysen fördern noch immer weitere Funktionen der Massenmedien zutage: Etwa eine kathartische (reinigende) oder narkotisierende Funktion wird der Darstellung von *Gewalt* im Fernsehen zugesprochen, eine entlastende (eskapistische) Funktion der Unterhaltung etc. […] Der Zusammenhang zwischen Funktion, Folge und Wirkung von Massenkommunikation harrt allerdings noch immer einer soliden Klärung.» (Merten 1999: 155)

Mediensysteme arbeiten prinzipiell als *Beobachtungsinstanzen,* die mit ihren Mitteln und geleitet von ihren eigenen Interessen der Gesellschaft mitteilen, was ihres Erachtens an wichtigen Ereignissen geschehen ist bzw. was als wichtige Themen und Meinungen behandelt wird oder werden sollte.[39] Dabei ist die Auswahl von Ereignissen und Themen sehr rigide – Nachrichtensendungen in Hörfunk und Fernsehen ebenso wie Themen- und Kommentarsendungen sind kurz, Zeitungen umfangsbegrenzt, und selbst das Internet hat (noch?) seine Kapazitätsgrenzen. Außerdem folgt jedes Mediensystem, wie schon betont, seinen systemspezifischen Bedingungen – das Fernsehen ist bekanntermaßen primär an Meldungen interessiert, zu denen es Bilder gibt, im Hörfunk spielen so genannte O-Töne eine wichtige Rolle usw.

In der Kommunikationswissenschaft hat es zahlreiche Versuche gegeben herauszufinden, wodurch die Auswahl der Nachrichten bzw. allgemeiner der Themen in den Mediensystemen gesteuert werden.[40] Dabei hat sich herausgestellt, dass diese Frage unlösbar gekoppelt ist an die grundsätzliche Frage nach dem Verhältnis von Medien und Wirklichkeit.[41] Der Kommunikationswissenschaftler Winfried Schulz hat bereits 1989 dargestellt, dass die Medien nicht über Ereignisse *berichten*, sondern diese eigentlich erst *erschaffen*. Die «Realität der Massenmedien» ist das Ergebnis einer Vielzahl von Auswahlentscheidungen, Bewertungen und Deutungen auf der Ebene von Personen und Institutionen. Damit wird der Anspruch des Journalismus auf Objektivität und Wahrheit zu einem Ritual, mit dem der Berufsstand sich selbst beruhigen möchte. Der Einwand, dass alle Medien täglich fast dieselben Topmeldungen bringen, sagt im Lichte dieser Überlegung mehr aus über die Arbeitsweise der Medien als über «die Wirklichkeit».

Medien steuern die *Selbstbeobachtung* der Gesellschaft, indem sie Themen vorgeben, zu denen in Anschlusskommunikationen Meinungen und Bewertungen entwickelt werden können (sog. *agenda setting*). Sie spielen eine wichtige Rolle bei der Herausbildung der thematischen Strukturen der *öffentlichen Meinung*,[42] wobei eine enge Beziehung zwischen dem politischen System und der öffentlichen Meinung besteht. Öffentlichkeit meint dabei die Unterstellung, dass ein Thema akzeptiert ist (= operative Fiktion) und «man» sich dazu seine Meinung bilden kann. Medien dirigieren durch ihre Auswahl die thematische Struktur der Kommunikation der Rezipienten.[43] Das meiste, was wir heute «über die Welt» wissen bzw. zu wissen glauben, wissen wir «aus den Medien», so das viel zitierte Zitat Niklas Luhmanns.[44]

Wenn die Aktanten in Medien Themen und Meinungen hochgradig beeinflussen, dann müssen sie dazu einerseits berechtigt sein, andererseits die *Verantwortung* dafür übernehmen. Die Berechtigung dazu ist in der demokratischen Verfassung festgelegt und rechtlich geregelt; die Übernahme der Verantwortung fällt den Verantwortlichen in den Medien oft schwer. Medienethik und Medienkritik haben heute als spezielle Beobachtungs- und Bewertungsinstanzen von Mediensystemen einen schweren Stand.

Die zuletzt angesprochenen Funktionen der Medien werden heute unter dem Oberbegriff *Wirklichkeitskonstruktion* diskutiert. Der von jedem Aktanten unablässig vollzogene Prozess der Wirklichkeitskonstruktion wird zunehmend beeinflusst von den Wirklichkeitsentwürfen, die ihm die Medien anbieten und durch Wiederholung, Verweis auf Glaubwürdigkeit und Wahrheit und Orientierung an Meinungsführern stabilisieren. Allein schon die Tatsache, dass bestimmte Inhalte und Meinungen Eingang in die Medien finden, führt dazu, dass Aktanten sie bei der Konstruktion ihrer eigenen Wirklichkeitsentwürfe bevorzugen, auch wenn sie gar nicht in der Lage sind, ihre «Richtigkeit» zu überprüfen. – Die klassische Unterscheidung zwischen «Realität» und «Fiktion» wird damit weitgehend hinfällig.[45]

3.3.11 Kommunikationstheorien: ein Beobachtungsraster

Nachdem wir in diesem Kapitel die zentralen Aspekte von Kommunikation behandelt haben, wollen wir zum Abschluss ein Beobachtungsraster für den Umgang mit Kommunikationstheorien anbieten. Dabei können sowohl Theorien beobachtet werden, die im Fach seit langem diskutiert werden, wie die Lasswell-Formel,[46] das informationstechnische Modell von Claude E. Shannon und Warren Weaver oder Gerhard Maletzkes Feldschema der Massenkommunikation, als auch neuere Ansätze wie die Kommunikationstheorie von Jürgen Habermas (1981), Niklas Luhmann (1987), Roland Burkart (1998), Klaus Merten (1977, 1999) oder Siegfried J. Schmidt (1994, 2000). Die Auswahl der drei neueren Theorien begründen Martin Löffelholz und Thorsten Quandt wie folgt: «Trotz erheblicher Unterschiede im Detail geht es ihnen übereinstimmend um die Entwicklung interdisziplinär fundierter Theorien, in denen unterschiedliche kommunikative Ebenen (z. B. Gesellschaft, Organisation, Interaktion) genauso berücksichtigt werden wie die Bedingungen (z. B. Gesellschaft, Kultur, Kognition) und Formen von Kommunikation (z. B. unvermittelt/medial vermittelt)» (Löffelholz & Quandt 2003: 20). Aber die beiden Autoren schließen ihre Empfehlung mit dem Hinweis: «Trotz dieser wichtigen und lesenswerten Arbeiten liegt eine umfassende Theorie der Kommunikation (bisher) nicht vor» (ebd.).[47]

Die Auseinandersetzung mit diesen Theorien, die hier nicht im Einzelnen aufgeführt werden können, sollte sich nach den bisherigen Überlegungen auf die Fragen konzentrieren, die wir als grundlegend für das Fach Kommunikationswissenschaft herausgearbeitet haben, also:

- Werden Kommunikations- und Medientheorie getrennt oder zusammen behandelt?
- Wie werden die behandelten Themen begründet, und gibt es auch eine Begründung für die Nichtbehandlung anderer Themen?
- Wie werden die zentralen Begriffe der Theorie (allen voran der Kommunikationsbegriff) expliziert bzw. definiert, und welche Modelle und Metaphern für Kommunikation werden verwendet?
- Wird der systematische Zusammenhang zwischen den zentralen Konzepten der Theorie deutlich genug gemacht?
- Wie deutlich ist das wissenschaftstheoretische Bewusstsein entwickelt?
- Mit welchen Methoden arbeitet die jeweilige Theorie?
- Was sind ihre Zielsetzungen?
- Werden Anwendungsprobleme explizit diskutiert?
- Wird das Autologieproblem bewusst berücksichtigt?
- Die Beobachtung von Kommunikations- und Medientheorien nach diesem Fragenkatalog sollte es den Studierenden erlauben, ein genaueres Verständnis von Theorie zu entwickeln und sie begründet vergleichen zu können – also *Theoriekompetenz* zu entwickeln.

4. Medienangebote: Themen und Vernetzungen. Aspekte der Aussagenforschung

4.1 Themen als kommunikationswissenschaftliches Forschungsfeld

Makroformen der Kommunikation, thematisch geordnete Diskurse und konkrete Aussagen, so heißen noch einmal in Kurzfassung jene symbolischen Ordnungen, die in allen Handlungsdimensionen unserem Umgang mit Medienangeboten zugrunde liegen. Symbolische Ordnungen brauchen Anwender und Anwendungen, um wirksam werden zu können. Und ebendeswegen sind aus Sicht der kommunikationswissenschaftlichen Forschungen konkrete Aussagen so wichtig, weil hier der empirische Einstiegspunkt für die Beschäftigung mit jenen Themen, Diskursen und Makroformen der Kommunikation liegt, für die sich das Fach zuständig erklärt.

Wenn wir von Makroformen der Kommunikation, von thematisch geordneten Diskursen und Aussagen sprechen, dann bringen wir damit zum Ausdruck, auf welchem Abstraktionsniveau wir uns auf Medienangebote beziehen. Damit ist jedoch noch nichts darüber gesagt, welche Bedeutungszuschreibungen wir dabei vornehmen. Überall dort, wo es um kommunikative Sinn- und Deutungsmuster geht, haben sich drei Analyse-Dimensionen bewährt, nämlich die *Zeit-*, *Sach-* und *Sozialdimension* kommunikativ aktualisierten Sinns. Die Brauchbarkeit dieser Analyse-Dimensionen ist ja schon mit Blick auf die Entstehung von Kommunikation und Sprache (Kap. 3.3.1) kurz angesprochen worden, sodass wir im Folgenden auf der Grundlage dieses groben Rasters einige der wichtigsten Forschungsfelder der kommunikationswissenschaftlichen Aussagenforschung näher betrachten können. Der Einfachheit halber beziehen wir uns dabei zunächst auf die *Themen* der medienvermittelten Kommunikation und damit auf ein mittleres Abstraktionsniveau.

Wer mit der Sachdimension einsteigt, für den stellt sich vor allem die Frage nach der Themenstruktur. Spätestens seitdem die beiden Kommunikationswissenschaftler Maxwell McCombs und Donald Shaw (1972) in Anlehnung an eine Bemerkung Bernhard Cohens (1963: 13) die These formuliert haben, dass die Medien möglicherweise gar nicht so sehr beeinflussen, *was* wir über bestimmte Themen denken, sondern vielmehr *worüber* wir nachdenken, gehören Themenanalysen zum festen Bestand der kommunikationswissenschaftlichen Forschung. Zwar ist es inzwischen nicht ganz unumstritten, wie und in welchem Umfang die Medien die öffentliche Agenda bestimmen; dennoch herrscht unter Kommunikationswissenschaftlern ebenso wie unter Praktikern weitgehende Einigkeit darüber, dass sie in der Lage sind, dies zu tun. Es wundert daher nicht, dass sich ein Großteil der kommunikationswissenschaftlichen Forschung auf der Grundlage der impliziten Voraussetzung des geschilderten Wirkungszusammenhangs ausführlich mit *Inhaltsanalysen* der medienvermittelten Kommunikation befasst; denn was überproportional häufig als Thema in den Medien auftaucht, das hat gewiss größere Chancen, in der Themenrelevanz der Rezipienten weit oben zu rangieren, als ein Thema, dem seltener Beachtung geschenkt wird.

Wird einem Thema vergleichsweise große Beachtung geschenkt, und dies auf vergleichsweise breiter Front, also in den Tageszeitungen ebenso wie im Fernsehen, in den politischen Zeitschriften ebenso wie in der Lifestyle-Presse, dann spricht man von einer übereinstimmenden, also «konsonanten Berichterstattung». Eine derart konsonante Berichterstattung stellt, je nach Perspektive, große Wirkungschancen, aber eben auch große Wirkungsrisiken in Aussicht. Wird das Thema Terrorismus, Gesundheitsreform oder Bildung wahlentscheidend sein? Reden wir über Familienpolitik oder Fußball, über Macht oder Moral? Kein Zweifel: In modernen Mediengesellschaften besitzt derjenige Einfluss, dem es gelingt, die Medien-Agenda und damit möglicherweise die Agenda der Rezipienten zu steuern. Und die Kommunikationswissenschaft ist diejenige akademische Disziplin, die über ein reichhaltiges Repertoire an Theorien und Methoden verfügt, Wirkungschancen und -risiken zu messen und zu beeinflussen.

Dass es dabei nicht nur um Themen geht, die im Zentrum des Interesses einer konsonanten Berichterstattung stehen, sondern sich gewissermaßen noch im Entwicklungsstadium befinden, hat die deutschsprachige PR-Forschung seit Beginn der 1990er Jahre deutlich gezeigt. Große Organisationen, Konzerne oder Parteien betreiben ein so genanntes Issues-Management, das darauf abzielt, in der kommunikativen Umwelt der Organisation frühzeitig jene schwachen Signale (sog. «weak signals» sensu Ansoff 1975) zu identifizieren, die möglicherweise auf die Entstehung eines konflikträchtigen Themas hindeuten (cf. im Überblick Röttger 2001). Das Issues-Management einer Organisation, eines Konzerns oder einer Partei übernimmt in diesem Sinn eine Frühwarnfunktion – gerade dort, wo eben *noch* keine konsonante Berichterstattung vorliegt.

4.1.2 Themenkarrieren

Wer sich nun für die Entwicklung von schwachen Signalen über Issues zu Themen und dann möglicherweise zu öffentlich ausgetragenen Konflikten interessiert, der bringt damit implizit die zweite vorangehend erwähnte Sinndimension ins Spiel, nämlich die Zeit-Dimension – hier geht es vor allem um Themenkarrieren. Wer einmal über einen längeren Zeitraum die Entwicklung eines Themas in den Medien beobachtet, der wird rasch feststellen, dass uns die Themen im Programm der Medien in bestimmten Lebenszyklen begegnen. Es ist nun für die verschiedensten Interessengruppen ausgesprochen wichtig zu wissen, wie sich bestimmte Themen im Vergleich zu anderen Themen entwickeln. Die kommunikationswissenschaftliche Forschung befasst sich daher professionell mit solchen Themenkarrieren, und kommunikationswissenschaftliche Expertise ist deshalb immer dann gefragt, wenn es – wie etwa im Fall der so genannten Krisenkommunikation – zu entscheiden gilt: Wann lohnt sich das Aussitzen und wann das Agieren in einer Krise? Wann sollte man schonungslos aufklären und wann behutsam abwiegeln? Um hier die richtigen Entscheidungen fällen zu können, ist es aus nachvollziehbaren Gründen von größter Bedeutung zu wissen, in welcher Phase einer Themenkarriere man sich gerade befindet, welche Phasen man bereits hinter sich gelassen hat und welche Phasen gegebenenfalls noch vor einem liegen.

Genaue Kenntnisse in Bezug auf Themenkarrieren und Themen-Lebenszyklen sind freilich nicht nur wie in Fällen der Krisenkommunikation unverzichtbar. Vielmehr bietet der gesamte Bereich der strategischen Kommunikation hier ein reichhaltiges Betätigungsfeld. Kennt man die zyklischen Schwankungen der öffentlichen Kommunikation, die uns mit schöner Regelmäßigkeit immer wieder das gleiche Kommunikationsklima bescheren, dann ist man in der Lage, spezifische Themen mit hoher Wahrscheinlichkeit erfolgreich zu platzieren. Ein Beispiel: Im Sommer befinden sich nicht nur viele Rezipienten, sondern eben auch viele Entscheidungsträger im Urlaub. Und wer dies weiß, der weiß auch, dass es für Journalisten in dieser Zeit, im so genannten Sommerloch, wenig zu berichten gibt. Genau dies erleichtert es wiederum, strategisch hier eigene Themen unterzubringen.

Man sieht, dass die kommunikationswissenschaftliche Forschung in Bezug auf die Themenstruktur und die Themenkarrieren sich mit einer schier unerschöpflichen Fülle an Forschungsfragen und -problemen konfrontiert sieht und in der Lage ist, wichtige Beiträge zur Beantwortung einiger dieser Fragen zu leisten.

4.1.3 Themenakzeptanz

Ebenso verhält es sich nun in der dritten Sinndimension, nämlich in der Sozialdimension kommunikativ aktualisierten Sinns. Wer hier einsteigt, für den stellt sich allem voran die Frage nach der Themenakzeptanz. Der bereits mehrfach erwähnte Soziologe Niklas Luhmann, dessen soziologischer Systemtheorie die deutschsprachige Kommunikationswissenschaft viele wichtige Impulse verdankt, hat wiederholt festgestellt, dass die öffentliche Meinung durch die Unterstellung der Akzeptiertheit von Themen gekennzeichnet ist (cf. Luhmann 1979).

Angesichts der Tatsache, dass die Begriffe ‹Öffentlichkeit› und ‹öf-

fentliche Meinung› zu *den* wichtigsten Begriffen der kommunikationswissenschaftlichen Diskussion zählen, ist es wenig überraschend,
dass Luhmanns Definitionsvorschlag keinesfalls konkurrenzlos ist. So
hat die über die Grenzen Deutschlands hinaus prominente, aufgrund
ihrer politischen Vergangenheit inzwischen jedoch nicht mehr ganz
unumstrittene (vgl. etwa Pöttker 2001 und 2004) ehemalige Mainzer
Kommunikationswissenschaftlerin Elisabeth Noelle-Neumann immer
wieder die normative Dimension der öffentlichen Meinung in Bezug
auf konfliktträchtige Themen betont. «Öffentliche Meinung», so stellt
Noelle-Neumann fest, «das sind Meinungen, Verhaltensweisen, die man
in der Öffentlichkeit äußern oder zeigen *muß*, wenn man sich nicht isolieren will; in kontroversen, im Wandel begriffenen Bereichen oder in
neu entstandenen Spannungszonen in der Öffentlichkeit äußern *kann*
ohne Gefahr, sich zu isolieren» (2001: 257). Wie auch immer man sich
entscheidet, ob man also mit Luhmann öffentliche Meinung als kognitives Konzept (= Akzeptiertheit von Themen) definiert oder ob man
mit Noelle-Neumann öffentliche Meinung darüber hinaus als kognitiv-
normatives Konzept (= Akzeptanz von Themen) definiert, hier wie dort
ergeben sich im Wesentlichen zwei Schlüsse. (1) Themenakzeptanz verstanden als die Unterstellung, dass man über bestimmte Themen reden
kann, ebenso wie die Unterstellung, dass man über bestimmte Themen
in einer bestimmten Weise reden kann und sogar auch reden *muss*, um
sich nicht sozial zu isolieren, verdankt sich in modernen Gesellschaften
den verschiedenen Formen massenmedial vermittelter Kommunikation. (2) Wer wie Luhmann danach fragt, welche Themen als allgemein
bekannt vorausgesetzt werden können, wer wie Noelle-Neumann nach
der sozialen Bindungskraft bestimmter Themen fragt, der muss in einem nächsten Schritt die Frage stellen, für wen und in welchen sozialen Situationen die Akzeptiertheit dieser Themen unterstellt werden
kann und für wen deren normative Bindungskraft gilt. Wie jeder weiß,
werden im Gespräch mit einer Autoritätsperson ganz andere Themen
als bekannt vorausgesetzt als in vertrauter Runde. Wie jeder weiß, juckt
uns unsere «soziale Haut» (E. Noelle-Neumann) im ersten Fall stärker als
im zweiten, ist für uns im ersten Fall die Unsicherheit, das Falsche zu
sagen, deutlich fühlbarer als im zweiten. Kurz: Aussagen in Bezug auf die

Themenakzeptanz setzen zumindest implizit immer ein genaues Wissen in Bezug auf jene sozialen Konstellationen voraus, in denen sich spezifisches Themenwissen beweist.

4.2 Medienangebote als Mediensyndrome – Verbundproduktion und Konvergenz

Mit dem bis zu dieser Stelle erarbeiteten Begriffs- und Analyse-Instrumentarium lässt sich ein breites Spektrum an Problem- und Fragestellungen der kommunikationswissenschaftlichen Forschung in einzelne Segmente zerlegen. Zwar ist es aus arbeitsökonomischen Gründen oft notwendig, sich auf spezifische Aspekte von Kommunikationsprozessen zu konzentrieren; aber es wäre eine Fehleinschätzung, würden wir aus der Tatsache, dass Medienangebote oft isoliert analysiert werden (müssen), schließen, dass Medienangebote auch in der Praxis isoliert auftauchen. Das Gegenteil ist der Fall. Medienangebote werden in aller Regel im *Verbund* mit anderen Medienangeboten produziert, distribuiert und rezipiert. Journalistische Medienangebote begegnen uns im Verbund mit werblichen Medienangeboten; Menschen, die eine Zeitung lesen, schauen in aller Regel auch fern, hören Radio, betrachten Plakate auf der Straße, gehen ins Kino, surfen im Internet usw. Im Rahmen der *wissenschaftlichen* Verarbeitung erfolgt die Bearbeitung medialer «Verbundprodukte» jedoch oft durch Spezialisten, die sich entweder mit Werbung *oder* mit Journalismus, entweder mit Zeitungen *oder* mit Fernsehen beschäftigen.

In einer eher technikzentrierten Fachdiskussion ist in den vergangenen Jahren immer deutlicher auf die weitreichenden Konsequenzen zahlreicher Konvergenzprozesse im Mediensystem hingewiesen worden. Unter *Konvergenz* wird in diesem Diskussionszusammenhang[48] die zunehmende Auflösung der traditionellen Grenzen zwischen klassischen (Massen-)Medienangeboten (etwa im Fernsehen oder Hörfunk, in Zeitungen oder Zeitschriften) und Telekommunikationsangeboten (etwa auf dem Handy oder im Internet) verstanden. Prozesse der Konvergenz, so hat der Wiener Kommunikationswissenschaftler Michael

Latzer (1997 und 2006) in den vergangenen Jahren immer wieder betont, lassen sich auf unterschiedlichen, miteinander zusammenhängenden Ebenen beobachten. Eine der wichtigsten ist die technologische Ebene. Man muss sich nur einmal vor Augen halten, welche breite Palette an Anwendungen heutige Mobiltelefone bieten, um sich ein Bild davon zu machen, was Konvergenz bedeutet. Mobiles Fernsehen, mobiles Radio, digitale Fotografie, mobiler Internet- und E-Mail-Zugriff usw. – alles in einem Gerät.

«Die empirische Evidenz für Konvergenz», so lautet Latzers Resümee, «nimmt im 21. Jahrhundert, v. a. im Zusammenhang mit der Weiterentwicklung von Internet, digitalem Fernsehen, Mobilkommunikation und Next Generation Networks auf allen Ebenen zu» (Latzer 2006: 5). Und diese Prozesse der technologischen Konvergenz gehen am Endprodukt, den Medienangeboten, natürlich nicht spurlos vorbei. Kommunikationstechnologien sind ebenso wenig inhaltsneutral wie Kommunikationsinstrumente und Organisationen der Kommunikation.

Was das bedeutet, zeigt uns tagtäglich die global operierende Kommunikations- und Unterhaltungsindustrie, die uns nicht mehr einfach einzelne Medienangebote präsentiert, sondern ganze Medien- und Kommunikationsverwertungsketten. Der Krieg der Sterne, X-Men und Akte X, Titanic, der Herr der Ringe, Shrek und, natürlich, Harry Potter – all dies sind keine einfachen Medienangebote klassischen Zuschnitts mehr, sondern *Mediensyndrome*. Der Film zum Buch, das war gestern. Heute ist: das Gespräch über ein Gerücht von einer E-Mail zum Internetforum zur Fernsehreportage zum Zeitungsinterview zum PR-Skandal zum Film zum Buch zur TV-Serie beim Menu mit Pommes und Cola und dem Filmhelden als Spielfigur – wer angesichts solcher Mediensyndrome einfach nur von Unterhaltung spricht, der verkennt, dass diese Unterhaltung auf ein fein abgestimmtes Zusammenwirken des Journalismus, der Öffentlichkeitsarbeit und der Werbung angewiesen ist.

5. Ein Medienkonzept für die Kommunikationswissenschaft

5.1 Der Medienkompaktbegriff

Nachdem bisher die Begriffe ‹Kommunikation›, ‹Aktant›, ‹Sprache› und ‹Kultur› und ihre begrifflichen Umfelder erläutert worden sind, steht nun der *Medienbegriff*[49] zur Debatte. Auch hier schlagen wir eine Begriffsfassung vor, die sich von den meisten im Fach angebotenen Konzepten unterscheidet,[50] und zwar insofern, als wir mit diesem Medienbegriff versuchen, die bestehenden Theorieangebote zu systematisieren und zu integrieren

‹Medium› konzipieren wir daher als einen so genannten *Kompaktbegriff*, der eine Reihe wichtiger Konzepte und Aspekte systematisch bündelt. Daher muss zunächst einmal diese kompakte Einheit «ausgepackt» bzw. differenziert werden.

Nach unserer Auffassung bündelt der Begriff ‹Medium› folgende vier Komponenten:

- *Kommunikationsinstrumente*, das heißt materielle Zeichen, die zur Kommunikation benutzt werden, allen voran natürliche Sprachen, aber auch Gesten und Geräusche;[51]
- *Medientechniken* (bzw. sog. technische Dispositive), die eingesetzt werden, um Medienangebote etwa in Form von Büchern, Filmen oder E-Mails herzustellen, zu verbreiten oder zu rezipieren;
- *institutionelle Einrichtungen* bzw. Organisationen (wie Verlage oder Rundfunkanstalten), die entwickelt werden, um Medientechniken anzuwenden, zu verwalten, zu finanzieren, politisch und juristisch zu vertreten usw.;
- schließlich die *Medienangebote* selbst, die aus dem Zusammenwirken aller genannten Faktoren hervorgehen (wie Bücher, Zeitungen, Fernsehsendungen usw.), woraus folgt, dass sie nicht als eigenständige Entitäten behandelt werden sollten, sondern als Prozessresultate, die

die Bedingungen des jeweiligen Mediensystems ständig mit sich führen.[52]

Das Zusammenwirken dieser Faktoren kann nur als ein systemisches, *sich selbst organisierendes* Zusammenwirken verstanden werden, bei dem keine der vier Komponenten unberücksichtigt bleiben darf. Wenn man also über Medienangebote spricht, dann muss man genau berücksichtigen, welche Möglichkeiten Kommunikationsinstrumente, Medientechnologien und sozialsystemische Ordnungen eröffnen und welche Einflüsse sie auf die Mediennutzer ausüben. Schrift z.B. erlaubt nur die Behandlung ganz bestimmter Themen in ganz bestimmten Formen. Wer diese Möglichkeiten nutzen will, muss sich die schwierigen Kulturtechniken des Lesens und Schreibens aneignen. Die Fotografie erlaubt im Gegensatz zu Schrift und Buch die Erstellung und Nutzung von Bildern; aber diese sind – im Unterschied zu Film und Fernsehen – ‹zweidimensional›, unbewegt und ausschnitthaft. Wer dieses Medium nutzen will, muss sich auf diese Bedingungen einlassen. Überdeutlich wird das bei den elektronischen Medien, etwa dem PC und dem Internet, wo spezifische Techniken erlernt werden müssen, um mit der Technik umgehen zu können, wo man sich der Herrschaft der Suchmaschinen und dem Tempo der Programme ausgeliefert sieht, andererseits noch perfekter als mit Telefon und Fax mühelos räumliche und zeitliche Begrenzungen der Nachrichtenübermittlung überwinden kann.

Ein Blick auf die Geschichte der Medienentwicklung zeigt, dass jedes Medium die Wahrnehmungsmöglichkeiten seiner Nutzer in spezifischer Weise erweitert, aber auch diszipliniert. Das systemische Zusammenwirken der Medienkomponenten bestimmt außerhalb unserer Einflussmöglichkeiten, welche Themen ein Medium tatsächlich aufgreifen kann (ohne Bilder kann Fernsehen nicht auskommen, also bevorzugt es alles Bildverwertbare), wie es seine spezifische Wirklichkeit inszeniert und präsentiert (die Wirklichkeiten der Presse, des Fernsehens, des Films, des Internets). Nur wenige wissen, wie die Fernseh- oder PC-Technologie funktioniert. Wir bedienen lediglich Geräte, und diese erlauben uns exakt diejenigen Nutzungsmöglichkeiten, die die Produzenten und Vertreiber der Technik und ihre soziale Institutionalisierung dieser Technik erlauben, auch abgesehen davon, ob wir die jeweilige Technik verstehen oder nicht. – Bill Gates ist deshalb nicht nur einer der reichsten, sondern auch einer der mächtigsten Männer dieser Erde.

Aus diesen Gründen darf man sich als Kommunikationswissenschaftler nicht auf das einzelne Medienangebot verlassen, sondern muss den Gesamtzusammenhang berücksichtigen, aus dem es entsteht. So wird man etwa eine Nachrichtensendung im Fernsehen nicht nur nach ihrem offensichtlichen Inhalt (die Kanzlerin spricht auf dem Parteitag der CDU) beurteilen dürfen, sondern sich darüber klar werden, dass unter Fernsehbedingungen das Weltgeschehen täglich auf zehn oder fünfzehn Minuten komprimiert werden muss und die Auswahl der berichtenswerten Ereignisse stark davon beeinflusst wird, «wovon man Bilder hat». Darum macht es wenig Sinn zu sagen, das Fernsehen berichte objektiv, was sich an Ereignissen «in der Welt» zugetragen hat. Sinnvoller ist die Feststellung, dass das Fernsehen unter seinen medialen Bedingungen eine *Fernseh-Wirklichkeit* herstellt und anbietet, die mit anderen Wirklichkeitsangeboten etwa der Presse, des Hörfunks oder des Internets konkurriert.

Wie die Geschichte der Medienentwicklung gezeigt hat, haben sich für alle vier Komponenten von Medien eigene kulturelle Programme herausgebildet. Vereinfacht könnte man z. B. von einer spezifischen Kultur der Buchproduktion und Buchlektüre sprechen. Lange nach der Erfindung des Telefons wurde es nicht etwa zur interaktiven Kommunikation benutzt, sondern zur Übertragung von Musik und Börsenkursen. Der Mobilfunk («Handy») hat besondere Regelungen nach sich gezogen, wie man mit dem Problem totaler Erreichbarkeit umgeht. Die Produktion von Nachrichten folgt im Online-Journalismus anderen Regeln als im Print- oder Bildjournalismus usw. Die Rezeption von Filmen «im Bauch des Kinos» mit vielen anderen Zuschauern unterscheidet sich deutlich von der einsamen Fernsehrezeption im eigenen Wohnzimmer. Und die ästhetischen Formen der Verbreitung und Präsentation von Medienangeboten im Fernsehen oder im Internet folgen sehr unterschiedlichen Mustern und Möglichkeiten.

Kurzum: Alle Aktivitäten in Mediensystemen (s. u.) sind medienkulturell geprägt, wobei sich diese Prägungen aufgrund der Dynamik von Medienkulturprogrammen rasch ändern (können). Die langen Amplituden der Gutenberg-Galaxie sind hektischen Wandlungsprozessen gewichen.

Im Folgenden wollen wir versuchen, den Medienkompaktbegriff weiter zu differenzieren und zu systematisieren, um seine Leistungsfähigkeit zu demonstrieren.

Das Zusammenwirken der o. g. vier Komponenten bezeichnen wir im Folgenden als *Mediensystem*. Beispiele für Mediensysteme sind das Printsystem, das Hörfunksystem oder das Filmsystem. Die Gesamtheit der Mediensysteme in einer Gesellschaft bildet deren *Gesamtmediensystem*. Unter Globalisierungsbedingungen ist zu erwarten, dass die nationalen Mediensysteme allmählich zu einem globalen Gesamtmediensystem zusammenwachsen werden.

Innerhalb der verschiedenen Mediensysteme haben sich wechselseitig konstitutive Handlungsbereiche herausgebildet, die in verschiedenen Handlungsrollen bearbeitet werden. Die Arbeit von Aktanten in Mediensystemen hat sich längst zu professionellem Rollenhandeln entwickelt und arbeitsteilig ausdifferenziert.[53] Dabei können im Prinzip vier *Handlungsdimensionen* voneinander unterschieden werden, und zwar die Produktion, Verbreitung (Distribution), Rezeption und Verarbeitung[54] von Medienangeboten. Innerhalb dieser Handlungsdimensionen haben sich im Laufe der Geschichte ganz unterschiedliche *Handlungsrollen* entwickelt, so etwa die Rollen des Journalisten, des Regisseurs, des Schauspielers, des Intendanten, Archivars oder Finanzfachmanns. Erst im geregelten Zusammenwirken von Handlungen und Kommunikationen im Rahmen dieser Handlungsrollen entsteht das, was Mediensysteme als ihre stets strikt systemspezifischen Produkte anbieten: die Medienangebote.

Die in der Abbildung 4 vorgenommene Systematisierung der Beobachtungs- und Beschreibungsaspekte erlaubt eine genaue Festlegung kommunikationswissenschaftlicher Fragestellungen sowie das Auffinden bisher unberücksichtigter Aspekte. So zeigt etwa die Fachgeschichte, dass lange Zeit die Medienangebote und die Kommunikatoren im Vordergrund des Interesses standen und die Rezipienten erst dann Beachtung fanden, als sich das Menschenbild wandelte und sich die Einsicht in die aktive und konstruktive Rolle des Rezipienten durchsetzte.

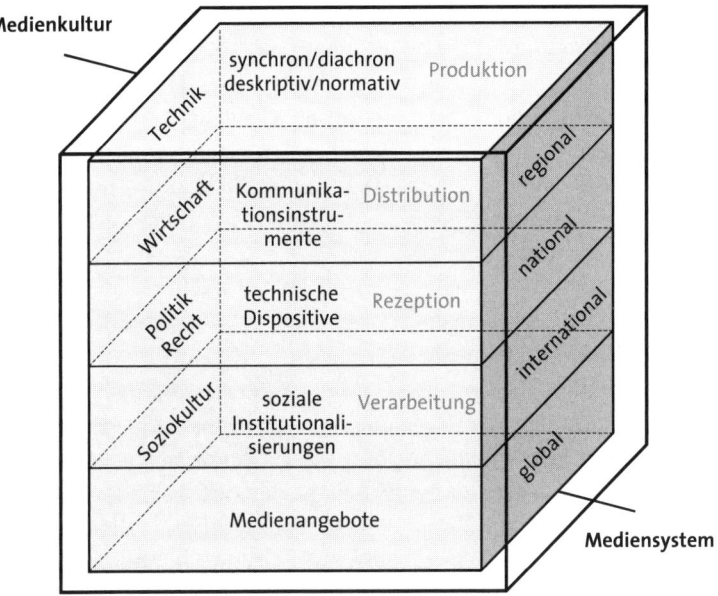

Medienkultur

Technik

Wirtschaft

Politik
Recht

Soziokultur

synchron/diachron deskriptiv/normativ	Produktion
Kommunika-tionsinstru-mente	Distribution
technische Dispositive	Rezeption
soziale Institutionali-sierungen	Verarbeitung

Medienangebote

regional

national

international

global

Mediensystem

Abb. 4: Mediensystem; eigene Darstellung

Betrachten wir als ein Beispiel für die *Orientierungsleistung* des Mediensystem-Konzepts den Handlungsbereich *Produktion von Print-Medienangeboten.* Einschlägig werden hier folgende Komponenten:

- Handlungsrollen im Produktionsbereich Printmediensystem (Forschungsbereich z. B. Kommunikatorforschung),
- Organisationen im Handlungsbereich Printmediensystem (Forschungsbereich z. B. Redaktionsforschung),
- Alternativen im Produktionsbereich anderer Mediensysteme (z. B. TV, Literatur usw.),
- Reichweitenaspekte im Printbereich: regional (Lokalzeitung), national (überregionale Presse), international (internationale Presse), global (Internet: Onlinejournalismus),
- Beobachtungsdimensionen im Printbereich: Technik (Produktionstechnologien, die im Printbereich eine Rolle spielen), Wirtschaft (Be-

deutung der Werbung für den Printbereich), Politik und Recht (Presserecht), soziokulturell (journalistische Ethik),
– Printmedienangebote (Forschungsthemen wie Gattungen, Darstellungsformen, Berichterstattungsmuster, Themenselektion).
All diese Untersuchungsbereiche können diachron oder synchron, deskriptiv oder normativ bearbeitet werden. Und für alle diese Untersuchungsbereiche muss deren kulturelle Prägung (Stichwort: Medienkultur) ernsthaft berücksichtigt werden.

Welche *Vorteile* bietet nun die Verwendung des Medienkompaktbegriffs, was können wir mit seiner Hilfe erreichen?

Zunächst ist zu betonen, dass es sich beim Medienkompaktbegriff um einen Begriff handelt, der intersubjektiv beobachtbare Komponenten in einen systemischen und nicht bloß additiven Zusammenhang bringt. Er blendet keinen Aspekt aus, vereinseitigt aber auch keine Komponente wie etwa der technikphilosophische Medienbegriff des Berliner Medienphilosophen Friedrich Kittler (1986, 1987), der auf technische Dispositive, oder der hermeneutische Medienbegriff philologischer Medienwissenschaftler, der auf Medienangebote fixiert ist. Vielmehr veranlasst die Beobachtung von Medienprozessen in Mediensystemen dazu, immer (wenn auch mit wechselnden Akzentuierungen) den konstitutiven Zusammenhang zwischen den genannten Komponenten eines Mediensystems im Auge zu behalten, weil erst aus deren Zusammenwirken Medienangebote entstehen und Wirkungen entfaltet werden können.

Der hier vorgeschlagene Medienbegriff berücksichtigt Handlungsdimensionen und Handlungsrollen in ihrer historischen Entwicklung wie in der jeweiligen gesellschaftlichen Ausprägung und liefert damit ein Suchraster für kommunikationswissenschaftliche Beobachtungen.

Schließlich erlaubt dieser Medienbegriff, wie schon gesagt, durch die Kombination von Beobachtungsaspekten eine Systematisierung von Fragestellungen wie ein Aufspüren bisher unbehandelter Fragestellungen.

In den kommunikations- und medientheoretischen Forschungen der letzten Jahrzehnte ist eines deutlich geworden: Die zentralen Konzepte, die im Umgang mit Medien eine Rolle spielen, bedürfen – wie in Kapitel

2.2 bereits angesprochen – eines Re-Writing, einer Neubesinnung und Neubestimmung.[55] Das betrifft das Verhältnis zwischen Wirklichkeit(en) und Medienwirklichkeiten (von Fiktion über Simulation bis Virtualität), das betrifft die Fragen nach Authentizität, Wahrheit, Verlässlichkeit und Vertrauen (evident in allen Bereichen von Internetkommunikation), das tangiert erheblich den Komplex Gedächtnis/Erinnern/Vergessen, wird überdeutlich an Fragen der Mediensozialisation oder des E-Learnings, an der Entwicklung parasozialer Beziehungen im Fernsehen oder neuer Sozialbeziehungen im Internet (Chatrooms, MUDs, Web 2.0 usw.) und kulminiert heute in Fragen von Intermedialität sowie von Inter- und Transkulturalität in einer Weltgesellschaft, die von zunehmend globaler Kommunikation geprägt wird.

Mit anderen Worten: Die bisher skizzierten Überlegungen (re)formulieren eine Einsicht, die die Berliner Medienphilosophin Sybille Krämer (1998: 14) als die «Medialität unseres Weltverhältnisses» bezeichnet hat. Das besagt: Jedes neue Mediensystem hat im Laufe der Geschichte unsere Wahrnehmungsmodi und -möglichkeiten beeinflusst, wie immer wir auf diese Beeinflussung auch reagiert haben und wie immer diese Beeinflussung auch bewertet worden ist. Dasselbe gilt für unser Verständnis von Raum und Zeit, von Körper und Wissen und für unsere Praktiken des Erinnerns und Vergessens im Rahmen von Gedächtnisinstrumentarien von der Schrift bis zu digitalen Archiven. Medialität bestimmt die Individualität und Sozialität von Gefühlen und ihre Performanz in der Öffentlichkeit,[56] unser Wissen «von der Welt», von wichtigen Themen und Meinungen und Bewertungen. Sozialisation wird längst als lebenslange Mediensozialisation buchstabiert, und die Entstehung neuer sozialer Beziehungsmodi im Internet verdeutlicht die Medialität unserer Sozialität. Politik vollzieht sich längst als Politik in, mit und durch Medien, die Wirtschaft hat sich intensiv auf die Medialität der Marken und Märkte konzentriert, und selbst Religion und Kirche kommen nicht mehr ohne mediale Präsenz und ohne Thematisierung von Medien aus.

Diese Beobachtungen lassen sich u. E. plausibel ausdifferenzieren, wenn man nicht pauschal von «den Medien» spricht, sondern konkret die jeweiligen Mediensysteme, ihre Komponenten und deren Zusammenwirken beobachtet und beschreibt und darüber hinaus das systemische Zusammenwirken der einzelnen Mediensysteme im Gesamtmediensystem einer Gesellschaft in die Analyse einbezieht. Dabei bietet der hier skizzierte Medienkompaktbegriff den Vorteil, dass auch Aktanten angemessen in die Analysen einbezogen werden können, da sie es sind, die die genannten Handlungsrollen ausfüllen und dabei von der Medialität unseres «Weltverhältnisses» geprägt werden und es durch ihre Setzungen immer wieder neu implementieren.

5.2 Massenkommunikation und Massenmedien: Beispiele für Beobachtungsvarianz

Nach den erkenntnistheoretischen Überlegungen in Kapitel 3 dürfte deutlich geworden sein, dass alle Probleme, die eine Wissenschaft behandelt, *beobachterspezifisch* sind. Veränderungen im Rahmen einer Disziplin sind deshalb immer dann zu erwarten, wenn sich Beobachtungsweisen und Beschreibungsstile ändern.

‹Beobachtungsvarianz› bezeichnet den Fall, dass sich nachweislich ein Beobachtungsmuster im Fach geändert hat und als Änderung wahrgenommen wird. Ein Beispiel dafür ist die Modellierung des Konzepts ‹Massenkommunikation›, bei der im Laufe der Fachgeschichte immer neue für wichtig gehaltene Komponenten eingeführt worden sind.

Vielen Kommunikationswissenschaftlern gelten *Massenkommunikation*[57] bzw. *Massenmedien* als die zentralen Forschungsbereiche der Kommunikationswissenschaft. Deshalb betrachten wir deren Beobachtung und Beschreibung als ein Musterbeispiel für Beobachtungsvarianz in einer wissenschaftlichen Disziplin.

Zunächst geht es um das Problem, die in den zentralen Begriffen ‹Massenkommunikation› und ‹Massenmedien› integrierten Begriffe ‹Kommunikation›, ‹Masse› und ‹Medium› plausibel zu definieren[58] und die Folgen aus den jeweiligen Definitionen zu ziehen. Wer etwa im Anschluss an informationstechnische Kommunikationsmodelle ‹Kommunikation› als Informationsaustausch, ‹Masse› als unbestimmt große

Rezipientenmenge und ‹Medium› als neutralen technischen Übertragungskanal konzipiert, wird zu völlig anderen Modellierungen von Massenkommunikation kommen als jemand, der (wie etwa G. Maletzke schon 1963) eine Fülle von Elementen und Beziehungen behandelt und zumindest in Ansätzen auch rückbezügliche und interaktive Mechanismen in Kommunikationsprozessen berücksichtigt, wie das folgende Schema zeigt:

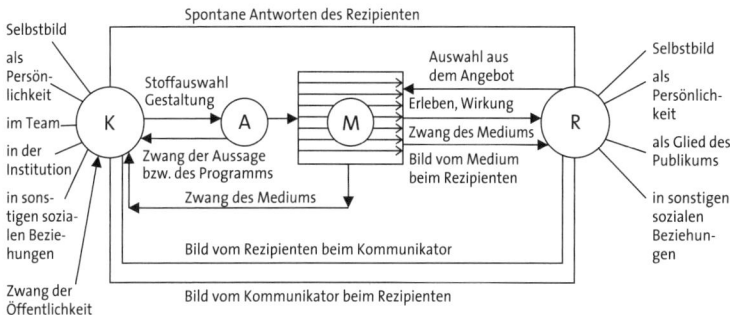

Abb. 5: Maletzkes Feldschema der Massenkommunikation. Quelle: Maletzke 1978: 37 ff.

Massenkommunikation wird je nach (von Kommunikationswissenschaftlern für wichtig erachteter) Beobachtungsperspektive unter technischen, ökonomischen, juristischen, politischen oder psychologischen Gesichtspunkten beobachtet und beschrieben. Ihre Beobachtung und Beschreibung wird ausdifferenziert nach dem jeweiligen Mediensystem von Print bis Internet, das massenhaft verbreitete Medienangebote für ein unspezifiziertes, so genanntes «disperses» (sensu Maletzke) Publikum bzw. für spezifische Zielpublika produziert. Entsprechend definiert Maletzke: «Unter Massenkommunikation verstehen wir jene Form von Kommunikation, bei der Aussagen öffentlich, durch technische Verbreitungsmittel, indirekt und einseitig an ein disperses Publikum vermittelt werden» (1978: 32).

Im Vordergrund des kommunikationswissenschaftlichen Interesses steht bei anderen Autoren die Frage nach den spezifischen Rezeptionsbedingungen, wobei die Palette von technischen bis zu psychischen Bedingungen reichen kann und sich entweder nur auf Massenkommunikation oder auf die spezifische Differenz zwischen Massenkommunikation und interaktiver Kommunikation konzentriert. Gefragt wird nach typischen Themen und Darstellungsformen der jeweils untersuchten Mediensysteme. So hat etwa eine Münsteraner Studierendengruppe im Detail untersucht, welche Gefühle in welchen Medien auf welche Art behandelt werden und welche Rolle sie in bestimmten Gattungen bzw. Formaten spielen.[59]

Massenmedien werden seit einigen Jahren unter dem Gesichtspunkt der *Aufmerksamkeit* beobachtet. Dann geht es darum, ob, und wenn ja, wie durch ein Überangebot an Medienangeboten – etwa Werbemedienangeboten – die Aufmerksamkeit der Rezipienten verknappt und damit die Wahrscheinlichkeit der Zielerreichung durch den Einsatz von Medienangeboten verringert wird. Im Rahmen dieser Beobachtungsperspektive sind in den letzten Jahren auch wirtschaftswissenschaftliche Argumente unter dem Schlagwort «Aufmerksamkeitsökonomie» ins Spiel gekommen. Autoren wie Georg Franck (1998) haben behauptet, dass Geld in der neuen Medienordnung durch Aufmerksamkeit als neue Währung ersetzt wird. Demnach gibt es in dieser Ökonomie nur noch zwei Klassen: *Stars*, denen große Aufmerksamkeit geschenkt wird, und *Fans*, die Aufmerksamkeit schenken und erwarten, dass die Stars auch ihnen dafür eine gewisse Aufmerksamkeit zukommen lassen.

Massenkommunikation wird aber nicht nur in deskriptiver, sondern auch in kritischer bzw. normativer Hinsicht beobachtet und bewertet.

Die wohl bekannteste Kritik haben Max Horkheimer und Theodor W. Adorno 1947 in ihrem berühmten Buch «Dialektik der Aufklärung» unter der Überschrift «Kulturindustrie» formuliert. Adorno hat diese Kritik 1972 noch einmal wie folgt zusammengefasst:

«Das Wort Massenmedien, das für die Kulturindustrie sich eingeschliffen hat, verschiebt bereits den Akzent ins Harmlose. Weder geht es um die Massen an erster Stelle, noch um die Techniken der Kommunikation als solche, sondern um den Geist, der ihnen eingeblasen wird, die Stimme ihres Herrn. Kulturindustrie missbraucht die Rücksicht auf die Massen dazu, ihre als gegeben und unabänderlich vorausgesetzte Mentalität zu verdoppeln, zu befestigen, zu verstärken. Durchweg ist ausgeschlossen, wodurch diese Mentalität verändert werden könnte. Die Massen sind nicht das Maß, sondern die Ideologie der Kulturindustrie, so wenig diese auch existieren könnte, wofern sie nicht den Massen sich anpasste. [...] Werden die Massen, zu Unrecht, von oben her als Massen geschmäht, so ist es nicht zum letzten die Kulturindustrie, die sie zu den Massen macht, die sie dann verachtet, und sie an der Emanzipation hindert, zu der die Menschen selbst so reif wären, wie die produktiven Kräfte des Zeitalters sie erlaubten.» (347 ff.)

Der französische Soziologe Pierre Bourdieu (1998) etwa hat das Fernsehen dafür kritisiert, dass es alles in «vermischte Nachrichten» verwandelt, stets auf der Suche nach dem Sensationellen ist und kein anderes Orientierungskriterium kennt als «das göttliche Gericht der Einschaltquote». Diese Entwicklung führt, so Bourdieu, zu einer Entpolitisierung der Gesellschaft und zu einer «strukturellen Gedächtnislosigkeit», gegen die er zum entschlossenen Widerstand aufruft.

Dieter Prokop (1972, 2005), Franz Dröge (1972), Horst Holzer (1973) und andere haben in den 1970er Jahren ihre Kritik an den Massenmedien vor allem aus der marxistischen Philosophie abgeleitet und dargestellt, dass die Institutionalisierung der Massenkommunikation allein unter Kapitalinteressen erfolgt, die alle Inhalte als Waren begreift, die dem Ziel dienen, bei den Rezipienten ein kapitalistisch geprägtes Bewusstsein zu schaffen.[60]

Massenmedien werden unter technikphilosophischen Gesichtspunkten kritisch untersucht hinsichtlich der Frage, ob sie nicht längst die Macht vom politischen System übernommen haben und zum wichtigsten Instrument der Herrschaft und der gesellschaftlichen Integration geworden sind.[61]

Massenkommunikation wird schließlich in thematischer wie in stilistischer Hinsicht untersucht. Thematisch geht es z. B. um das allmähliche Verschwinden politischer und wissenschaftlicher Themen aus dem Fernsehprogramm zugunsten von Shows, Talks und Quizsendungen. Stilistisch geht es um eine Entwicklung, die unter Stichworten wie «Entertainisierung» und «Infotainisierung» diskutiert wird.[62] Damit ist gemeint, dass immer mehr Sendungsformate bis hin zu Nachrichtensendungen mit Unterhaltungselementen versehen werden, weil die Programmverantwortlichen offenbar annehmen, dass «das Publikum» Unterhaltung und nichts als Unterhaltung wünscht. – Die Kennzeichnung unserer Gesellschaft als «Erlebnisgesellschaft» durch Soziologen wie Gerhard Schulze (1992) oder die weitverbreitete Rede von der «Spaßgesellschaft» liefern hier offenbar begründende Argumente.[63]

Nun ist gerade *Unterhaltung* ein Thema, das in der Analyse von Massenkommunikation eine umstrittene Rolle spielt. Auf der einen Seite ist unbestreitbar, dass die Menschen seit jeher Unterhaltung und Entspannung gesucht und dass alle Gemeinschaften und Gesellschaften Anlässe und Angebote zur Unterhaltung geschaffen haben. Auch im gesellschaftlichen Aufgabenkatalog der öffentlich-rechtlichen Rundfunkanstalten findet sich, neben Information und Bildung, Unterhaltung als wichtige Aufgabe. Umso erstaunlicher muss es Beobachtern der Kommunikationswissenschaft vorkommen, dass diese erst in den letzten Jahren begonnen hat, sich ernsthaft und unvoreingenommen mit dem Thema Unterhaltung zu beschäftigen,[64] nachdem jahrzehntelang Unterhaltung und Unterhaltungsjournalismus eher verächtlich abgewertet worden waren (cf. dazu Kapitel 11.3). Offenbar war dieser Sektor der Massenkommunikation von Kommunikationswissenschaftlern nicht als wichtiges Problem beobachtet und eingeschätzt worden. Das gilt z. B. auch für Video- und Computerspiele, die trotz ihrer enormen ökonomischen Bedeutung erst in den letzten Jahren zum Gegenstand intensiver kommunikationswissenschaftlicher Forschung geworden sind.[65]

Kommen wir nach diesem kurzen Überblick über Themen der Erforschung von Massenkommunikation und Massenmedien zurück zu der Frage nach den *Vorteilen*, die der von uns bevorzugte Medienkompaktbegriff bieten kann.

Der erste Vorteil liegt u. E. darin, dass die vagen und durchwegs missverständlichen Begriffe ‹Massenkommunikation› und ‹Massenmedien› *vermieden* werden, indem grundsätzlich zwischen interaktiver und medienvermittelter Kommunikation unterschieden wird. In beiden Fällen besagt die Grundannahme, dass Texte bzw. Medienangebote als Möglichkeiten bzw. als Anlässe zur Bedeutungsproduktion durch Rezipienten geliefert werden. Die Medien, die zur Produktion, Distribution, Rezeption und Verarbeitung eingesetzt werden, sind aufgrund der erforderlichen technischen Dispositive und der sozialen Institutionalisierung darauf angewiesen, eine genügend große Rezipientenzahl zu erreichen, um sich ökonomisch rechnen zu können.

Die Differenz zwischen interaktiver und medienvermittelter Kommunikation dient als Folie, vor der Unterschiede, aber auch Gemeinsamkeiten beobachtet werden können. Die Unterschiede liegen – wie oft beobachtet worden ist – darin, dass die Kommunikationspartner nicht im selben Wahrnehmungskontext handeln, dass also der direkte Rückkanal fehlt (Telefonanrufe beim Sender sind kein Ersatz für direkte Gesprächsmöglichkeiten zwischen anwesenden Kommunikationspartnern).

Gemeinsam ist beiden Kommunikationsformen die o. g. Grundstruktur der strukturellen Kopplung von Individuen oder Gruppen mit Hilfe von Medienangeboten, die als Angebote unter den systemspezifischen Bedingungen von Aktanten in und außerhalb von Mediensystemen produziert, vermittelt, rezipiert und verarbeitet werden müssen. Damit bleiben in beiden Fällen die reflexiven Strukturen von Kommunikation erhalten und werden lediglich unterschiedlich inszeniert und genutzt.

Das hier verwendete Medienmodell liefert insgesamt 18 Kategorien zur Beobachtung von Mediensystemen, wobei diese Kategorien miteinander kombiniert werden können. Dadurch wird sowohl eine Systematisierung von Fragestellungen als auch ein Aufdecken bisher vernachlässigter Fragen möglich.

Schließlich insistiert unser Konzept des Mediensystems darauf, dass Mediensysteme Teilsysteme des Gesellschaftssystems bilden, innerhalb dessen sie entstehen, sich entwickeln und wirken. Damit läuft hinter allen Fragen der Kommunikationswissenschaft gleichsam automatisch die Frage mit, welche anderen gesellschaftlichen Teilsysteme mit den Mediensystemen bzw. mit dem Gesamtmediensystem interagieren und wie sich die Aktanten in diesen Prozessen verhalten (können).

Den entscheidenden Vorteil unseres Medienkonzepts sehen wir darin, dass durch die systematische Verbindung zwischen den Komponenten des Mediensystems und der sie prägenden Medienkultur deutlich wird, dass sich die Konzeption von Kommunikationswissenschaft grundlegend zu wandeln beginnt: Diese begreift sich zunehmend als ein zentraler *Bestandteil einer Medienkulturwissenschaft*,[66] die die Medialität unseres Weltverhältnisses aufarbeitet und bewertet. Mit diesem Wandel des Selbstverständnisses ist zum einen eine Neustrukturierung des fachspezifischen Themenspektrums, zum anderen eine Neubestimmung der Position der Kommunikationswissenschaft im Verhältnis zu Nachbardisziplinen verbunden, die – wie bereits in Kapitel 1 und 2 angesprochen – neue Inter- bzw. Transdisziplinaritäten eröffnet.

5.3 Medienwirkung – Mediennutzung

Neben der Erforschung von Massenmedien und Massenkommunikation gilt vielen Fachvertretern die Wirkungsforschung als das «Herzstück» der Kommunikationswissenschaft. Auch in Bezug auf dieses Thema erweist sich der Medienkompaktbegriff u. E. als orientierungsfähig, weil er ein plausibles Beobachtungsraster liefert.

Generell handelt es sich um die Frage, wie das Verhältnis zwischen Menschen und Medien diachron und synchron theoretisch modelliert werden kann. Dabei geht es zum einen um das Verhältnis der Mediensysteme zu den in ihnen handelnden Aktanten, zum anderen um das Verhältnis zwischen Medienangeboten (Typen, Gattungen, Themen, stilistischen Formen) und Aktanten. Dabei kommen nicht nur Rezipienten infrage, sondern alle Aktanten in den vier Handlungsbereichen von Mediensystemen. Produzenten arbeiten – implizit oder explizit – immer mit Wirkungsannahmen im Sinne von Erwartungs-Erwartungen (z. B. Wie wird das/mein Publikum auf diese Sendung/diesen Sendungstyp reagieren?), ebenso wie Distributoren oder Mediaplaner, die z. B. den «wirkungsvollsten» Sendeplatz und die optimale Frequenz der Ausstrahlung eines Werbespots im Fernsehen auswählen.

In Bezug auf Rezipienten geht es um die Ausdifferenzierung nach Alter, Bildung, Geschlechts- und Schichtspezifik, nach individueller und kollektiver Rezeption oder nach Rezeptionssituationen.

Bei der Wirkung kann unterschieden werden zwischen direkt/indirekt, kurzfristig/langfristig, stark/schwach, zwischen individuell und kollektiv, zwischen strukturell und semantisch. Die letzte Unterscheidung betrifft die Wirkung eines Mediensystems insgesamt (z.B. die allgemeinen Auswirkungen des Buchdrucks) bzw. die Wirkungen einzelner Medienangebote (etwa einer bestimmten Talkshow).

Die Bestimmung des Wirkungsbegriffs hängt eng zusammen mit dem vorausgesetzten Kommunikationsbegriff sowie mit den zugrunde liegenden Menschenbildannahmen. Wer z.B. Kommunikation als Informationsübertragung konzipiert und Menschen als direkt beeinflussbare Wesen ansieht, wird zur Annahme starker Medienwirkungen neigen. Wer dagegen Kommunikation als reflexiven sozialen Prozess betrachtet und den Menschen kognitive Autonomie und eine eigenständige Position in sozialen Differenzierungen zuschreibt, wird eher von schwachen Medienwirkungen ausgehen.

Generell wird Wirkung im Rahmen des hier vertretenen Medienbegriffs als *kontingente Veränderung* konzipiert. Das heißt: Aufgrund des in Kap. 3.3 konzipierten Kommunikationsbegriffs und Menschenbilds gehen wir davon aus, dass Medienangebote Veränderungen nicht linear kausal im Sinne des Kommunikators erzwingen können. Vielmehr nehmen wir an, dass Veränderungen abhängen von den kognitiven, emotionalen, moralischen und empraktischen Operationen von Aktanten in konkreten Situationen und biographischen Kontexten, von ihren Erfahrungen im Umgang mit Medien(angeboten) und den daraus erwachsenen Erwartungen an künftige Nutzungen im Rahmen des Medienkulturprogramms, auf das sie sich in der Rezeption (implizit oder explizit) beziehen.

Exkurs: Sind Medienwirkungen auf Nichtnutzer paradox?[67]

«Die klassische Medienwirkungsforschung vermutet – plausiblerweise – Medienwirkungen bei den Mediennutzern. Wer bestimmte Medieninhalte nutzt, bei dem könnte sich das Denken, Fühlen oder Verhalten aufgrund des Medieninhalts ändern. Auf Personen, die den entsprechenden Medieninhalt nicht genutzt haben, kann dieser keine Wirkung entfalten. Diese Konstellation berücksichtigt nur die massenmediale Kommunikation und die Gesellschaft bzw. das Publikum. Sie ändert sich aber grundlegend, wenn auch die interpersonale Kommunikation mitgedacht wird.

Die Frage nach den direkten Medienwirkungen entscheidet sich daran, ob und wie stark die Medieninhalte auf deren Nutzer einwirken. Um diese Wirkung festzustellen, müsste man den individuellen Zustand vor der Mediennutzung mit dem nach der Mediennutzung vergleichen, um zu sehen, ob sich die kognitiven, emotionalen oder konativen Zustände verändert haben, was dann auf den Medieninput zurückzuführen wäre. Im Alltag lässt sich die Medienwirkung so aber nicht untersuchen, da zwischen Vorher- und Nachhermessung alles Mögliche passieren kann, sodass die Veränderung zwischen den Messungen nicht sicher auf die Mediennutzung zurückgeführt werden kann. Die Medienwirkungsforschung behilft sich deshalb mit dem Vergleich zwischen Nutzern und Nichtnutzern. Dieser verläuft nach der oben dargestellten Logik und sieht Medienwirkungen dann als bewiesen an, wenn die Nutzer nach der Nutzung anders denken, fühlen oder handeln als die Nichtnutzer.

Wenn man zusätzlich die interpersonale Kommunikation in Betracht zieht, ist diese Analysestrategie aber fehlerbehaftet, da in der interpersonalen Kommunikation mit Freunden, Familie, Bekannten, Kollegen etc. auch über Inhalte aus den Massenmedien gesprochen wird. Das hat Auswirkungen auf die Mediennutzer. Die Medienwirkungen könnten abgeschwächt werden, wenn die Informationen aus den Massenmedien Information aus persönlichen Gesprächen widersprechen und so mit diesen konkurrieren. Die Medienwirkungen könnten aber auch verstärkt werden, weil sie im persönlichen Gespräch ein weiteres Mal aktualisiert und damit verfestigt werden. Folgenreicher sind allerdings die Überlegungen in Bezug auf die Nichtnutzer. Diese müsste man nach solchen unterteilen, die zwar einen bestimmten Medieninhalt nicht genutzt, sich aber mit Nutzern darüber unterhalten haben, und solchen, die weder den Medieninhalt genutzt noch mit anderen darüber geredet haben. Nur auf die zweite Gruppe von Nichtnutzern können die Massenmedien keine Wirkung entfalten. Auf die erste Gruppe von Nichtnutzern könnten die Massenmedien eine indirekte Wirkung ausüben, die über das persönliche Gespräch von den Nutzern auf die Nichtnutzer weitergegeben wird.

Durch diese Verschiebung der Analyseperspektive lassen sich Befunde der Medienwirkungsforschung erklären, die rein aus der Perspektive von Massenmedien und Publikum paradox erscheinen. So belegen z. B. Studien zur Thematisierungsfunktion der Massenmedien starke Effekte auf der Makroebene. Wenn man das Themenspektrum betrachtet, über das die Massenmedien insgesamt berichten, so korrespondiert dieses weitgehend mit den Themen, die die Bevölkerung insgesamt in Befragungen als wichtige Themen angibt. Führt man dieselbe Analyse bei einzelnen Befragten durch, so zeigen sich fast keine Effekte. Diejenigen, die Medien mit bestimmten Themen genutzt haben, schätzen diese Themen nicht wichtiger ein als diejenigen, die die Medienberichterstattung über die Themen nicht genutzt haben. Oberflächlich betrachtet sieht es so aus, als könnte paradoxerweise ein Effekt auf alle entstehen, ohne dass ein Effekt auf die Einzelnen vorliegt. Was nach Zauberei klingt, ist wahrscheinlich ein analytischer Fehler. Der individuelle Vergleich zwischen den Nutzern und den Nichtnutzern ist nämlich nur aussagekräftig, solange die Nichtnutzer nicht in persönlichen Gesprächen mit den entsprechenden Themen konfrontiert werden. Das ist aber gerade bei wichtigen Themen sehr unwahrscheinlich. Insofern erfahren mit großer Wahrscheinlichkeit auch die Nichtnutzer von den Themen und damit eine indirekte Medienwirkung. Der oben angesprochene starke Thematisierungseffekt der Massenmedien auf die Gesellschaft ergibt sich aus dem Zusammenspiel der direkten Medienwirkungen auf die Mediennutzer und die indirekten Medienwirkungen auf die Nichtnutzer über Gespräche. Der fehlende Effektnachweis auf Individualebene entsteht aufgrund der Vergleichslogik. Wenn nur das als Medienwirkung akzeptiert wird, was die Nutzer von den Nichtnutzern unterscheidet, kann man keinen substanziellen

Effekt finden, da wahrscheinlich auch die Nichtnutzer über den indirekten Gesprächsweg einer Wirkung unterliegen. Insofern zwingt uns der Perspektivwechsel dazu, die theoretischen Modelle und die empirische Analysestrategie zu verändern, um zu angemessenen Ergebnissen zu gelangen.»

5.4 Zur Geschichte der Wirkungs- und Rezeptionsforschung

Wenn wir mit diesen Beobachtungskategorien und Ausgangshypothesen die Geschichte der Wirkungsforschung betrachten, ergibt sich im Überblick folgendes Bild.[68]

In der Forschung wird unterschieden zwischen Medienwirkungsforschung und Rezeptionsforschung, je nachdem, ob der Schwerpunkt eher auf den Kommunikator und die Aussage oder auf den Rezipienten und sein Mediennutzungsverhalten gelegt wird. Allerdings ist diese Trennung problematisch, da im ersten Fall wichtige implizite Annahmen über den Rezipienten und sein Nutzungsverhalten, im zweiten Fall wichtige implizite Annahmen über den Kommunikator und die Rolle der Medienangebote gemacht werden.

5.4.1 Medienwirkungsforschung

– Das *Stimulus-Response-Modell* wurde entwickelt, um die Wirkung von Propaganda zu ermitteln. Diese frühe Medienwirkungsforschung ging davon aus, dass das menschliche Verhalten von wenigen biologisch bedingten Trieben und Instinkten gesteuert wird, die der Mensch nicht beeinflussen kann. Die Gesellschaft wurde gesehen als Masse von einzelnen Individuen, die voneinander isoliert sind und deshalb extrem abhängig sind von den Botschaften der Massenmedien. Dementsprechend nahm man an, dass bestimmte Auslösereize bei allen Menschen ähnliche Wirkungen haben, dass also der Inhalt eines Kommunikationsangebots (= Stimulus) dessen Wirkung (= Response) eindeutig festlegt (sog. Stimulus-Response-Theorie). Wichtigster Vertreter dieser Theorie ist der Politologe Harold D. Lasswell (1927).

– Diese Annahme starker und planbarer Medienwirkungen wurde in den 40er Jahren des vorigen Jahrhunderts durch Wahlkampfanalysen in den USA infrage gestellt, die Paul F. Lazarsfeld und seine Mitarbeiter 1940 durchführten (Lazarsfeld et al. 1948 [1944]). In dieser Arbeit, die einen Zweistufenfluss der Kommunikation *(Two-step Flow of Communication)* postuliert, wurden zwei wichtige Veränderungen gegenüber dem Stimulus-Response-Modell eingeführt: das Konzept des *selektiven Verhaltens* der Rezipienten sowie das Konzept der *Meinungsführer*. Ideen, so Lazarsfeld, fließen von den Medien zu den Meinungsführern und von diesen zu den weniger aktiven Teilen der Bevölkerung. Damit begründete er seine Hypothese, dass die Entscheidung der Wähler weniger durch den direkten Einfluss der Massenmedien bestimmt wird als durch persönliche Kontakte mit anderen Personen, die als Meinungsführer angesehen werden. Mit dieser Theorie war eine erste Abkehr von der Theorie starker Medienwirkungen eingeleitet, die neben den Medien die Meinungsführer als einflussreiche Wirkungsfaktoren im sozialen Kontext von Rezipienten berücksichtigte. Andererseits enthielt diese Theorie die Prognose, dass mit fortschreitender Mediatisierung der Gesellschaft die meinungsbildende Funktion der Massenmedien und damit auch ihre Wirkung zunehmen werden, weil sich die Rezipienten zunehmend an der Meinung glaubwürdiger Personen in den Medien orientieren. Letztlich wird in dieser Theorie also zwar die Allmacht der Medien infrage gestellt, aber eine neue Allmacht eingeführt, nämlich die Allmacht der persönlichen Interaktion mit Meinungsführern.

– Elisabeth Noelle-Neumann hat 1974 ihre *Theorie der Schweigespirale* vorgestellt, die bis heute kontrovers diskutiert wird. Die Hauptthesen besagen, dass Menschen gesellig sind und daher auf jeden Fall Isolation vermeiden möchten. Darum orientieren sie sich bei ihren Meinungsäußerungen an den Meinungen anderer, die sie entweder direkt oder aus den Medien erfahren. Ebenso erfahren sie, wie sich Meinungen verändern. Wer glaubt, die dominante Meinung zu vertreten, präsentiert sie selbstbewusster als Menschen, die dies nicht von sich annehmen. Dadurch wird in der Öffentlichkeit der Eindruck verstärkt, dass die bisher nur als dominant *unterstellte* Meinung tatsächlich dominant *ist*, was ihre Vertreter weiter stärkt und andere Meinungen weiter schwächt. – Problematisch an diesem Ansatz ist zum einen das darin vorausgesetzte, aber nirgends begründete Menschenbild, wonach Menschen nur die Möglichkeit haben, durch Verhaltenskonformität Isolation zu vermeiden, sowie die Annahme, dass sich der Einzelne ein zutreffendes Bild von der dominanten Meinung machen kann. Die Autorin vertritt sogar die Hypothese, Menschen verfügten über ein so genanntes quasistatistisches Wahrnehmungsorgan, mit dessen Hilfe sie ziemlich zuverlässig die Beziehung zwischen Bestätigung und Ablehnung von Themen und Überzeugungen erkennen können.

– Von starken Wirkungen gehen Maxwell McCombs und Donald Shaw in ihrem so genannten *Agenda-Setting-Approach* aus (1972). Danach wird das Publikum durch die Medien erst auf bestimmte Themen aufmerksam gemacht und folgt deren Hervorhebung und Gewichtung. Überdies schlägt sich die Rangfolge der Themen der Medienagenda spiegelbildlich in der Agenda der Rezipienten nieder. McCombs hat 1977 drei Varianten des Ansatzes unterschieden: (1) Das Publikum wird durch die Medien auf bestimmte Themen aufmerksam gemacht (Awareness-Modell). (2) Die Gewichtung und Betonung von Themen durch die Medien wird von den Rezipienten nachvollzogen (Salience-Modell). (3) Die Themenrangfolge schlägt sich spiegelbildlich in der Agenda der Rezipienten nieder (Priority-Modell). Thematisierung und Themenstrukturierung führen nach Ansicht der Autoren zu Langzeitwirkungen. – Genau besehen steht dieses Modell noch in der Tradition der Stimulus-Response-Vorstellungen, nur dass hier Stimuli durch Themen ersetzt werden. Kritisiert wurde diese Theorie, weil ein messbarer Zusammenhang zwischen der Themenauswahl und Themenbehandlung der Medien und der Rezipienten noch nichts über die Richtung dieses Zusammenhangs aussagt. Greifen die Medien Themen auf, um die Wünsche der Zielgruppen genau anzusprechen, oder halten Rezipienten Themen für wichtig, weil die Medien sie aufgreifen? Und wie steht es mit den Auswahl- und Konstruktionsprozessen, die die Bildung einer Medienagenda im Vorfeld bestimmen?

– Von starken Wirkungen geht auch die gesellschafts- und medienkritische so genannte *Kultivierungshypothese* George Gerbners und seiner
Mitarbeiter (eingeführt 1976) aus, wonach die Verantwortung für die
Erziehung unserer Kinder nicht länger bei der Familie, bei Kirchen
oder Schulen liegt, sondern in den Händen weniger global operierender Medienunternehmer, die in erster Linie wirtschaftliche Interessen verfolgen. Gerbner sieht die Medien – allen voran das Fernsehen
– als Wirklichkeitskonstrukteure, die vor allem die Wirklichkeitskonstruktion von Vielsehern nivellierend beeinflussen. Das Fernsehen sei
die neue und einzige Kultur derer, die sich nur dann Informationen
aussetzen, wenn sie «... auf dem Rücken der Unterhaltung zu ihnen
kommen. Unterhaltung ist die wirksamste erzieherische Speise jeder
Kultur» (Gerbner & Gross 1976: 177). Aber diese Unterhaltungsorientierung schwächt die Medienkompetenz der Rezipienten und vermindert ihre Fähigkeit, kreativ, rational und differenziert mit gesellschaftlichen Konflikten umzugehen. – Die Kritik an diesem Modell
betont vor allem, dass Effekte von Medien bei der individuellen Wirklichkeitskonstruktion zwar auftreten, in ihrer Stärke aber kaum verbindlich und vor allem nicht als eine kausale Beziehung bestimmt
werden können.

– Philipp J. Tichenor u. a. haben 1970 empirische Ergebnisse vorgelegt,
die später als *Knowledge-Gap-Hypothese* bezeichnet worden sind. Sie
besagt, dass Aktanten mit einem höheren sozioökonomischen Status
oder einer höheren formalen Bildung Angebote der Massenmedien
besser und schneller verarbeiten, selektiver nutzen und sich ausführlicher informieren als Aktanten mit niedrigerem Status und geringerer
Bildung, wodurch eine ständig wachsende Kluft zwischen «Wissensriesen» und «Wissenszwergen» entsteht. Diese Kluft wird als Wirkung
der Wissensvermittlung durch Massenmedien bestimmt, wobei diese
Wirkung aber (im Unterschied zum Stimulus-Response-Ansatz) indirekt ist. Falls diese Annahmen zutreffen, wird die gängige Vorstellung
von der Funktion von Medien in demokratischen Gesellschaften zumindest fragwürdig, insofern sie unterstellt, dass mehr Informationen
für alle auch mehr Demokratie bewirken. Auch die viel beschworene
Datenautobahn würde dann nicht etwa in eine glückliche demokra-

tische Gesellschaft, sondern in eine neue Klassengesellschaft führen, die nicht mehr von Besitz und Einkommen, sondern von Wissen als Produktivfaktor bestimmt wird.

5.4.2 Rezeptionsforschung

In der Folgezeit wechselten sich Ansätze starker und schwacher Medienwirkungen ab, pendelte die Aufmerksamkeit alternativ zwischen der Fragestellung: Was machen die Medien mit den Menschen? Und: Was machen die Menschen mit den Medien?

– In bewusster Abkehr vom Stimulus-Response-Modell fragten Elihu Katz und Daniel Foulkes (1962): «Was machen die Menschen mit den Medien?» In diesem als *Uses-and-Gratifications-Approach* bekannt gewordenen Ansatz wird die aktive Rolle der Rezipienten in den Vordergrund gerückt. Sie wählen Medienangebote nach ihren Bedürfnissen aus, um nicht erfüllte Wünsche und Träume zu kompensieren (= Eskapismus), sich mit vorgeführten Lebensstilen zu identifizieren, eigenes Versagen auf Aktanten in den Medien zu projizieren und Ratschläge für die Verbesserung ihrer Lebenssituation zu erhalten. – Streng genommen werden hier aber nicht Wirkungen untersucht, sondern Vorlieben für Themen und Aussagen bei Aktanten, die sich selektiv ganz bestimmten Medienangeboten zuwenden und sie für ihre Zwecke nutzen – eine Einsicht, die die Wirkungsforschung seither verändert hat.

– Diese wichtige Einsicht ist seit den 1980er Jahren von Werner Früh und Klaus Schönbach (1991) im so genannten *dynamisch-transaktionalen Ansatz* weiterentwickelt worden, in dem die am Kommunikator und der Aussage orientierte Wirkungsforschung und die am Rezipienten orientierte Nutzenperspektive integriert werden.[69] Die Autoren stellen fest, dass Kommunikatoren und Rezipienten zugleich als aktive und als passive Kommunikationsteilnehmer agieren. Alle Elemente des Kommunikationsprozesses werden nun als Komponenten behandelt, die sich wechselseitig in ihren Wirkungsmöglichkeiten bestimmen. Kommunikatoren bilden sich Erwartungen von den möglichen

Bedürfnissen ihrer Rezipienten, und diese rezipieren auf der Grundlage von Erwartungen, Vorurteilen und Vorannahmen bezüglich des Kommunikators. Aber die Autoren betonen eindeutig, dass erst die Rezipienten durch ihre kognitiven Aktivitäten Medienangeboten Sinn und Relevanzeinschätzungen zuordnen. – Die Kritik an diesem Modell konzentriert sich darauf, dass die Abkehr der Autoren von einem Modell linearer Ursache-Wirkungs-Beziehungen zu erheblichen Problemen einer methodischen Umsetzung führt, weil hier Ursachen zu Wirkungen, aber auch Wirkungen zu Ursachen führen können.

Schon diese keineswegs vollständige Darstellung lässt verschiedene Beobachtungen zu.

Wirkungen werden als direkte oder indirekte Veränderungen bestimmt. Sie resultieren entweder aus wahrgenommenen Sachverhalten oder reflexiv aus Meinungen über die Meinungen oder das unterstellte Verhalten anderer. Aufschlussreich ist nun, dass die unterschiedlichen Wirkungstheorien in aller Regel[70] mit *Alternativen* arbeiten: Wirkungstheorien sind entweder linear oder reflexiv. Entweder die Medien dominieren die Rezipienten, oder die Rezipienten bestimmen die Medien; entweder dirigiert das Fernsehen die Wirklichkeitskonstruktion der Rezipienten, oder diese bestimmen selektiv, welche Medien und Medienangebote sie zu welchen Zwecken nutzen; entweder wird den Medien Allmacht zugesprochen oder den Meinungsführern.

An die Stelle dieses Alternativdenkens setzen wir ein *systemorientiertes* Denken in Wirkungszusammenhängen. Ohne Kommunikatoren in Mediensystemen gäbe es keine Medienangebote, und diese wären sinnlos, gäbe es keine kognitiv, emotional, moralisch und empraktisch handelnden Rezipienten, die Medienangebote unter ihren Systembedingungen zur Bedeutungsproduktion nutzen. Das Medienangebot kann aufgrund der kognitiven Autonomie der Rezipienten keine exakt definierbare Bedeutungszuordnung erzwingen; aber da Produzenten wie Rezipienten auf sozialisatorisch erworbenes kollektives kulturelles Wissen zurückgreifen, können mit Hilfe von Medienangeboten Kognition und Kommunikation miteinander strukturell gekoppelt werden.

Die Wirkungsdebatte sollte u. E. weiterhin dadurch differenziert werden, dass zwischen *Rezeption* und *Nutzung* unterschieden wird. Dass ein Medienangebot rezipiert wird, heißt noch lange nicht, dass es auch genutzt wird, und noch weniger, dass es genau gemäß der Absicht des Kommunikators genutzt wird.

An der Entwicklung der Medienwirkungsforschung lässt sich aber noch eine weitere theoretisch höchst interessante Beobachtung machen: Bei der Entwicklung dieser Fragestellung[71] wurde schrittweise die *Komplexität* der Wirkungsmodelle und Wirkungstheorien erhöht. Man beobachtete zunehmend deutlich, dass die Wirkung von Medienangeboten von einer Fülle von Faktoren und ihrem komplizierten Zusammenwirken abhängt. Da ist das Medienangebot, das von einem kognitiv autonomen und aktiven Rezipienten in einer ganz konkreten Situation rezipiert wird. Je nach Situation und Interesse erfolgt diese Rezeption bewusst oder eher nebenbei, mit großer oder geringer Aufmerksamkeit, Gefühlsanteilnahme, moralischer Bewertung und empraktischer Einschätzung. Bestimmt wird die Rezeption von bisherigen Erfahrungen im Umgang mit dem jeweiligen Typ von Medienangebot (von Nachrichten bis zum Werbespot oder der Quizshow), den Erwartungen, die sich der Rezipient aus diesen Erfahrungen gebildet hat, den Bedürfnissen, die die Rezeption befriedigen soll, usw. Die Rezeption wird bestimmt von Wissen, Einstellungen, Meinungen, Vorlieben und Abneigungen sowie vom Stellenwert, der einem selektiv ausgewählten Medienangebot eingeräumt wird, usw.[72]

Die Zunahme an Komplexität der Wirkungsmodelle hat die Wirkungsforschung in ein für alle Sozialwissenschaften typisches Dilemma geführt, das unter die Überschrift *Komplexität versus Machbarkeit* gestellt werden kann. Das bedeutet: Wirkungsmodelle, die plausibel eine Fülle von Faktoren und Beziehungen zwischen diesen Faktoren berücksichtigen, sind theoretisch befriedigender als komponentenärmere Modelle, die wiederum von Praktikern bevorzugt werden, weil sie problemlose Anwendbarkeit versprechen.

Erschwert wird die Wirkungsforschung von vier weiteren Faktoren.
– Wirkungen können nicht direkt empirisch beobachtet werden, weil kognitive Prozesse unbeobachtbar sind und sich nur über Indikato-

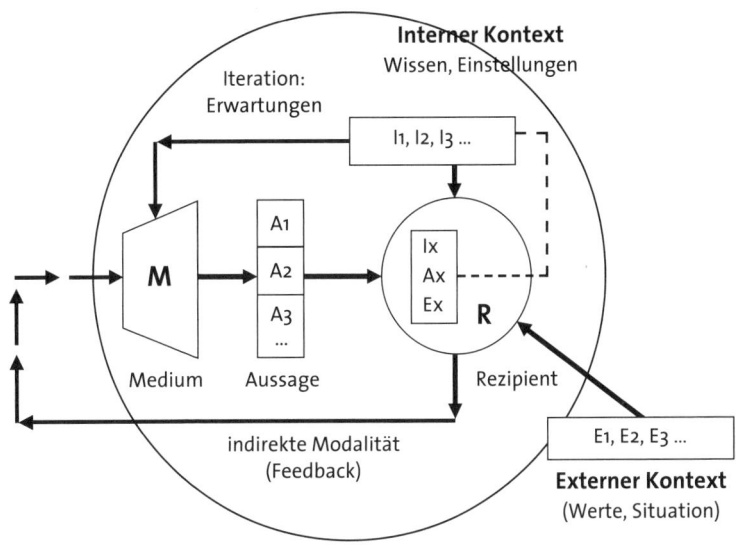

Abb. 6.: Mertens pentamodales Wirkungsmodell[73]. Quelle: Merten 1999: 35

ren erschließen lassen.[74] Das heißt, die Forscher interpretieren auf der Grundlage bestimmter Kognitionstheorien beobachtbare sprachliche und nichtsprachliche Handlungen als Anzeichen dafür, dass bestimmte Veränderungen im kognitiven Bereich von Versuchspersonen vor sich gegangen sind – eine genauere Diagnose ist nicht möglich. Dabei kann es durchaus passieren, dass sich etwa die Einstellung einer Versuchsperson zu einer Ware, einer Aussage oder einer Person aufgrund der Rezeption eines Medienangebots geändert hat, diese Änderung aber noch keinen Ausdruck bzw. keine Auswirkung gefunden hat.

– Ähnlich wie andere Sozialwissenschaften steht auch die Kommunikationswissenschaft vor dem Problem, eindeutige Ursache-Wirkungs-Ketten (= lineare Kausalitäten) zwischen Medienangeboten, ihrer Rezeption und beobachtbaren Folgehandlungen herzustellen, weil einfach zu viele psychische und soziale Einflussgrößen am Werk sind, die nur schwer isoliert und in ihrer Wirksamkeit bestimmt werden können.

- Wirkungen können nicht nur in einer Position im Kommunikationsprozess auftreten, sondern im Prinzip auf allen Ebenen. Wenn Kommunikation zustande kommt, kann sie nicht nicht wirken. Außerdem verändern, wie Klaus Merten betont hat, Wirkungen Wirkungen, wodurch nur schwer zu beobachtende reflexive Strukturen entstehen (können).

- Generell schlagen wir (wie oben bereits erwähnt) vor, zwischen zwei Sorten von Medienwirkungen zu unterscheiden, und zwar zwischen *semantischen* und *strukturellen* Medienwirkungen. Semantische Wirkungen stellen sich ein, wenn bestimmte Inhalte von Medienangeboten von Rezipienten tatsächlich aufgenommen und genutzt werden – man hört im Verkehrsfunk, dass die Straßen überlastet sind, und bleibt zu Hause. Unter strukturellen Aspekten geht es um das Verhältnis von Medien und Macht (so etwa in Gerbners medienkritischer Kultivierungshypothese oder in den weitgehend marxistisch orientierten gesellschaftskritischen Cultural Studies[75]), Medien und gesellschaftlicher Integration (etwa bei Tichenor u. a.) sowie Medien und gesellschaftlichem Wandel (exemplarisch bei McLuhan 1968 und Meyrowitz 1990, den Vertretern der Toronto School of Communication). Hier geht es nicht um das Verhalten, das Wissen und die Einstellungen von Aktanten, sondern um die Wirkungen, die Mediensysteme als ganze und nicht einzelne Medienangebote entfalten (können). Medien, so etwa Marshall McLuhan, legen von vornherein fest, was in ihnen gesagt werden kann und was nicht.[76] Sie bilden spezifische Umwelten, die zu Lernumwelten für alle Aktanten werden. Sie strukturieren Zeiteinteilungen, wie es früher nur die Religionen getan haben. Sie bieten Identifikations- und Orientierungsmuster für soziale Beziehungen.

Auch angesichts struktureller Wirkungen gilt aber die Einsicht, dass es sehr schwierig ist, eindeutige Kausalitäten zu bestimmen, weil auch hier die Einflussfaktoren medialer und sozialer Art kaum eindeutig isoliert und in ihrer Wirksamkeit bestimmt werden können.

5.5 Publikumsforschung

Publikumsforschung gehört insofern zum Gesamtbereich der Wirkungsforschung, als die Charakteristika des Publikums, wie etwa das Mediennutzungsverhalten, eine wichtige erklärende Variable für das Zustandekommen von Wirkung darstellen. Grundlegend für diesen Forschungszweig sind wieder einmal die verwendeten Konzepte von ‹Medium› und ‹Kommunikation› bis ‹Rezipient› und ‹Publikum›. Thematisch geht es um die Frage, wer (ob Einzelrezipient oder Publikum) sich aus welchen Gründen in welchem Ausmaß und auf welche Art bestimmten Medien und bestimmten Medieninhalten zuwendet und welche Auswirkungen sich daraus für Mediensysteme ergeben. Das heißt, es geht um Motive, Nutzenerwartungen und Auswahlkriterien für den Umgang mit Medien. Dabei kann auf der Rezipienten- bzw. Publikumsseite diachron und synchron wieder nach Alter, Geschlecht, Einkommen, Bildung und Lebensstil unterschieden werden. Zudem muss wieder differenziert werden nach kognitiven, emotiven, moralischen und empraktischen Aspekten der Zuwendung zu Medien und Medienangeboten im Rahmen einer bestimmten Medienkultur.

Bei der Mediennutzung geht es einmal um den Zugang zu bzw. die Verfügbarkeit von Medien(angeboten), das Zeitbudget und das Geldbudget, wieder in Abhängigkeit von den o. g. Differenzierungen. Zum anderen geht es um den Wandel von Mediensystemen und den damit verbundenen Einfluss auf das Mediennutzungsverhalten (etwa nach Einführung des dualen Rundfunksystems, also der Genehmigung privater Rundfunkanbieter).

Entsprechend erscheint Publikumsforschung in Form der Untersuchung von Zeitungs- oder Fernsehnutzung unterschiedlicher Altersgruppen, der Verfügbarkeit von Computern, der Veränderung von Freizeit- und Mediennutzung.[77]

Auch hier kann die Untersuchung diachron und synchron, deskriptiv oder normativ-kritisch angelegt werden. So diagnostiziert etwa der kanadische Medienforscher Neil Postman (1997), dass sich die Rezipienten der Massenmediengesellschaft «zu Tode amüsieren»; und die Rede von der Informationsflut, die über jeden hereinbricht und ihn lähmt, gehört schon zur Umgangssprache, ohne dass einmal genau gezeigt würde, ob sich ein kognitives System überhaupt überfluten lässt. Gedächtnisforscher wie die Anglistin Aleida Assmann und der Ägyptologe Jan Assmann machen die Medien für einen kollektiven Gedächtnisverlust verantwortlich, ohne zu berücksichtigen, welche neue Formen des Umgangs mit Vergangenheit sich im Netz entwickelt haben.[78]

6. Voraussetzungen und Methoden wissenschaftlichen Problemlösens

6.1 Worüber spricht eine Wissenschaft?

Wir haben uns aus verschiedenen Gründen dafür entschieden, in diesem Lehrbuch einigermaßen ausführlich über *wissenschaftstheoretische* Probleme zu sprechen, obwohl das im Fach bisher nicht die Regel war und ist.[79] Der wichtigste Grund ist der, dass jeder Studierende wie jeder Lehrende sich darüber klar werden muss, was von ihm als Wissenschaftler erwartet wird und welche Ergebnisse seine Arbeit haben wird und haben kann. Mit dieser Grundfrage sollten sich Studierende am besten gleich *zu Beginn* des Studiums ernsthaft beschäftigen; denn diese Thematik ist kein beliebiger Studieninhalt zu einem beliebigen Zeitpunkt während des späteren Studiums oder der späteren Lehre und Forschung.

Beginnen wir mit einigen grundsätzlichen Überlegungen. Wie jeder andere Wissenschaftler sollte sich auch jeder Kommunikationswissenschaftler die Frage stellen: *Worüber spricht (m)eine Wissenschaft?* Die Antwort auf diese Frage scheint sehr einfach zu sein: Eine Wissenschaft spricht über die sie interessierenden Gegenstände in ihrem Untersuchungsbereich; die Kommunikationswissenschaft also spricht über Kommunikation – über was sonst! Aber der Schein trügt, so einfach ist die Ausgangssituation eben nicht.

Unsere erste Gegenthese lautet daher: *Eine Wissenschaft spricht nicht über Gegenstände, sondern über Phänomene* und *Probleme.* Und Phänomene und Probleme gibt es nicht «an sich», sondern nur für Wissenschaftler zu einem bestimmten Zeitpunkt und angesichts des jeweiligen Wissens- und Interessenstands innerhalb seines Fachs im Rahmen einer bestimmten Gesellschaft.

Der Grund für diese Annahme ist – wie bereits in Kapitel 3 kurz erläutert – der folgende: Wahrnehmung und Wahrgenommenes, System und Umwelt sind voneinander untrennbar, sie konstituieren sich wechselseitig. Anders gesagt: Die Differenz zwischen dem Objekt der Beschreibung und der Beschreibung des Objekts ist eine zeitliche Differenz, keine ontologische.[80] Objekte und Ereignisse gibt es demnach nur für Beobachter, die diese im Beobachten und Beschreiben als sinnvolle Gegebenheiten konstruieren. Die Redeweise von Objekten und Ereignissen unabhängig von Beobachten oder Beschreiben ist irreführend. Die so konstruierten Objekte und Ereignisse sind daher nicht Gegenstände im klassisch ontologischen Sinn, sondern *Phänomene*, das heißt Beobachterfunktionen bzw. zeitgebundene Resultate höchst voraussetzungsreicher kognitiver und kommunikativer Prozesse. Sie sind Fakten (im Sinne des lateinischen *factum*) und keine beobachterunabhängigen Gegebenheiten oder Daten (im Sinne des lateinischen *datum*).[81]

Diese Überlegungen haben weitreichende Konsequenzen für die Startsituation jeder Wissenschaft. Für die Kommunikationswissenschaft etwa folgt daraus: Kommunikationswissenschaftler sprechen nicht über «die Kommunikation», sondern über soziokulturell bedingte Beobachterprobleme beim Sammeln von Erfahrungen mit Kommunikationsphänomenen in bestimmten sozialen Situationen im Orientierungsrahmen eines Kulturprogramms.[82] Wann welche Beobachterprobleme auftauchen und wie sie kommunikativ durchgesetzt werden, das ist nur historisch und empirisch zu beantworten – und es ist auf jeden Fall kontingent, das heißt, es gibt im Umgang mit kommunikativen Phänomenen weder «natürliche» noch «selbstverständliche» oder gar «objektive» Probleme.

6.2 Wissenschaften als Sozial- und Symbolsysteme

Wissenschaftlich bedeutsam werden Beobachtungen, Probleme und deren Lösungen erst in Form von Kommunikationen, für die es traditionsbestimmte und meist rigide Erwartungen und Anforderungen in den verschiedenen Wissenschaften gibt. Kurz gesagt: Wer erfolgreich (also anschlussfähig) im Rahmen einer Disziplin kommunizieren will, muss akzeptable Beiträge zu Themen im Rahmen des/eines disziplinspezifischen Diskurses anbieten. Diese Beiträge müssen nicht nur thematisch relevant sein, sondern sie müssen auch den diskursspezifischen Erwartungen an Gattungs- und Stilkriterien entsprechen. An der erfolgreichen Erfüllung dieser Bedingungen erweist sich, wer als Wissenschaftler akzeptiert wird und wer nicht.

Die hiermit skizzierte Konzeption wissenschaftlicher Disziplinen unterscheidet zwei systemische Aspekte: den Aspekt des *Sozialsystems* und den Aspekt des *Symbolsystems*.[83] Wissenschaft wird von Aktanten im Rahmen des «Sozialsystems» Wissenschaft betrieben. Dabei spielen alle Faktoren eine Rolle, die für Sozialsysteme wichtig sind, also soziale Beziehungen wie Macht, Einfluss und Reputation, Konkurrenz und Kooperation, aber auch Neid und Missgunst. Dazu kommen rechtliche, politische und wirtschaftliche Bedingungen. Die inhaltlichen Faktoren der wissenschaftlichen Aussagenproduktion können unter der Überschrift «Symbolsystem» zusammengefasst werden. Hier geht es um die entwickelten Theorien und Methoden und deren Anwendung zur Lösung für relevant gehaltener Probleme im Wissenschaftssystem.

Aus historischen Gründen wie aus Gründen der Identität müssen wissenschaftliche Disziplinen ein erfolgreiches doppeltes Differenzmanagement betreiben: Sie müssen sich zum einen hinreichend von nichtwissenschaftlichen Problembeschäftigungen unterscheiden (= Differenz Wissenschaft/Nichtwissenschaft), indem sie den akzeptablen Zugang zu ihren Diskursen durch strenge Auswahlkriterien begrenzen; und sie müssen eine für die Bestandserhaltung hinreichende Differenz zu anderen wissenschaftlichen Disziplinen stabilisieren (z. B. die Differenz Kommunikationswissenschaft/Soziologie).

6.3 Zur Spezifik wissenschaftlichen Handelns[84]

Im wissenschaftlichen wie im nichtwissenschaftlichen Verhalten und Kommunizieren sind wir schwerpunktmäßig damit beschäftigt, Erfahrungen zu machen und für uns wichtige Probleme zu lösen, wobei diese Aktivitäten stets emotional besetzt sind und moralisch bewertet werden.

Die Differenz zwischen den beiden Arten des ‹Erfahrungmachens› und Problemlösens besteht in erster Linie in der Explizitheit der Problemlösungsschritte und ihrer Kriterien.

Die Spezifik wissenschaftlichen Handelns im weitesten Sinn lässt sich daher auf die Kurzformel bringen: *explizites Problemlösen durch methodisch geregelte Verfahren.* Um diese Spezifik zu verwirklichen, sind bestimmte Voraussetzungen zu erfüllen, die nicht etwa als zeitlos gültige wissenschaftstheoretische Normen zu betrachten sind, sondern als Bedingungen der Möglichkeit expliziten intersubjektiven Problemlösens durch Verfahren, wie sie sich in der bisherigen Praxis bis heute bewährt haben.

Zu diesen Voraussetzungen zählt zuerst einmal ein systematisch geordneter konzeptioneller Rahmen für die Konstitution von Phänomenen und Problemen, kurz: eine explizite *Theorie als Problemlösungsstrategie.* Um die Anforderung der Explizitheit erfüllen zu können, muss zum einen die logische Struktur der Theorie deutlich sein, müssen zum anderen die zentralen Konzepte der Theorie definiert oder exemplarisch eingeführt sein (= Fachsprachenpostulat); erst dann ist begründet damit zu rechnen, dass die Theorie intersubjektiv vergleichbar angewendet werden kann.

Für die theoretisch explizierten Probleme, deren Lösung in einer Wissenschaftlergruppe als wünschenswert angesehen wird, muss dann eine so genannte *Operationalisierung* gefunden werden, das heißt, es muss festgelegt werden, wie die Problemlösungs*schritte* und deren geregelte Abfolge aussehen sollen (= Methodenpostulat) und wann ein Problem als gelöst gilt. Dabei spielt die Darstellung der Problemlösung eine wichtige Rolle, weil sie Akzeptanz bei den Kollegen und in der Öffentlichkeit beansprucht, auch wenn diese den Problemlösungsprozess nicht (in allen Einzelheiten) nachvollziehen (können).

Methoden haben das Ziel, eine Entscheidung zwischen wahren und falschen Aussagen (in Bezug auf entsprechende Entscheidungskriterien) herbeizuführen. Sie erzwingen eine Verlagerung des Beobachtens auf die Ebene der Beobachtung zweiter Ordnung, also auf die Ebene der

Beobachtung des Handelns und Kommunizierens der Wissenschaftler. Erst bei einer solchen expliziten Beziehung von Problemstellungen, Problemlösungsstrategien und Problemlösungen untereinander kann das Problemlösungsverfahren intersubjektiv nachvollzogen und überprüft werden; erst dann kann auch die Anwendungsrelevanz gefundener Lösungen für andere Problemlösungszusammenhänge innerhalb und außerhalb der Wissenschaft beurteilt werden (= Anwendungspostulat; dazu unten mehr).

In den Sozialwissenschaften gilt bis heute die Unterscheidung zwischen so genannten quantitativen und qualitativen Methoden, die gleichermaßen in der Kommunikationswissenschaft eingesetzt werden. Dazu ist an dieser Stelle nur so viel zu sagen: Es gibt keine Methode, die objektive Wahrheiten erzeugt. Vielmehr kommt es darauf an, welche Methode bei der jeweils angestrebten Problemlösung die besten Ergebnisse erbringt. Und die Beobachtung, dass heute viele Methodiker eine Verbindung verschiedener Methoden bei der Problemlösung empfehlen, deutet darauf hin, dass sich in der Methodenbeurteilung ein Wandel vollzieht. Die Kombination quantitativer und qualitativer Methoden ist in den vergangenen Jahren vor allem unter der Überschrift «Triangulation» diskutiert worden (s. dazu überblickshalber etwa Kelle & Erzberger 2000; Flick 2000 sowie Lamnek 1995: 245–261). Mit dem Begriff der Triangulation, der eigentlich aus dem Bereich der Militärstrategie und der Navigation stammt (cf. Lamnek 1995: 248), werden im Anschluss an den Kommunikationswissenschaftler Norman K. Denzin (1978) in aller Regel vier Verfahren voneinander unterschieden:
– die Triangulation von Daten verschiedener Herkunft;
– die Triangulation von Forschern innerhalb einer Methode;
– die Triangulation von Theorien;
– die Triangulation unterschiedlicher Methoden und Methodologien, einmal durch die Variation *einer* Methode, zum anderen durch die Verwendung *unterschiedlicher* Methoden und Methodologien.

Durch den multiperspektivischen Zugang zur Beschreibung und Analyse sozialer Phänomene sollen im Wesentlichen zwei Ziele erreicht werden. (1) Die Verwendung von Daten unterschiedlicher Herkunft sowie die Kombination verschiedener Methoden dienen vor allem dem

Ausschluss von Messfehlern. (2) Mit der Variation *einer* Methode innerhalb *einer* empirischen Untersuchung soll ebenso wie durch die Verwendung unterschiedlicher Theorien eine einseitige Beschränkung der Forschungsperspektive vermieden werden. Wer sich mit Blick auf ein und dasselbe Phänomen unterschiedlicher Theorien, Methoden und Methodologien bedient, heißt das, der sieht mehr. Die methodologische Offenheit des Forschers vorausgesetzt, können Verfahren der Triangulation dazu beitragen, mit Blick auf konkrete Phänomene differenziertere und daher genauere Einsichten zu gewähren.

6.4 Der Forschungsprozess

Der Prozess des wissenschaftlichen Arbeitens wird üblicherweise in drei Stationen der Problemlösung unterteilt: den Erkenntniszusammenhang (Was wird untersucht?), den Begründungszusammenhang (Wie wird untersucht?) sowie den Verwertungszusammenhang (Wozu wird untersucht?). Schauen wir uns diese drei verschiedenen Stationen des wissenschaftlichen Problemlösens ein wenig genauer an.

– *Erkenntniszusammenhang:* Jede wissenschaftliche Analyse beginnt mit einem Problem – warum sonst sollte man sich auch so viel Mühe machen, wie dies Wissenschaftler in aller Regel tun? Wissenschaftliche Probleme sind also für relevant gehaltene Probleme. Freilich leistet auch die so genannte Grundlagenforschung einen wichtigen Beitrag für die Gesellschaft, die sich ihrerseits Grundlagenforschung leistet – Grundlagenforschung macht Gesellschaften gewissermaßen zukunftstauglich.

Neben der Relevanz ist die zweite wichtige Anforderung an wissenschaftliche Probleme die keinesfalls selbstverständliche Tatsache, dass wissenschaftliche Probleme *lösbare* Probleme sein müssen. Ob nun ein Problem lösbar ist oder nicht, darüber entscheiden Kriterien der Logik auf der einen Seite sowie normative Kriterien auf der anderen. Dass ein Problem logisch lösbar ist, bedeutet paradoxerweise ganz wesentlich, dass der Problemlösungsversuch auch *nachweisbar scheitern* kann. Vertritt ein Kommunikationswissenschaftler etwa die Hypothese, dass Mediengewalt zu einer allgemeinen Verrohung der Sitten führt oder auch nicht, dann ist dies eben keine wissenschaftliche Hypothese. Der entsprechende Wissenschaftler muss sich deshalb gar nicht erst die Mühe machen, seine Hypothese zu überprüfen, weil sie *immer* wahr ist.

Neben den logischen Anforderungen an die Lösbarkeit wissenschaftlicher Probleme gibt es eine Reihe normativer Kriterien für wissenschaftliche Probleme. Dabei muss es sich nicht notwendigerweise um gesetzlich geregelte Normen handeln wie bei der Genforschung oder anderen vergleichbar sensiblen Forschungsbereichen. Wer sich etwa mit der Frage befasst, wie sich Kinder als Werbezielgruppe effektiver ansprechen lassen, der sollte angesichts des nicht auszuschließenden Erfolgs seiner Forschungsarbeit, gewissermaßen als Folgenabschätzung, klar und deutlich zu der Frage Stellung beziehen, ob das Forschungsziel überhaupt erstrebenswert ist.

- *Begründungszusammenhang:* Die Entwicklung und die Operationalisierung einer wissenschaftlichen Fragestellung erfolgen stets mit Bezug auf die für das zu behandelnde Problem bereits vorhandenen wissenschaftlichen Erklärungen. Als Wissenschaftler beginnt man in aller Regel also nicht bei null, selbst dann nicht, wenn der Forschungsstand Lücken aufweist. Wissenschaft ist aus arbeitsökonomischen Gründen keine One-(Wo)man-Show, sondern ein arbeitsteiliger Prozess innerhalb einer Wissenschaftlergemeinde (= Scientific Community). Wie jeder arbeitsteilige Prozess birgt nun freilich auch die wissenschaftliche Arbeitsteilung die Gefahr, dass sich Fehler, die sich auf den vorgelagerten «Produktionsstufen» eingeschlichen haben, durch den gesamten Produktionsprozess ziehen und die Qualität des Endprodukts beeinträchtigen. Gewissermaßen als eingebaute Qualitätssicherungsmaßnahme werden im Rahmen wissenschaftlichen Arbeitens daher alle relevanten Argumentationsschritte offengelegt, sodass andere Forscher und Forscherinnen mit dem gleichen Instrument zu ähnlichen Ergebnissen kommen müssen, wenn die Argumentationsschritte richtig gewesen sind. Deswegen sind die Verwendung definierter Begriffe, das korrekte Zitieren der Forschungsliteratur ebenso wie die logische und widerspruchsfreie Argumentation im Rahmen wissenschaftlichen Arbeitens unverzichtbar. Je zuverlässiger all dies beherzigt wird, desto besser lässt sich eine wissenschaftliche Arbeit durch andere Forscher reproduzieren und dadurch im Zweifelsfall überprüfen. Daher gilt die Zuverlässigkeit, die so genannte *Reliabilität*, als eines der wichtigsten Qualitätsmerkmale jeder wissenschaftlichen Untersuchung. Daneben stellt die Gültigkeit, die so genannte *Validität*, ein weiteres wichtiges Gütekriterium jeder wissenschaftlichen Untersuchung dar. Die Validität beschreibt das Maß, in dem mit einer Untersuchung auch tatsächlich gültige, zutreffende Aussagen über jenen Ausschnitt der sozialen Wirklichkeit getroffen werden können, auf den sich das Forschungsinteresse richtet.

– *Verwertungszusammenhang:* Wir haben wissenschaftliches Handeln zu Beginn dieses Abschnitts als Problemlösungshandeln charakterisiert. Damit nun wissenschaftliche Ergebnisse auch tatsächlich zur Lösung konkreter Probleme beitragen können, müssen sie zugänglich gemacht, also veröffentlicht werden, um von jenen zur Kenntnis genommen werden zu können, die für die Lösung konkreter Probleme zuständig sind. Medien- und Kommunikationsforschung vollzieht sich damit notwendig *in* Medien und *durch* Kommunikation. Wenn sich in einer Gesellschaft die Kommunikationsbedingungen verändern, verändern sich damit also zwangsweise auch die Bedingungen, unter denen in dieser Gesellschaft mit Blick auf ebendiese Gesellschaft Wissenschaft – und damit auch Kommunikationswissenschaft – betrieben wird. Internet und E-Mail, search inside, Google und Amazon waren in den vergangenen Jahren nicht nur Themen der kommunikationswissenschaftlichen Forschung, sie haben auch Einfluss darauf genommen, unter welchen Bedingungen Kommunikationswissenschaft selbst stattfindet. In einer Zeit, in der wissenschaftliche Expertise oft nur einen Mausklick entfernt ist, geraten Ärzte gegenüber ihren medizinisch hervorragend gebildeten Patienten unter Druck; wenn es der Computer im Kinderzimmer spielend mit der Bibliothek von Alexandria aufnehmen kann, geraten Lehrer gegenüber ihren Schülern in die Zwickmühle. Und auch Wissenschaftler sehen sich angesichts neuer Informations- und Kommunikationstechnologien mit zahlreichen Herausforderungen konfrontiert. Jene vielfach von Kommunikationswissenschaftlern beschriebenen und analysierten Symptome moderner Medien-, Informations-, Kommunikations- und Wissensgesellschaften sind eben auch die Symptome der Kommunikationswissenschaft selbst. Wir sind mit dem Gegenstand unserer Beobachtung unauflöslich verbunden. Wie diskutiert man heute angesichts einer schier unbegrenzten Verfügbarkeit wissenschaftlicher Texte (nicht nur) im Internet einen Forschungsstand erschöpfend und vollständig? Welche Anforderungen an die Wissenschaftsmoral stellt die Tiefe des Textraums Internet? Wie veröffentlicht man heute als Wissenschaftler am besten seine Arbeiten usw.?

Halten wir fest: Wie alle Wissenschaftler beschäftigen sich auch Kommunikationswissenschaftler mit für wichtig gehaltenen lösbaren Problemen, die sich ihnen im Umgang mit Phänomenen in den Bereichen Medien und Kommunikation stellen. Ob ein Problem lösbar ist oder nicht, entscheidet sich zunächst einmal an logischen und normativen Kriterien. Ob ein Problem lösbar ist oder nicht, entscheidet sich aber auch daran, ob eine geeignete Methode der Problemlösung zur Verfügung steht bzw. entwickelt werden kann.

6.5 Methoden der Kommunikations- und Medienforschung

Die Griechen verstanden unter ‹Methode› einen geregelten Problemlösungsweg, und diese Wortbedeutung hat sich bis heute kaum geändert. Methoden geben im wahrsten Sinne des Worts an, welche Schritte nacheinander durchlaufen werden müssen, um ein Problem zu lösen. Methoden, heißt das aber auch, existieren nicht an und für sich, sondern immer nur in Bezug auf konkrete Probleme, die ihrerseits veränderlich sind und daher immer wieder neue methodische Anpassungen erfordern.

Ebenso wenig wie Methoden an und für sich existieren, existieren Probleme an und für sich; denn Theorien leiten dazu an, wie man jene Probleme formulieren kann, die entstehen, weil bisher erzeugtes Wissen angesichts neu auftretender Erfahrungen nicht mehr zur Problemlösung ausreicht. Methoden, die ihrerseits in Theorien entwickelt werden, müssen mit den Theorien, in deren Rahmen sie angewendet werden, verträglich (= kompatibel) sein, um erfolgreich Probleme lösen zu können.

Methoden, heißt das, sind nicht theorieneutral, und Theorien sind ihrerseits nicht methodenneutral; denn Probleme, Methoden und Theorien bilden einen unauflösbaren Gesamtzusammenhang. Steigen wir in diesen Gesamtzusammenhang ein, indem wir uns einen groben Überblick über die wichtigsten Problemlagen und Methoden der kommunikationswissenschaftlichen Forschung verschaffen.

6.5.1 Die Inhaltsanalyse

Der Kommunikationswissenschaftler Karsten Renckstorf (1995) hat vor rund zehn Jahren festgestellt, dass die Kommunikationswissenschaft ihre Legitimation als akademische Disziplin vor allem daraus bezieht, dass die mit den Medien stets verbundene Frage nach den Medienwirkungen im Zentrum ihres Forschungsinteresses steht (Kap. 5). Dieser allgemeinen Einschätzung dürften wohl die meisten Fachvertreter mehr oder weniger bereitwillig zustimmen, obwohl man genauer sagen müsste, dass sich die Kommunikationswissenschaft vor allem für die *Inhalte* der medienvermittelten Kommunikation und deren Wirkungen und nicht für die Wirkung des jeweiligen Mediums selbst interessiert. Bevor man nun sinnvoll von Medienwirkungen sprechen kann, muss man sich systematisch einen Eindruck von den Inhalten der medienvermittelten Kommunikation verschaffen. Deswegen ist die so genannte Inhaltsanalyse wohl die wichtigste und bekannteste kommunikationswissenschaftliche Methode.

Unter dem Begriff ‹Inhaltsanalyse› werden verschiedene wissenschaftliche Verfahren der Textanalyse zusammengefasst, die sich zum Teil erheblich voneinander unterscheiden. Allgemein formuliert sind «Texte» der Gegenstand von Inhaltsanalysen, und zwar Texte jeder Art wie Zeitungsmeldungen, Zeitschriftenartikel, Interviewaufzeichnungen oder Hörfunkfeatures. Zunehmend setzt sich mit der Unterscheidung zwischen verbalen und visuellen Texten in der Forschung ein weit gefasster Textbegriff durch. So lassen sich etwa auch bewegte und nicht bewegte *Bilder* als Texte lesen und inhaltsanalytisch untersuchen. Dem Themenspektrum der inhaltsanalytischen Forschung sind keine Grenzen gesetzt. Das Männerbild in der Werbung kann inhaltsanalytisch ebenso untersucht werden wie die Struktur der Wirtschaftsberichterstattung in der Tagespresse oder die Werbefotografie in nationalen Wahlkämpfen.

«Content Analysis», so lautet die inzwischen berühmte Definition des Soziologen Bernard Berelson, «... is a research technique for the objective, systematic and quantitative description of the manifest content of communication» (1952: 18). *Objektivität* und *Systematik* sowie die *Quantifizierung* des *manifesten Inhalts* – all dies, so Berelson, zeichnet die Methode der Inhaltsanalyse aus.

Objektivität der Inhaltsanalyse bedeutet, dass das von einem Wissenschaftler entwickelte Instrument zu reproduzierbaren Ergebnissen führt, auf die auch andere Wissenschaftler kommen müssen, wenn sie die Untersuchung mit dem gleichen inhaltsanalytischen Instrument wiederholen. Objektivität bedeutet also nicht notwendigerweise «Wahrheit», sondern *intersubjektive Nachvollziehbarkeit* (sog. Reliabilität), die durch eine sorgfältige Definition der untersuchungsleitenden Begriffe sowie durch die explizite und nachvollziehbare Operationalisierung der Fragestellung gewährleistet werden soll. Hier liegt übrigens ein wesentlicher Vorteil der Inhaltsanalyse gegenüber anderen Methoden, weil sich ihre Untersuchungsgegenstände (Texte, Bilder, Filme usw.) relativ bequem archivieren lassen und daher auch für etwaige Wiederholungsuntersuchungen vorliegen.

Entscheidend für die *Systematik* inhaltsanalytischer Verfahren ist, dass der Forscher – ausgehend von der Grundgesamtheit aller Texte, auf die sich seine Fragestellung bezieht – genau angeben kann, nach welchen Kriterien er sein Untersuchungsmaterial ausgewählt und analysiert hat. Die Auswahl des Untersuchungsmaterials hängt mit Fragen der Stichprobenbildung zusammen, auf die wir noch an anderer Stelle kurz eingehen werden (Kap. 6.6). Hier muss explizit angegeben werden, ob die ausgewählten und untersuchten Texte repräsentativ für alle Texte sind, auf die sich die Fragestellung des Forschers bezieht. Wird *Repräsentativität* angestrebt – was nicht in allen Untersuchungen zwingend der Fall sein muss –, dann bieten sich verschiedene (Zufalls-)Auswahlverfahren an, um sicherzustellen, dass die Stichprobe ein verlässliches Bild der Grundgesamtheit abgibt. Die Frage nach den Analysekriterien hängt mit der Bildung eindeutiger Untersuchungskategorien (s. Kasten) zusammen, die sich im Wesentlichen auf drei unterschiedliche Beschreibungsebenen beziehen können:

- Auf der *syntaktischen* Ebene wird das quantitative Vorkommen von Buchstaben, Wörtern, Bildern, formalen Merkmalen (Umfang, Platzierung) usw. ermittelt.
- Auf der *semantischen* Ebene wird das Verhältnis von Zeichen und ihren Bedeutungen, also inhaltliche Merkmale, deren Bedeutungen weitgehend konventionalisiert sind, untersucht.
- Auf der *pragmatischen* Ebene werden der Gebrauch und die Funktion von bestimmten Zeichen, also inhaltliche Merkmale, deren Bedeutung erst zwischen Text und Interpret ausgehandelt wird, analysiert.

Untersuchungskategorien sind das Herzstück einer jeden empirischen Untersuchung. In ihnen wird festgelegt, anhand welcher klar definierten Kriterien das Untersuchungsmaterial (also Texte, aber auch die zu beobachtenden Situationen, die zu befragenden Personen) gemäß der Forschungsfrage analysiert werden soll. Technisch gesprochen sind die Kategorien einer Untersuchung «Klassen eines übergeordneten und damit abstrahierenden Klassifikationsschemas, das demgemäß unter verschiedenen Gesichtspunkten entwickelt werden kann. Selbst wenn man nur eine reine Beschreibung des Textes (eine *Textanalyse*) [aber eben auch: eine Beobachtung oder eine Befragung; d. V.] vornehmen will, erfordert die Bildung der Kategorien ein zielgerichtetes und selektives Vorgehen. [...] Kriterien für die Festlegung von Kategorien [...] sind:

1. Das Kategorienschema soll theoretisch abgeleitet sein, d. h., es soll mit den Zielen der Untersuchung korrespondieren.
2. Das Kategorienschema soll vollständig sein, d. h., es soll die Erfassung aller möglichen Inhalte gestatten.
3. Die Kategorien sollen wechselseitig exklusiv angelegt sein.

4. Die Kategorien sollen voneinander unabhängig sein.
5. Die Kategorien sollen einem einheitlichen Klassifikationsprinzip genügen.
6. Die Kategorien sollen eindeutig definiert sein.»
   (Merten 1995: 147 f.)

Jeder dieser Ebenen können spezifische Analyseverfahren zugeordnet werden (cf. Merten 1995: 119–279). Solange sich die Untersuchung auf die Erhebung syntaktischer Kategorien beschränkt, gelingt die Beschreibung von Texten noch ohne nennenswerte Probleme. Spätestens aber bei der Beurteilung von «Bedeutungen» eines Textes können sich erhebliche Probleme bei der Zuordnung zu den Untersuchungskategorien ergeben. «Bedeutungen» sind eben keine manifesten *Inhalte* von Texten, die sich mühelos aus diesen herausholen ließen.

Berelsons Forderung nach der *Quantifizierung des manifesten Inhalts* bedeutet, dass die Häufigkeiten abgrenzbarer Textelemente mit Hilfe eines eindeutig definierten Kategoriensystems erfasst werden. Gerade an dieser Forderung Berelsons wurde in der Methodendiskussion aber immer wieder Kritik geübt. Während Berelson die Auffassung vertrat, Inhaltsanalysen könnten nur dann als wissenschaftlich bezeichnet werden, wenn sie quantifizierende Aussagen erlauben, wurde von anderer Seite betont, dass auch qualitative Inhaltsanalysen durchaus zu wissenschaftlich gehaltvollen Ergebnissen gelangen können (cf. Flick 1995 oder Mayring 1997). Im Vergleich zu quantitativen Verfahren zeichnen sich qualitative Verfahren der Forschung durch eine stärkere Berücksichtigung latenter Sinnstrukturen und bedeutsamer Einzelfälle aus.

Der wohl wichtigste Unterschied zwischen qualitativen und quantitativen Methoden liegt darin, dass Letztere in aller Regel Hypothesen prüfen, während Erstere Hypothesen erzeugen (= generieren). Bereits bei der Konstruktion des Untersuchungsinstruments schlägt sich dieser Unterschied nieder. Während man bei quantitativen Untersuchungen meistens so vorgeht, dass die Untersuchungskategorien theoriegeleitet entwickelt und dann auf den Untersuchungsgegenstand angewendet werden (*deduktives* Vorgehen), verfährt man im Rahmen qualitativer

Untersuchungen so, dass die Kategorien in einer explorativen Phase der Untersuchung anhand des zu untersuchenden Materials entwickelt werden (= *induktives* Vorgehen). Forschung ist hier als eine Art Lernprozess angelegt, der im Sinne des von Barney Glaser und Anselm Strauss (1967) begründeten Ansatzes der *grounded theory* in der empirischen Beschäftigung mit den Gegenständen des Erkenntnisbereichs auf die Entwicklung gegenstandsbezogener und – darauf aufbauend – formalerer Theorien mit größerer Reichweite abzielt. Das bedeutet für den Arbeitsprozess, dass die Sammlung, Analyse und Interpretation von Daten während des Forschungsprozesses gleichzeitig ablaufen und sich der analytische bzw. kategoriale Bezugsrahmen während der Untersuchung weiter entwickeln kann und nicht vorweg unabänderlich festgelegt ist.

Bei bestimmten Fragestellungen bietet sich eine solche explorative Arbeitsweise an, etwa immer dann, wenn mit einer Fragestellung wissenschaftliches Neuland betreten wird, wenn also noch nicht genug Wissen vorliegt, das die Formulierung von Hypothesen und Untersuchungskategorien in begründeter Weise erlaubt. Aus diesem Grund stellen in der aktuellen Forschung quantitative und qualitative Methoden, wie bereits an anderer Stelle deutlich geworden ist (Kap. 6.4), keine entgegengesetzte, sondern sich ergänzende Forschungsstrategien dar.

Bezogen auf die Inhaltsanalyse, wird mit quantitativen und qualitativen Varianten dieser Methode im Kern das gleiche Ziel verfolgt. Es geht darum, anhand von (wie auch immer definierten und erhobenen) Merkmalen eines Textes auf mögliche Produktions-, Distributions- oder Rezeptionskontexte zu schließen. Dieser Schluss ist freilich einigermaßen riskant angesichts der Tatsache, dass uns Textmerkmale immer nur erste und zuweilen recht unzuverlässige Hinweise darauf geben, unter welchen Bedingungen der jeweilige Text produziert und distribuiert worden ist, was die Autoren ausdrücken oder gar bewirken wollten und was Rezipienten wiederum am Ende mit einem gegebenen Text möglicherweise anstellen werden. Mit Hilfe quantitativer und qualitativer Inhaltsanalysen werden in Bezug auf all diese Fragen notwendige Fakten produziert, auf deren Grundlage mit Hilfe anderer Methoden weiter geforscht werden muss, um hinreichende Antworten zu erhalten.

6.5.2 Die Befragung

Eine ebenso wertvolle wie vielseitig anwendbare Methode ist die Befragung. Auch hier lassen sich wieder quantitative und qualitative Varianten voneinander unterscheiden, wobei man sich als Faustregel merken kann: Je näher die Befragung an die natürliche Gesprächssituation herankommt, desto qualitativer wird geforscht. Wie in einem natürlichen Gespräch äußert sich der Befragte auch im Rahmen einer wissenschaftlichen Befragung unmittelbar zu einem Thema oder beantwortet Fragen. Und wie in einem natürlichen Gespräch kann auch der befragende Wissenschaftler nur darauf vertrauen, dass sein Gegenüber wahrheitsgemäß antwortet – in seinen Kopf kann niemand hineinschauen. Anders als die meisten Alltagsgespräche erfolgen wissenschaftliche Befragungen jedoch in einer vom Forscher bewusst und planvoll herbeigeführten Gesprächssituation, die durch eine grundlegende Asymmetrie gekennzeichnet ist. Die Rolle des Fragenden und die des Antwortenden sind in der Regel deutlich voneinander unterschieden und werden im Verlauf der Befragung nur selten gewechselt. Wie die Inhaltsanalyse zeichnet sich auch die Befragung durch das systematische Vorgehen des Forschers aus; allerdings gibt es zum Teil erhebliche Unterschiede, wie bei einer Befragung im Einzelnen vorgegangen werden sollte.

Verschiedene Formen der Befragung lassen sich in Anlehnung an die Systematik des Soziologen Siegfried Lamnek (1995: 37) unterscheiden nach:

- der *Absicht des Interviews* (ermittelnd oder vermittelnd),
- dem *Grad der Standardisierung* (strikte Abfolge von Fragen und Antworten, die Antworten bedingen die Abfolge der Fragen),
- der *Zusammensetzung des zu befragenden* Personenkreises (eine einzelne Person oder eine Gruppe von Personen),
- der *Form der Kommunikation* (mündlich oder schriftlich),
- dem *Stil der Kommunikation* (hart, weich, neutral),
- der Art der *Antwortmöglichkeiten* (freie Antwortmöglichkeiten, vorgegebene Antwortmöglichkeiten),
- bei mündlichen Befragungen nach dem *Kommunikationsmedium* (telefonisch oder persönlich Face-to-Face),

– bei schriftlichen Befragungen nach den *Versandmedien* (postalisch, per Internet oder in einer Zeitungsbeilage).

Es gibt viele Möglichkeiten, eine Frage zu formulieren oder verschiedene Fragen in einem Fragebogen zu gruppieren. Der Münsteraner Kommunikationswissenschaftler und Methodenexperte Armin Scholl hat in diesem Zusammenhang kritisch darauf hingewiesen, dass die Art der Frageformulierung und Frageplatzierung vor allem deswegen einen Einfluss auf das Antwortverhalten der Befragten nimmt, weil diese nach Kontextinformationen suchen, um daraus abzuleiten, wie sie antworten sollen.

«Die Antwort des Befragten», so lautet Scholls wichtige Schlussfolgerung, die viele der Probleme von Befragungen bündelt, «liegt also nicht kognitiv parat und wartet darauf, von ihm abgerufen und mitgeteilt zu werden, sondern sie wird erst in der Befragung konstruiert. Die Konstruktion ist nicht willkürlich oder erratisch (unsystematisch), aber sie hängt nicht nur von den bereits bestehenden kognitiven Strukturen des Befragten ab, sondern auch von den kognitiven Hinweisen, die der Fragebogen (und möglicherweise der Interviewer) ausstrahlt bzw. nach denen der Befragte sucht, um seine Konstruktion kommunikativ umsetzen zu können.» (Scholl 2003: 200)

Der Volksmund weiß, dass es einen erheblichen Unterschied macht, ob man von einem halbvollen oder einem halbleeren Glas spricht, und auch die Fachdiskussion um die richtige, und das heißt die Antworten der Befragten möglichst wenig verzerrende, Frageformulierung kennt zahlreiche Beispiele dieser Art: Soll man X *erlauben* oder X *nicht verbieten*? Sind *alle* Menschen Y, oder ist *jeder* Mensch ein Y? Ist Z *richtig*, oder ist Z *nicht falsch*? Was *denken* Sie, oder was *meinen* Sie? Welche Wahl auch immer getroffen wird, die Wahrscheinlichkeit ist groß, dass sich die Befragten an den ebenso unfreiwillig wie unvermeidbar gegebenen Kontextinformationen orientieren werden, um «richtig» zu antworten. «Richtig antworten» heißt zweierlei: Einmal ist damit gemeint, dass Befragungsteilnehmer auf Fragen, die moralisch oder emotional besetzt sind, sozial erwünschte Antworten geben: «Sitzen Sie (etwa?!) mehr als zwei Stunden pro Tag vor dem Fernseher? Aber, nein, wo denken Sie hin …!» – «Richtig antworten» heißt aber auch, dass Befragungsteilnehmer wie die meisten Menschen dazu neigen, mehr oder weniger Sinnvolles zu sagen – auch dann, wenn sie es vorher vielleicht nicht gedacht haben. Nach unserer Meinung gefragt, haben die meisten von uns zu den meisten Themen eine mehr oder weniger gut strukturierte und begründete Meinung – aber vielleicht besteht ja das Problem gerade darin, dass die meisten zu den meisten Themen ungefragt eben gar keine strukturierte und begründete Meinung haben.

Bereits diese wenigen Beispiele zeigen, dass Forscher, die die Methode der Befragung verwenden, mit einigen Problemen bei der Anwendung dieser Methode zu rechnen haben. Armin Scholl weist am Ende seiner Einführung in die Methode der Befragung auf eine Reihe von jüngeren gesellschaftlichen Entwicklungen hin, die die Praxis der wissenschaftlichen Befragung zum Teil erheblich beeinflussen (cf. Scholl 2003: 335 f.):

– Die individuelle Mobilität der Menschen sowie der Trend zu kleineren Haushalten erschwert die Erreichbarkeit von Befragungsteilnehmern, was jedoch teilweise durch die stärkere Verbreitung von Mobiltelefonen kompensiert wird. Nicht zuletzt aus diesem Grund erfreuen sich Telefonbefragungen (sog. Computer Assisted Telephone Interviewing, kurz: CATI) immer größerer Beliebtheit. Zwar sind Telefonbefragungen vergleichsweise preiswert, sie weisen jedoch auch im Vergleich zu persönlichen oder schriftlichen Befragungen eine Reihe von Defiziten auf – die Befragten sind schnell genervt.

– Das gestiegene Angebot an Informations- und Unterhaltungsangeboten hat bei vielen Menschen zu einer Verknappung der frei verfügbaren Zeit geführt. Eine der Folgen ist die häufigere Verweigerung der Befragungsteilnahme aus Zeitmangel.

– Nicht nur (Kommunikations-)Wissenschaftler nutzen die Methode der Befragung, sondern auch kommerzielle Forschungsinstitute, die im Auftrag Dritter Markt- und Meinungsforschung betreiben. Dadurch entsteht rasch eine Belagerungssituation, die ebenso wie die Furcht vor dem Verlust der Selbstbestimmung zum Rückgang der Bereitschaft führt, an Befragungen teilzunehmen.

– Als Reaktion auf die insgesamt rückläufige Bereitschaft zur Teilnahme an einer Befragung gehen viele Markt- und Meinungsforschungsinstitute dazu über, auf so genannte Access-Panels[85] zurückzugreifen und/

oder den Befragungsteilnehmern eine «Aufwandsentschädigung» zu gewähren. Beides führt zu einer systematischen Verzerrung der Stichprobe und gefährdet die Aussagekraft solcher Befragungen.

Man sieht, dass die Methode der Befragung eine hochgradig voraussetzungsreiche Methode ist. Nur derjenige ist in der Lage, diese Methode sinnvoll und mit gutem Ergebnis zu verwenden, der sich dieser Voraussetzungen voll und ganz bewusst ist. Befragungsmethoden sind ausgesprochen vielseitig anwendbar. Im Vergleich zu den meisten im folgenden Abschnitt behandelten Beobachtungsmethoden lassen sich Befragungsmethoden darüber hinaus mit einem erheblich geringeren personellen und finanziellen Aufwand durchführen und sind dennoch geeignet, *repräsentative* Ergebnisse hervorzubringen. Befragungsmethoden sind gerade deswegen, bei aller gebotenen Sorgfalt, wertvoll für die kommunikationswissenschaftliche Forschung.

6.5.3 Die Beobachtung

Beobachtungen können nur dort angestellt werden, wo ein Wissenschaftler Beobachtungsmöglichkeiten erhält; und selbst dann besteht immer noch die Gefahr, dass die in einer bestimmten Situation beobachteten Menschen sich aufgrund der Anwesenheit eines Beobachters anders verhalten als sonst. Wie die Befragung ist damit auch die Beobachtung eine *reaktive* Methode; das heißt, dass sich der Gegenstand der Untersuchung im Moment der Untersuchung bzw. aufgrund der Untersuchung verändert, also auf die Beobachtung reagiert. Wie bei der Befragung lassen sich auch mit Blick auf die Methode der Beobachtung, je nach dem Grad der Offenheit oder Verdecktheit der Beobachtung, je nach dem Grad der Standardisierung und Strukturierung, unterschiedliche Varianten der Methode voneinander unterscheiden.[86] In seiner Einführung in die Methoden der empirischen Sozialforschung systematisiert der Soziologe Andreas Diekmann (2000: 469) die verschiedenen Beobachtungsverfahren anhand der folgenden Kriterien:

«1. Teilnehmende versus nichtteilnehmende Beobachtung.

2. Offene versus verdeckte Beobachtung.

3. Feldbeobachtung versus Beobachtung im Labor.

4. Unstrukturierte versus strukturierte Beobachtung.

5. Fremdbeobachtung versus Selbstbeobachtung.»

Die Methode der Beobachtung wird immer dann angewendet, wenn damit zu rechnen ist, dass befragte Personen ihr eigenes Verhalten nicht angemessen beschreiben können. In der Journalismusforschung stellt sich z. B. dieses Problem, wenn die komplexen Zusammenhänge und Arbeitsabläufe in journalistischen Redaktionen untersucht werden sollen. Diese Zusammenhänge sind so beziehungsreich, die Handlungen der einzelnen Personen so stark ineinander verwoben und durch tägliche Routinen verdeckt, dass eine Befragung allein sicherlich keine zutreffende Beschreibung redaktioneller Abläufe gewährleisten kann.

Als einer der Ersten hat daher der Kommunikationswissenschaftler Manfred Rühl in seiner Arbeit «Die Zeitungsredaktion als organisiertes soziales System» (1969) mit Hilfe einer Kombination verschiedener Beobachtungs- und Befragungstechniken journalistische Arbeitsabläufe beschrieben und damit in theoretischer wie methodischer Hinsicht einen bis heute grundlegenden Beitrag zur Redaktionsforschung geleistet. Ein wichtiges Anwendungsfeld der Beobachtung liegt darüber hinaus im Bereich der Medienpädagogik, wenn es darum geht, das Mediennutzungsverhalten von Kindern zu untersuchen.

Bestimmte Verhaltensformen im Bereich der Mediennutzung laufen auch bei Erwachsenen unbewusst ab und lassen sich nur schwer artikulieren. Will man etwa in Erfahrung bringen, wie häufig Fernsehzuschauer an einem durchschnittlichen Fernsehabend zwischen den Programmen hin und her wechseln, wird man diese Frage eher mittels einer Beobachtung zu klären versuchen als mit Hilfe einer Befragung.

Die praktische Anwendung einer Beobachtung wird *ethisch* durch die Art des zu beobachtenden Verhaltens (Was *darf* ich als Wissenschaftler beobachten?), *räumlich* durch die Reichweite der menschlichen Sinnesorgane (Was *kann* ich als Wissenschaftler beobachten?) und *zeitlich* durch die Dauer der zu beobachtenden Ereignisse begrenzt (*Wie lange* kann ich als Wissenschaftler beobachten?). Technische Lösungen, etwa die Beobachtung mittels Videoaufzeichnung, können zwar eine beträchtliche Ausweitung des beobachtbaren Bereichs ermöglichen, bleiben jedoch auf das in einer räumlich und zeitlich festgelegten Situation mit den Sinnesorganen Wahrnehmbare beschränkt.

Befragungen geben Auskunft über Meinungen, Einstellungen, Wissensbestände oder emotionale Bewertungen von Befragungsteilnehmern. Man muss sich freilich darauf verlassen, dass die Befragten tatsächlich über den Gesprächsgegenstand Rechenschaft ablegen können und wollen, was bekanntlich nicht immer und nicht bei allen Gesprächsgegenständen und bei allen Befragten notwendigerweise der Fall ist. Die Methode der Beobachtung gibt Aufschlüsse über das Verhalten von Menschen, sagt jedoch wenig aus über den subjektiv gemeinten Sinn, also über die Interpretation dieses Verhaltens. Aus diesem Grund werden viele Beobachtungen von einer zusätzlichen Befragung begleitet, damit das beobachtete Verhalten interpretiert und eingeordnet werden kann. Das so genannte Partnerschaftsmodell der Arbeitsgemeinschaft Media Analyse (ag.ma) ist ein solches Beispiel für die systematische Verbindung dieser beiden Erhebungsmethoden. Die Media Analyse (ma) zählt zu den wichtigsten regelmäßig durchgeführten Untersuchungen, die intermedial vergleichbare Daten zur Mediennutzung liefern. Seit 1987 werden dabei im Rahmen des Partnerschaftsmodells Nutzungsdaten in Bezug auf Printmedien *und* audiovisuelle Medien erhoben, wobei Befragungsdaten der MA und Beobachtungsdaten der telemetrischen GFK-Zuschauerforschung (Stichwort «Zuschauerquote») systematisch zusammengeführt werden (cf. Müller 1997).

Die Kombination verschiedener Methoden wie im Fall des Partnerschaftsmodells der ag.ma ist aus einer Reihe von Gründen sinnvoll, weswegen in den einschlägigen Methodeneinführungen in aller Regel ein intelligenter *Methoden-Mix* gefordert wird. Durch die Kombination unterschiedlicher Methoden werden die jeweiligen Schwächen der einen durch die Stärken der anderen Methode kompensiert. Wenn man z. B. den Selbstauskünften seiner Befragten aus welchem Grund auch immer nicht traut, ist man gut beraten zu beobachten, ob Worten Taten folgen. Die Kombination unterschiedlicher Methoden ist eine wertvolle Strategie, um die Validität einer Untersuchung zu erhöhen.[87] Wenn man nun mit unterschiedlichen Untersuchungsinstrumenten arbeitet, die auf unterschiedliche Analyse-Dimensionen abzielen – also etwa auf die

Absichtserklärungen eines Befragten und dessen tatsächliches Verhalten in einer konkreten Entscheidungssituation –, erhöht sich dadurch die Wahrscheinlichkeit, dass man zu validen Ergebnissen gelangt (Stichwort: «Kreuzvalidierung»). Die Kombination unterschiedlicher Methoden ist aber oft gar nicht zu vermeiden, so etwa immer dann nicht, wenn es darum geht, die zum Teil umfangreichen Transkripte inhaltsanalytisch auszuwerten, die im Rahmen von Befragungen anfallen können. Die Kombination unterschiedlicher Methoden begegnet uns schließlich häufig im Rahmen experimenteller Untersuchungsdesigns.

6.5.4 Das Experiment

Das Experiment ist streng genommen keine eigene Methode, sondern eine spezifische Form der Methodenanwendung. Allgemein versteht man unter einem wissenschaftlichen Experiment die systematische Variation einer Versuchsanordnung mit dem Ziel, die daraus resultierenden Effekte mit Blick auf eine konkrete Forschungshypothese zu untersuchen. Man könnte also vereinfachend sagen, Experimente sind hypothesengeleitete Beobachtungen oder Befragungen unter *stark kontrollierten* Bedingungen. Üblicherweise wird zwischen Labor- und Feldexperimenten unterschieden. Während Erstere dadurch gekennzeichnet sind, dass der Forscher die Bedingungen einer Situation *genau so* variiert, wie es seine Forschungshypothese erfordert, werden in Feldexperimenten lediglich so viele Bedingungen variiert, wie es die Situation *im Feld* außerhalb des Labors erlaubt (cf. Friedrichs 1990: 339).

Während Experimente außerhalb der Naturwissenschaften vor allem in der Psychologie und in der Sozialpsychologie Anwendung finden, wird in den geistes- und sozialwissenschaftlichen Disziplinen nur selten experimentell geforscht. Kritiker sehen darin einen Beleg dafür, dass Experimente zwar exakte und in diesem Sinn *zuverlässige* Untersuchungsverfahren sind, dass allerdings die Künstlichkeit der Experimentalsituation die uneingeschränkte (Allgemein-)*Gültigkeit* der Untersuchungsergebnisse stark gefährdet.

Wie wir bereits gesehen haben, gelten die Zuverlässigkeit (Reliabilität) und die Gültigkeit (Validität) einer Untersuchung allgemein als die beiden wichtigsten Gütekriterien der empirischen Sozialforschung.[88] Oft werden die Zuverlässigkeit und die Gültigkeit einer Untersuchung als sich widerstreitende, nicht gleichzeitig optimal erreichbare Ziele angesehen. Dieser Konflikt tritt in der experimentellen Forschung besonders deutlich zutage. Dies ist sicherlich einer der Gründe dafür, warum Experimente in der heutigen Kommunikationswissenschaft nicht häufig durchgeführt werden.

Ein Großteil jener Kritik, die bis heute gegen experimentelle Forschungen vorgebracht wird, wurde zumindest teilweise schon von jenen Forschern erkannt, die wie etwa der Sozialpsychologe Carl Iver Hovland das Experiment als Forschungsmethode in die kommunikationswissenschaftliche Forschung eingeführt haben. Die Künstlichkeit der Laborsituation, so stellte Hovland bereits gegen Ende der 1950er Jahre selbstkritisch fest, führt dazu, dass im Vergleich zu Feldforschungen deutlich stärkere Wirkungen ermittelt werden. Dies liegt u. a. daran, dass sich experimentell arbeitende Forscher aus forschungspraktischen Gründen auf die Beobachtung solcher Variablen im Wirkungsprozess konzentrieren, die bereits nach einer *einmaligen* Darbietung zu beobachtbaren Wirkungen führen. Langfristige, in kleinen Etappen ablaufende Wirkungsprozesse lassen sich unter experimentellen Bedingungen nur schlecht beobachten und werden daher in aller Regel im Rahmen der experimentellen Forschung vernachlässigt.

Die am häufigsten angewandte Form des Experiments ist die «Vorher-nachher-Messung» mit einer Experimental- und einer Kontrollgruppe. Dieses Untersuchungsdesign lässt sich darstellen wie in Abb. 7.

Nehmen wir zum besseren Verständnis an, eine Forschergruppe wolle den Zusammenhang zwischen der Gewaltbereitschaft Jugendlicher (= abhängige, beeinflusste Variable) und der Rezeption von Gewaltdarstellungen im Fernsehen (= unabhängige, beeinflussende Variable) untersuchen. Die Forscher bilden mit Hilfe eines Zufallsverfahrens eine Experimental- und eine Kontrollgruppe, die sich hinsichtlich der wesentlichen soziodemographischen Merkmale ihrer Mitglieder (Alter, Geschlecht, Schulbildung etc.) gleichen. In einem nächsten Schritt wird bei beiden Gruppen zum Zeitpunkt t_1 die Gewaltbereitschaft gemessen

Zeit	t_1	t_2	t_3
Untersuchungsgruppe			
Experimental-gruppe	Messung der abhängigen Variablen	Einwirkung der unabhängigen Variablen	Messung der abhängigen Variablen
Kontrollgruppe	Messung der abhängigen Variablen	–	Messung der abhängigen Variablen

Abb. 7: Vorher-nachher-Messung mit einer Experimental- und einer Kontrollgruppe; eigene Darstellung

(Vorher-Messung). Dabei kann die Art und Weise dieser Messung je nach der theoretischen Begründung dessen, was unter «Gewaltbereitschaft» zu verstehen ist, stark variieren. In der Versuchsphase t_2 werden der Experimentalgruppe gewalthaltige Fernsehprogramme gezeigt, während die Kontrollgruppe Fernsehprogramme ohne gewalthaltige Darstellungen zu sehen bekommt. Wie auch schon beim Begriff ‹Gewaltbereitschaft› kann auch hier die Bandbreite dessen, was unter ‹Fernsehgewalt› zu verstehen ist, je nach theoretischer Herleitung stark variieren. In der Versuchsphase t_3 wird bei beiden Untersuchungsgruppen erneut die Gewaltbereitschaft gemessen (Nachher-Messung). Weil in dieser letzten Untersuchungsphase die Gefahr relativ groß ist, dass die Versuchsteilnehmer die Absichten der Forschergruppe durchschaut haben und sich entsprechend *reaktiv* verhalten, stehen die Forscher hier vor dem nicht unerheblichen Problem, eine mit den Befunden aus t_1 vergleichbare Messung vorzunehmen, bei der jedoch mögliche Lerneffekte der Versuchsteilnehmer so weit wie möglich ausgeschlossen werden. Ist dies gelungen, lassen sich sowohl durch den Vergleich zwischen der Vorher- und der Nachher-Messung als auch durch den Vergleich zwischen der Experimental- und der Kontrollgruppe Rückschlüsse auf den Zusammenhang zwischen der unabhängigen Variablen (hier die Rezeption von Gewaltdarstellungen im Fernsehen) und der abhängigen Variablen (hier die Gewaltbereitschaft Jugendlicher) ziehen. War die Zufallszuteilung der Probanden zur Experimental- und zur Kontrollgruppe erfolgreich, müssten die Ergebnisse der Vorher-Messung bei beiden Gruppen gleich sein. Bei der Experimentalgruppe müsste nach der Stimuluspräsentation bei der Nachher-Messung eine Veränderung gegenüber der Vorher-Messung eintreten. In der Kontrollgruppe müssten sich im Vergleich der Vorher-Messung und der Nachher-Messung keine Unterschiede ergeben.

Halten wir fest: Der Beschäftigung mit Methoden kommt deshalb in der Kommunikationswissenschaft wie in allen anderen Wissenschaften eine so große Bedeutung zu, weil wissenschaftliches Handeln *theorie- und methodengeleitetes* Handeln ist. Mit Hilfe von Methoden werden bereits vorhandenes Wissen und begriffliche Praxis in nachvollziehbare konkrete Forschungsoperationen umgesetzt. Methoden machen aus Wissen Handeln in Form von zielgerichteten Problemlösungsversuchen. Wenn wir wissenschaftliche Erkenntnisse gewinnen wollen, müssen wir *handeln*, wir müssen messen, experimentieren, beobachten oder kommunizieren. Methoden formulieren Regeln zur Stabilisierung von Erfahrungen und folgen forschungspraktischen Zielen. In der praktischen Forschungsarbeit besteht jedoch die Herausforderung oftmals gerade darin, in kreativer Weise von diesem vorgegebenen Regelwerk abzuweichen. Denn jedes Forschungsproblem bedarf einer eigenen kreativen Lösung; es gibt keine Methoden an sich, sondern nur Methoden im Hinblick auf das Erreichen eines bestimmten Ziels (cf. Schmidt 1998: 147 f.). Die Ergebnisse der Anwendung von Methoden können nicht von diesen abgelöst werden, sie sind die *Fakten*, die durch ein bestimmtes methodengeleitetes Handeln erzeugt werden.

6.6 Messen, Zählen, Testen

Das Ziel der folgenden Abschnitte besteht darin, die *Argumentationslogik* der statistischen Datenauswertung in ihren Grundzügen zu verdeutlichen, um so einen ersten Zugang zu einem überaus wichtigen

Instrumentarium der kommunikationswissenschaftlichen Forschung zu verschaffen. Grundlegende Statistikkenntnisse sind nicht nur für Kommunikationswissenschaftler ein wichtiges Rüstzeug, sondern ebenso für all jene, die sich in ihrer täglichen beruflichen Praxis – sei es als Journalist, als PR-Berater oder als Werber – mit der Aufgabe konfrontiert sehen, die Erklärungskraft, den Geltungsanspruch und den Gehalt von Statistiken zu beurteilen.[89]

Die meisten Vorbehalte gegenüber der Statistik beruhen auf starken Vorurteilen – und das betrifft sowohl übersteigerte Hoffnungen in Bezug auf die *Erklärungskraft* als auch übersteigerte Befürchtungen in Bezug auf die *Verführungskraft* von scheinbar objektiven Zahlen. Statistik, eine bereits in der Antike praktizierte regelgeleitete Analyse und Deutung numerischer Daten, kann uns helfen zu sehen, was der Fall ist, sie hilft uns damit aber nicht immer notwendigerweise auch zu verstehen, was dahintersteckt.[90] Keine Statistik legt den Blick frei auf verbürgte Wahrheiten. Keine Statistik erklärt uns die Welt, in der wir leben, besser als andere Formen des (wissenschaftlichen) ‹Erfahrungmachens›, sondern lediglich anders als diese. Keine Statistik kommt ohne Anwender aus, die Ergebnisse interpretieren, die Theorie- und Methodenentscheidungen fällen und andere kontingente Setzungen vornehmen. Verschaffen wir uns also einen genaueren Überblick über die wichtigsten statistischen Verfahren, um damit sowohl übersteigerten Hoffnungen als auch überzogenen Befürchtungen in Bezug auf die Statistik gelassener begegnen zu können.

6.6.1 Grundgesamtheit und Stichprobe

Bereits zu Beginn einer empirischen Untersuchung werden Entscheidungen mit statistischer Relevanz gefällt. Im Wesentlichen handelt es sich hierbei um Auswahlentscheidungen.[91] Welche Medienangebote sollen untersucht werden? Welche Personen sollen befragt, welche beobachtet werden? In welchem Verhältnis steht die ausgewählte *Stichprobe* (= n) zu der zuvor definierten *Grundgesamtheit* (= N)?

«Als *Grundgesamtheit (Population)* bezeichnen wir alle potentiell untersuchbaren Einheiten oder ‹Elemente›, die ein gemeinsames Merkmal (oder eine gemeinsame Merkmalskombination) aufweisen» (Bortz 1993: 84). Noch genauer kann man sagen: Die Grundgesamtheit ist die Menge aller Einheiten/Elemente, über die eine Aussage gemacht werden soll bzw. auf die sich die Fragestellung bezieht.

«Eine Stichprobe stellt eine Teilmenge aller Untersuchungseinheiten dar, die die untersuchungsrelevanten Eigenschaften der Grundgesamtheit möglichst genau abbilden soll. Eine Stichprobe ist somit ein ‹Miniaturbild› der Grundgesamtheit.» (Bortz 1993: 84)

Um diese Fragen zu beantworten, stehen eine Reihe unterschiedlicher Auswahlverfahren zur Verfügung, und es hängt entscheidend von dem jeweils verfolgten Erkenntnisinteresse ab, welches dieser Verfahren im konkreten Fall Anwendung findet. Gehen wir der Reihe nach vor:

- Zunächst muss entschieden werden, ob überhaupt eine Auswahl aus einer zuvor definierten Grundgesamtheit getroffen werden soll oder ob man nicht doch eine so genannte Vollerhebung durchführt. Erfolgt keine Vollerhebung, sondern eine Auswahl aus der Grundgesamtheit, spricht man von einer «Stichprobe».

- Eine Stichprobe kann im Wesentlichen auf zwei verschiedene Arten gezogen werden, nämlich per *Zufall* oder *bewusst*. Von einer Zufallsauswahl spricht man, wenn jedes Element der Grundgesamtheit (z. B. per Losverfahren) mit der gleichen Wahrscheinlichkeit in die Stichprobe gelangen kann. Eine bewusst gezogene Stichprobe erhält man hingegen, wenn man angibt, welche Merkmale ein Element der Grundgesamtheit haben muss, um ausgewählt zu werden. So könnte man aus der Menge aller Leser einer bestimmten Tageszeitung (Grundgesamtheit) *zufällig* einige derjenigen Leser auswählen und im Rahmen einer Befragung zu bestimmten Aspekten ihrer Mediennutzung interviewen, die sich die betreffende Zeitung jeden Tag kaufen. Repräsentativ in Bezug auf die Grundgesamtheit *aller* Leser ist die so gezogene Stichprobe dann freilich nicht mehr, weil etwa die Abonnenten der Zeitung unberücksichtigt bleiben. Das bekannteste Verfahren der bewussten Auswahl ist das so genannte Quotenverfahren.

– Schließlich muss man entscheiden, wie viele Elemente der Grundgesamtheit in der Stichprobe vertreten sein sollen bzw. vertreten sein müssen, damit die Stichprobe verlässliche Rückschlüsse auf die Grundgesamtheit erlaubt.

Man erkennt deutlich, dass die Auswahl der Untersuchungseinheiten einen ganz wesentlichen Einfluss darauf hat, mit welchem Geltungsanspruch Untersuchungsergebnisse vertreten werden können. In aller Regel wird an dieser Stelle auf die *Repräsentativität* einer Stichprobe hingewiesen, also darauf, wie verlässlich eine gegebene Stichprobe die statistischen Kenngrößen (= Parameter) der Grundgesamtheit (= Population) abbildet. Statistische Prüfverfahren, die *repräsentative* Rückschlüsse von einer Stichprobe auf eine Grundgesamtheit erlauben (= Inferenz), benötigen eine Zufallsauswahl sowie einen hinreichend großen Stichprobenumfang. Formen der bewussten Auswahl, die in der kommunikationswissenschaftlichen Forschung mit Abstand am häufigsten angewendet werden (cf. Gehrau & Fretwurst 2005 oder Möhring, Tiele, Scherer & Schneider 2005: 159), erlauben demgegenüber streng genommen keine statistisch repräsentativen Rückschlüsse von einer Stichprobe auf eine gegebene Grundgesamtheit.

6.6.2 Ist Signifikanz gleich Relevanz?

Wo immer mit einer empirischen Untersuchung Hypothesen getestet werden sollen (was nicht immer der Fall sein muss), werden strenge Anforderungen an das Testverfahren gestellt. Keine wissenschaftliche Methode produziert absolute Wahrheiten oder *beweist* die Richtigkeit einer Hypothese (Kap. 6.4). Dieser wissenschaftstheoretische Grundsatz hat in der Forschungspraxis die wichtige Konsequenz, dass die Frage, ob eine Hypothese zutrifft oder nicht, nur indirekt, gewissermaßen «über Bande gespielt» beantwortet werden kann.

Neue Hypothesen, die auf der Grundlage neuer theoretischer Überlegungen oder vorangegangener empirischer Untersuchungen gewonnen wurden, weisen über den aktuellen Forschungsstand hinaus, ja fordern diesen in manchen Fällen geradezu kühn heraus und werden daher als *Alternativhypothesen* bezeichnet. Um zu beurteilen, ob die in einer Alternativhypothese formulierten Annahmen tatsächlich über den bisherigen Erkenntnisstand hinausgehen, ob sie also zutreffend sind oder nicht, bedient man sich einer doppelten Negation: Man versucht nicht, die Wahrheit der Alternativhypothese zu beweisen (+), sondern das Gegenteil der Alternativhypothese, die so genannte *Nullhypothese* (–), zu widerlegen (–). Wenn *dies* gelingt, hat sich die Alternativhypothese vorläufig bewährt (+).

Hypothesenart	Beispiel	
	Alternativhypothese (H_1)	Nullhypothese (H_0)
Ungerichtete Hypothese	Es besteht ein Zusammenhang zwischen dem Fernsehkonsum und der Politikverdrossenheit von Rezipienten.	Es besteht kein Zusammenhang zwischen dem Fernsehkonsum und der Politikverdrossenheit von Rezipienten.
Wenn-dann-Hypothese	Wenn Menschen fernsehen, dann hat das bei diesen Menschen Politikverdrossenheit zur Folge.	Wenn Menschen fernsehen, dann hat das bei diesen Menschen keinen Einfluss auf deren Politikverdrossenheit.
Je-desto-Hypothese	Je höher der Fernsehkonsum der Rezipienten, desto politikverdrossener sind diese Rezipienten.	Die Höhe des Fernsehkonsums hat keinen Einfluss auf den Grad an Politikverdrossenheit der Rezipienten.

Abb. 8: Hypothesenarten; eigene Darstellung

Die meisten statistischen Auswertungsverfahren gehen in dieser Weise von der Nullhypothese aus, um zu entscheiden, ob die Alternativhypothese akzeptiert werden kann oder nicht. Dieses Vorgehen hat u. a. zwei wesentliche Vorteile: (1) Es betont deutlich die Vorläufigkeit des wissenschaftlichen Erkenntnisfortschritts; denn *endgültige* Beweise von Alternativhypothesen würden zukünftigen Wissenschaftlergenerationen gewissermaßen schon heute die Existenzgrundlage entziehen. (2) Es sorgt dafür, dass selbst im Falle des Scheiterns der Alternativhypothese ein zwar konservatives, aber immerhin handlungsrelevantes Ergebnis zu verzeichnen ist – wissenschaftliche Untersuchungen können daher in gewisser Hinsicht erfolgreich scheitern, wenn es am Ende heißt: Kein Grund zur Beunruhigung, alles bleibt beim Alten!

Selbstverständlich werden Alternativhypothesen, die in der beschriebenen Weise falsifiziert wurden, nicht gleich nach dem ersten Überprüfungsversuch für alle Zeiten verworfen; denn einem solchen «naiven Falsifikationismus» (sensu I. Lakatos) steht die wissenschaftsgeschichtlich gut dokumentierte Tatsache gegenüber, dass zu jeder später einflussreichen Theorie zahlreiche frühere Falsifikationen vorliegen (cf. Diekmann 2000: 154 f.). Und genau dies zeigt uns auch, dass die Annahme bzw. Ablehnung einer Hypothese stets mit einem Rest Unsicherheit behaftet bleibt, die in der Statistik als α-Fehler (Fehler 1. Art) und als β-Fehler (Fehler 2. Art) bezeichnet wird, je nachdem, über welchen der logisch möglichen Irrtumsfälle man spricht.

		In der Grundgesamtheit gilt die:	
		H_0	H_1
Entscheidung auf der Grundlage der Stichprobe zugunsten der:	H_0	richtige Entscheidung z. B. $1-\beta = 80\%$	β-Fehler z. B. $\beta = 20\%$
	H_1	α-Fehler $\alpha = 5\%$	richtige Entscheidung $1-\alpha = 95\%$

Abb. 9: α- und β-Fehler bei statistischen Entscheidungen. Quelle: Bortz 1993: 107 sowie eigene Angaben

Der α-Fehler und der β-Fehler geben die Wahrscheinlichkeit an, mit der man sich ausgehend von einer Stichprobe in Bezug auf die tatsächlichen Verhältnisse in der Grundgesamtheit irrt. Der β-Fehler gibt an, mit welcher Wahrscheinlichkeit man die Alternativhypothese auf der Grundlage der Stichprobe akzeptiert, obwohl sie gemessen an den Verhältnissen in der Grundgesamtheit falsch ist. Der β-Fehler gibt an, mit welcher Wahrscheinlichkeit man die Alternativhypothese ablehnt, obwohl sie gemessen an den Verhältnissen in der Grundgesamtheit zutreffend ist.

> *Der α-Fehler* beziffert also die Gefahr, dass man einen in der Stichprobe rein zufällig beobachtbaren Zusammenhang mit Blick auf die Verhältnisse in der Grundgesamtheit zu Unrecht verallgemeinert.
> *Der β-Fehler* beziffert hingegen die Gefahr, dass ein in der Grundgesamtheit tatsächlich vorhandener Zusammenhang in der Stichprobe rein zufällig *nicht* auftaucht.

Oft ist die Rede davon, dass ein Hypothesentest zu *statistisch signifikanten* Ergebnissen geführt habe. Hier heißt es dann etwa: «Die Hypothese erwies sich mit einer Irrtumswahrscheinlichkeit von p = 0,05 (also 5 %) als signifikant.» Genauer müsste es eigentlich heißen, dass die Nullhypothese (also die Annahme, dass es *keinen* Zusammenhang gibt) zurückgewiesen werden musste, wobei die Wahrscheinlichkeit, dass es sich bei dem gemessenen um einen rein zufälligen Zusammenhang handelt, 5 % beträgt.

Die Frage, wie hoch das α- und das β-Fehler-Niveau in einer Untersuchung anzusetzen sind, muss vor dem statistischen Test *entschieden* werden; denn aus leicht nachvollziehbaren Gründen hängt das Maß an Toleranz gegenüber zufällig gemessenen Zusammenhängen entscheidend von den Konsequenzen ab, die man mit der Annahme oder Ablehnung einer Hypothese zu «riskieren» bereit ist. Lautet die zu prüfende Alternativhypothese einer Untersuchung z. B., dass der Konsum gewalthaltiger Medienangebote bei jugendlichen Rezipienten zu einer erhöhten Gewaltbereitschaft führt, und wird in der Nullhypothese entsprechend das Fehlen eines solchen Zusammenhangs postuliert, ist das Risiko, das man hier eingeht, wenn man die Alternativhypothese zugunsten der Nullhypothese verwirft, vergleichsweise groß. Entsprechend wird man in diesem Fall ein relativ hartes β-Fehler-Niveau von mindestens 10 % ansetzen. In den meisten Untersuchungen wird freilich davon ausgegangen, dass Untersuchungsergebnisse mit einem α-Fehler-Niveau von 5 % (bzw. bei einem harten Test von 1 %) und einer β-Fehler-Wahrscheinlichkeit von mindestens 20 % zufrieden stellende Belege für die Annahme einer Alternativhypothese liefern (cf. Bortz 1993: 117).

Wie bereits gesagt: Die Frage nach der richtigen Höhe des α- und des β-Fehler-Niveaus muss *vor* der Untersuchung *entschieden* werden. Ebenso müssen die Hypothesen, die man zu testen beabsichtigt, *vor* der Untersuchung präzise formuliert werden. Vergessen wir nicht, dass Aussagen in Bezug auf die Signifikanz von Untersuchungsergebnissen *Wahrscheinlichkeitsaussagen* sind. In jeder Stichprobe, heißt das, können mit einer gewissen Wahrscheinlichkeit irgendwelche Zusammenhänge gefunden werden – wenn man die Daten nur lange genug auf solche Zusammenhänge hin «durchforstet».

Man kann sich die hier angesprochene Problematik anhand eines einfachen Rechenbeispiels verdeutlichen (s. dazu Diekmann 2000: 598 oder Kriz 1983: 116–121): Stellen wir uns vor, wir hätten auf der Grundlage eines 50 Fragen umfassenden Fragebogens eine Erhebung durchgeführt. Wenn wir nun die Antworten auf die 50 Fragen wechselseitig in Beziehung zueinander setzen, um nach *möglichen* Zusammenhängen im Datensatz Ausschau zu halten, ergeben sich insgesamt (50 × 49/2 =) 1225 verschiedene Kombinationsmöglichkeiten. Bei einem α-Fehler-Niveau von 0,05 weisen 5 % dieser 1225 Kombinationsmöglichkeiten, also rund 61 Kombinationen, statistisch signifikante, aber eben rein zufällige Zusammenhänge auf. Ähnlich verhält es sich übrigens überall dort, wo unverhältnismäßig viele Hypothesen innerhalb einer Untersuchung getestet werden. Vor dem Hintergrund solcher und ähnlicher Rechenexempel hat der Psychologe Jürgen Kriz gefordert, klarer zwischen der messbaren statistischen *Signifikanz* und der tatsächlichen inhaltlichen *Relevanz* von Untersuchungsergebnissen zu unterscheiden (cf. Kriz 1983: 119).

6.6.3 Skalenniveaus – was heißt Messen?

Hypothesen zu testen heißt, mindestens zwei unterschiedliche Variablen systematisch miteinander in Beziehung zu setzen (wobei man unter einer Variablen eine veränderliche Größe versteht, die ihrerseits mindestens zwei unterschiedliche Merkmalsausprägungen aufweisen kann). Im einfachsten Fall erfolgt dies, wie wir gesehen haben (Abb. 8.), im Rahmen einer ungerichteten Hypothese, bei der ohne nähere Angaben ein Zusammenhang zwischen zwei Variablen behauptet wird. Überall dort, wo zusätzlich die Richtung dieses Zusammenhangs angegeben wird, spricht man von einer unabhängigen, den behaupteten Zusammenhang bewirkenden, und einer abhängigen, im Rahmen des behaupteten Zusammenhangs bewirkten Variablen. Bevor nun überprüft werden kann, ob zwei Variablen tatsächlich miteinander zusammenhängen (= korrelieren), müssen wir in der Lage sein, die betreffenden Variablen zusammenfassend zu beschreiben, also etwa die zentrale Tendenz einer Variablen (den Mittelwert) oder die Streuung (die Dispersion) der einzelnen variablen Merkmale anzugeben.

Statistische Rechenoperationen wie die Berechnung von Mittelwerten oder Streuungsmaßen setzen nun Messdaten voraus, die vereinfacht gesagt dadurch entstehen, dass empirisch gewonnene Beobachtungen nach festgelegten Regeln in Zahlenwerte «übersetzt» werden (cf. dazu grundlegend Stevens 1946 sowie überblickshalber Benninghaus 1992: 21–27). Diese Übersetzung empirischer Beobachtungen in numerische Werte erfolgt je nachdem, was im konkreten Fall auf welche Art und Weise beobachtet wird, recht unterschiedlich.

Nehmen wir an, wir kodieren die Werte der Variablen Geschlecht mit den numerischen Werten männlich = 1 und weiblich = 2. Für alle weiteren statistischen Rechenoperationen ist es vollkommen unerheblich, welche numerischen Werte den beiden möglichen Beobachtungsergebnissen männlich bzw. weiblich zugeordnet worden sind; denn wir müssen nicht männlich mit dem Wert 1 und weiblich mit dem Wert 2 kodieren, umgekehrt wäre es genauso gut möglich gewesen. Der Grund dafür ist der, dass die numerischen Werte 1 und 2 die empirischen Werte männlich und weiblich in diesem Fall nur *bezeichnen*. Daher sagt man, dass die Variable Geschlecht *nominal* (von lat. *nomen* = Name) skaliert ist. Die in Abbildung 10 dargestellte Themenstruktur von Nachrichtensendungen ist ein kommunikationswissenschaftliches Beispiel für eine nominal skalierte Variable – und dies gleich in zweifacher Hinsicht. Von den hier berücksichtigten Nachrichtensendungen *Tagesschau, heute, RTL aktuell* und *SAT. 1 News* lässt sich ohne Weiteres zunächst einmal nicht sagen, die eine Nachrichtensendung sei in irgendeiner Hinsicht besser als die andere. Das Gleiche gilt für die in den verschiedenen Nachrichtensendungen recht unterschiedlich gewichteten Themen. Die politische Berichterstattung nimmt bei alle Sendern den größten Raum ein, aber

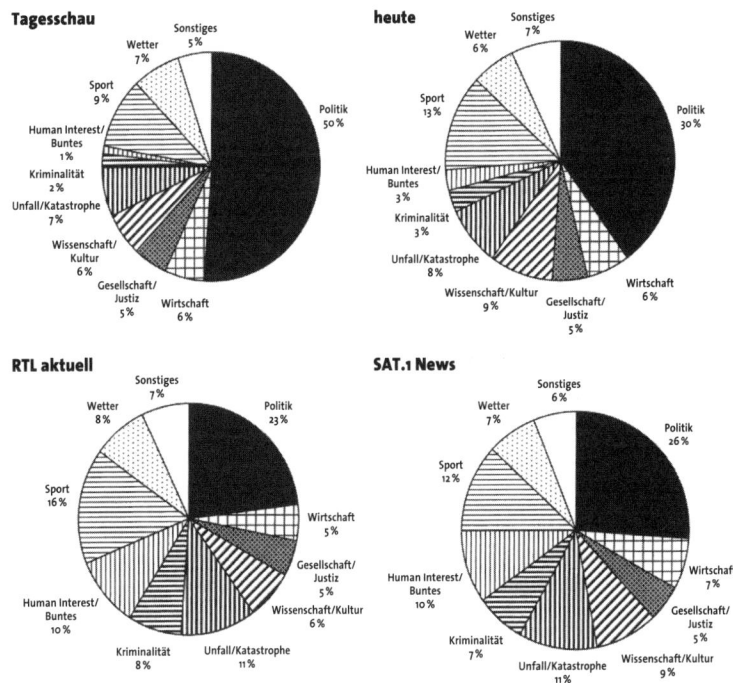

Abb. 10: Beispiel für eine nominalskalierte Variable: Themenstruktur der Hauptnachrichten. Quelle: Krüger 2006: 53

man kann nicht ohne Weiteres behaupten, die politische Berichterstattung sei in irgendeiner Weise besser als die Sportberichterstattung oder die Berichterstattung über Human-Interest-Themen. Nominal skalierte Variablen, heißt das, beinhalten Merkmale, die sich klar voneinander unterscheiden, aber nicht in einer Rangfolge zueinander stehen.

Anders verhält es sich überall dort, wo die kodierten numerischen Werte die empirischen Werte nicht einfach nur bezeichnen, sondern darüber hinausgehende wichtige Informationen liefern. Stellen wir uns vor, wir würden die Größe des Verbreitungsgebiets von Zeitungen miteinander vergleichen und zu diesem Zweck grob zwischen regional, überregional und international erscheinenden Titeln unterscheiden. Jene Zeitungen, die nur in einer bestimmten Region erscheinen, werden z. B. mit dem numerischen Wert 1 kodiert. Zeitungen wie die *Frankfurter Rundschau* oder die *Süddeutsche Zeitung*, die überregional erscheinen, sollen den Wert 2 erhalten, und solchen Zeitungen, die international erscheinen, wie die *Financial Times*, wird der numerische Wert 3 zugewiesen. Hier verhält es sich anders als bei der Variablen Geschlecht; denn während dort die Zahlenwerte 1 und 2 miteinander austauschbar sind, weil sie keine weitere Funktion besitzen als die, die beiden Eigenschaftswerte männlich und weiblich abkürzend zu bezeichnen, drücken die Zahlenwerte im Zeitungsbeispiel eine *Rangfolge* aus. Das Verbreitungsgebiet einer überregional erscheinenden Zeitung ist größer als das Verbreitungsgebiet einer Lokalzeitung, und ebenso gilt, dass der numerische Wert 2 (für überregionale Zeitungen) größer ist als der numerische Wert 1 (für

sehr interessant	10
etwas interessant	15
weniger interessant	26
gar nicht interessant	49

Abb. 11: Beispiel für eine ordinalskalierte Variable: Interesse an der Möglichkeit, aktiv Beiträge zu verfassen und ins Internet zu stellen, in Prozent. Quelle: Fisch & Gscheidle 2006: 435

Lokalzeitungen). Variablen, deren einzelne Merkmalsausprägungen wie in diesem Beispiel einfache Größenunterschiede zueinander aufweisen und sich in eine Rangfolge zueinander setzen lassen, heißen *ordinal skaliert*.

Eine zusätzliche Eigenschaft weisen solche Variablen auf, deren einzelne Merkmalsausprägungen nicht nur in einer Rangfolge zueinander stehen, sondern auch gleiche Abstände zwischen den unterschiedlichen Werten besitzen.

Bezogen auf das vorangegangene Zeitungsbeispiel, heißt das: Die zugewiesenen Zahlenwerte 1, 2 und 3 sind zwar informativer als die mehr oder weniger willkürlich zugewiesenen Zahlenwerte nominal skalierter Variablen, weil sie nicht nur einen Unterschied anzeigen, sondern darüber hinaus auch eine Rangfolge (1 ‹ 2 ‹ 3). Mit dieser Rangfolge ist zwar schon eine ganze Menge gesagt, aber eben noch nichts über die genaue Größe der Abstände zwischen den verschiedenen Merkmalen. Das Verbreitungsgebiet von Regionalzeitungen ist zwar kleiner als das von überregional erscheinenden Zeitungen; aber um wie viel kleiner es ist, wird nicht gesagt. Genau diese Information ist aber erforderlich, um mit den numerischen Werten statistische Kennwerte wie etwa Mittelwerte berechnen zu können, und dies erlauben erst *intervallskalierte* Daten.

Das klassische Beispiel für intervallskalierte Variablen, also Variablen, die eine sinnvolle Interpretation der Abstände zwischen den verschiedenen numerischen Messwerten zulassen, bei denen jedoch kein «echter» Nullpunkt erreicht werden kann, ist die Temperatur gemessen in Grad Celsius. Unabhängig davon, ob man sich im Sommer oder im Winter unterhält, ob man also über den Unterschied zwischen 30 °C und 25 °C oder über den Unterschied zwischen 10 °C und 5 °C spricht, kann man sinnvoll behaupten, dass es heute fünf Grad kälter ist als gestern. Und diese Behauptung ist nur deswegen *mathematisch* sinnvoll, weil die Abstände zwischen den verschiedenen Messwerten (also die Intervalle) stets gleich bleiben, unabhängig davon, wie hoch das Quecksilber jeweils steigt. Ähnlich verhält es sich bei Schulnoten. Ein Sehr gut (1,0) ist um eine ganze Note besser als ein Gut (2,0) – aber ein Sehr gut ist eben nicht doppelt so gut wie ein einfaches Gut; denn multiplizieren und dividieren kann man erst die Werte solcher Variablen, die einen echten Nullpunkt erreichen können und damit *Ratioskalenniveau* besitzen; und dies gilt bekanntlich weder für Schulnoten noch für Temperaturen, die in Grad Celsius gemessen werden.

Bevor wir uns ein wenig genauer mit Variablen befassen, die Ratioskalenniveau besitzen, werfen wir noch einen kurzen Blick auf einen Spezialfall intervallskalierter Variablen. In der (kommunikations-) wissenschaftlichen Forschung werden Variablen, die eine gestufte Bewertung enthalten, oft wie intervallskalierte Variablen behandelt. Das bekannteste Beispiel hierfür ist das so genannte *semantische Differenzial*, das von dem amerikanischen Psychologen Charles E. Osgood (1952) im Rahmen der Einstellungsforschung entwickelt worden ist. Semantische Differenziale werden Personen etwa im Rahmen einer Befragung mit der Aufforderung vorgelegt, ihre Einstellungen gegenüber einem Begriff oder einer Sache anhand einer Reihe von Gegensatzpaaren durch eine skalierte Abstufung[92] näher zu beschreiben.

	1	2	3	4	5	
ernst	o--	--o--	--o--	--o--	--o	heiter
aufdringlich	o--	--o--	--o--	--o--	--o	zurückhaltend
modern	o--	--o--	--o--	--o--	--o	traditionell
sinnlich	o--	--o--	--o--	--o--	--o	nüchtern
schön	o--	--o--	--o--	--o--	--o	hässlich
pessimistisch	o--	--o--	--o--	--o--	--o	optimistisch
ruhig	o--	--o--	--o--	--o--	--o	lebhaft
sympathisch	o--	--o--	--o--	--o--	--o	unsympathisch
männlich	o--	--o--	--o--	--o--	--o	weiblich
jung	o--	--o--	--o--	--o--	--o	alt
schwach	o--	--o--	--o--	--o--	--o	stark
konflikthaltig	o--	--o--	--o--	--o--	--o	harmonisch

Abb. 12:. Beispiel für eine intervallskalierte Variable: Anmutungen von Zeit-schriften-Titelseiten. Quelle: Kaltenhäuser 2004: 140

Wer semantische Differenziale als intervallskalierte Variablen auffasst, geht implizit davon aus, dass die Unterschiede zwischen den einzelnen Werten der Skala tatsächlich immer gleich groß sind. In aller Regel wird damit jedoch das Antwortverhalten der Befragten sowie deren Fähigkeit, *präzise* Bewertungen abzugeben, deutlich überschätzt. Können wir tatsächlich den Grad an Ernsthaftigkeit, an Sinnlichkeit oder an Schönheit einer Zeitschriften-Titelseite ebenso genau bestimmen wie die Temperatur gemessen in Grad Celsius? Werden die Gegensatzpaare von *allen* Befragten in ähnlicher Weise verstanden? Handelt es sich bei ihnen überhaupt um wirkliche Gegensatzpaare? Ist modern tatsächlich das Gegenteil von traditionell, oder ist hier nicht vielleicht ein anderes Gegensatzpaar gemeint, nämlich das Gegensatzpaar konservativ versus innovativ?

Werden zu viele semantische Differenziale innerhalb einer Befragung eingesetzt, ist überdies die Gefahr groß, dass die Befragten ein rein mechanisches Antwortverhalten entwickeln. Wenn man bedenkt, dass rund zehn bis zwanzig Gegensatzpaare nötig sind, um den semantischen Raum hinreichend zu beschreiben, in dem sich ein Begriff befindet (cf. Friedrichs 1990: 186), kann man sich leicht vorstellen, dass nur wenige Begriffe ausreichen, um dem Befragungsteilnehmer eine Vielzahl von Einzelbewertungen abzuverlangen. So ertragreich die Verwendung semantischer Differenziale im Rahmen der empirischen Forschung ist, so vorsichtig und sparsam sollten sie also eingesetzt werden.

Zwar lässt sich darüber streiten, ob semantische Differenziale tatsächlich intervallskalierte Daten hervorbringen oder nicht; dennoch hat es sich weitgehend eingebürgert, sie so zu behandeln, als würden sie Intervallskalenniveau erreichen. Ähnlich verhält es sich übrigens bei der so genannten Likert-Skala, mit der die Zustimmung und Ablehnung in Bezug auf verschiedene Sachverhalte gemessen wird. Hier zeigt sich einmal mehr sehr deutlich, dass Statistik keinesfalls ohne Interpretationen und ohne zum Teil sehr weit reichende Menschenbildannahmen auskommt. Wenn auf einer Skala die beiden Pole, nicht jedoch die Abstufungen zwischen den Polen semantisch bezeichnet werden, dann wird damit signalisiert, dass die Abstufungen zwischen den beiden Polen in etwa gleiche Abstände zueinander besitzen. Bis zu einem gewissen Grad kann man sogar bei Varianten der semantisch bestimmten Likert-Skala davon sprechen, dass sie «Gleichabständigkeit» signalisiert, indem die Skala semantisch spiegelbildlich bezeichnet wird: stimme voll und ganz zu – stimme weitgehend zu – unentschieden – lehne weitgehend ab – lehne voll und ganz ab.

Wie bereits festgestellt, weisen nur Variablen auf Ratioskalenniveau einen echten Nullpunkt auf. Wenn auch die meisten Variablen, mit denen wir es im Rahmen der kommunikationswissenschaftlichen Forschung zu tun haben, nominal- oder ordinalskaliert sind, gibt es eine Fülle von Beispielen für Variablen auf Ratioskalenniveau: das Alter, die Größe, das Gewicht einer Person, das verfügbare Einkommen, der Preis einer Sache, alle in Kardinalzahlen ausgedrückten Mengenangaben in Bezug auf die Anzahl von Gegenständen oder Ereignissen, alle Längenangaben in Bezug auf die Dauer bzw. den Umfang einer Sache usw. (cf. Benninghaus 1992: 26).

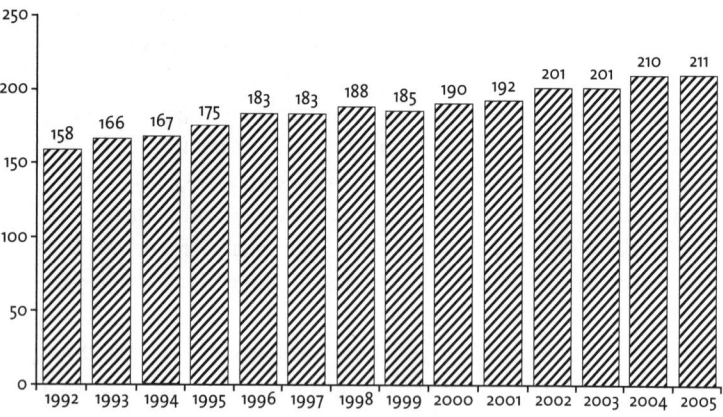

Abb. 13: Beispiel für eine Variable auf Rationalskalenniveau: Entwicklung der durchschnittlichen Sehdauer pro Tag – Fernsehzuschauer ab drei Jahre, Sehdauer in Minuten. Quelle: Zubayr & Gerhard 2006: 126

Wie man leicht erkennen kann, sind die verschiedenen Skalen in einer «kumulativen Hierarchie» (Benninghaus 1992: 27) miteinander verbunden. Die jeweils folgende Skala, heißt das, besitzt auch alle Merkmale der vorangegangenen Skalen sowie ein zusätzliches Merkmal. Im Rahmen der statistischen Analyse können die erhobenen Daten daher nachträglich auf ein niedrigeres Datenniveau transformiert werden; freilich ist dies mit einem Informationsverzicht verbunden. Eine nachträgliche Umformung auf ein *höheres* Skalenniveau ist jedoch nicht möglich (cf. Benninghaus 1992: 27 sowie Bortz 1993: 26).

Die richtige Bestimmung des Skalenniveaus, das mit einer Variablen erreicht wird, ist vor allem deswegen wichtig, weil nicht alle Skalenniveaus die gleichen statistischen Rechenoperationen erlauben. Nur wer weiß, ob er es beispielsweise mit einer nominal- oder einer intervallskalierten Variable zu tun hat, kann kompetent entscheiden, welche statistischen Kenngrößen anwendbar sind und welche nicht.

Es ist hilfreich, wenn man sich zum Einstieg in die eigentliche Datenauswertung zunächst einmal einen groben Überblick über den Datensatz verschafft. Einfache Häufigkeitsauszählungen sowie die Berechnung von Mittelwerten und Streuungswerten bieten sich zu diesem Zweck an. Es gibt leistungsfähige Statistikprogramme, etwa das in den Sozialwissenschaften sehr weit verbreitete Computerprogramm SPSS, die diese Arbeit deutlich erleichtern. Auch kniffelige statistische Rechenoperationen lassen sich mit Hilfe dieser leistungsfähigen Rechenprogramme nach einer gewissen Einarbeitungsphase zwar bequem erledigen, entbinden den Forscher jedoch nicht von der Definition des Datenniveaus und der Interpretation der Ergebnisse.

Wie der Begriff schon sagt, geben Häufigkeitsauszählungen Aufschluss darüber, wie oft ganz bestimmte Merkmale innerhalb eines Datensatzes vertreten sind. Wie viele Personen wurden im Rahmen einer Befragung interviewt? Wie viele davon waren männlich, wie viele weiblich? Wie viele Zeitungsartikel wurden innerhalb einer Inhaltsanalyse berücksichtigt? Wie viele stammten aus dem politischen Mantelteil der entsprechenden Zeitung, wie viele aus dem Lokalteil usw.? Unabhängig von ihrem Skalenniveau lassen sich alle Variablen auf diese Weise in einem allererersten Schritt grob beschreiben.

Skalenniveau		Rechen-operationen	Berechenbare Mittelwerte	Streuungsmaße
Nicht metrisch	Nominal	$=/\neq$	–	Simpsons D
	Ordinal	zusätzlich $\geq/\leq$	Median	zusätzlich Quartil-abstand
Metrisch	Intervall	zusätzlich $+/-$	zusätzlich arithmetisches Mittel	zusätzlich Varianz Standardabweichung
	Ratio	zusätzlich $*/\pm$	zusätzlich geometrisches Mittel	zusätzlich Variationskoeffizient Ginikoeffizient

Abb. 14: Skalenniveau, Interpretation der Skalenwerte und mögliche Rechen-operationen. Quelle: unter Verwendung von Diekmann 2000: 571

Einen Schritt weiter geht man, wenn man nach demjenigen Wert fragt, der eine Variable am besten repräsentiert. Bei nominal skalierten Daten ist dies der am häufigsten vorkommende Wert, der so genannte Modus (auch Modalwert genannt). Dieser Mittelwert lässt sich für alle Variablen angeben. Anders verhält es sich beim Median (das ist der Wert, der in einer der Größe nach sortierten Reihe von Messwerten in der Mitte steht) sowie beim arithmetischen und geometrischen Mittel (s. überblickshalber Abb. 14).

Anhand von Mittelwerten (auch Lagewerte genannt) wie dem Median, dem arithmetischen oder dem geometrischen Mittel lässt sich die zentrale Tendenz der Verteilung von Merkmalen innerhalb einer Variablen beschreiben. Mittelwerte sagen jedoch noch nichts darüber aus, *wie* sich die einzelnen Werte innerhalb einer Variablen verteilen. So macht es etwa aus Sicht von Programmplanern einen erheblichen Unterschied, ob sich die in Abbildung 13 angeführte durchschnittliche Fernsehdauer in Minuten pro Tag gleichmäßig auf alle Tage der Woche verteilt oder vor allem auf einen überdurchschnittlich hohen Fernsehkonsum am Wochenende zurückzuführen ist. Streuungsmaße wie die Variationsbreite (auch Spannweite oder engl. Range), die Varianz oder die Standardabweichung geben genau darüber Auskunft und sind deswegen so wertvoll. Homogene Gruppen streuen nur wenig um den Mittelwert, heterogene Gruppen hingegen stark.

6.6.4 Wie werden Zusammenhänge zwischen unterschiedlichen Variablen gemessen?

Neben der Beschreibung und Analyse der zentralen Tendenz und der Streuung innerhalb einzelner Variablen geht es in den meisten wissenschaftlichen Untersuchungen darum, Zusammenhänge zwischen verschiedenen Variablen zu erforschen. Die in Abbildung 11 grob zusammengefasste Beobachtung, dass nur ein vergleichsweise geringer Teil der Internet-Nutzer starkes Interesse daran zeigt, im Rahmen der vielgerühmten Möglichkeiten des Web 2.0 auch tatsächlich eigene Angebote ins Netz zu stellen, ist an sich bereits sicherlich eine interessante Beobachtung. Diese Beobachtung verleitet uns jedoch dazu weiterzufragen: Wovon hängt die Bereitschaft zur aktiven Produktion von Web-Inhalten möglicherweise ab? Welche Rolle spielen das Alter oder das Geschlecht der User? Welchen Einfluss hat deren formale Bildung? Ist ein großes Interesse auch mit einer tatsächlichen Produktion und Bereitstellung eigener Inhalte verbunden?

Fragen wie diese führen uns in zwei große Themenbereiche der Statistik:

– Wenn es um den Zusammenhang zwischen verschiedenen Variablen geht, dann interessieren uns zunächst einmal die Stärke und die Richtung dieses Zusammenhangs. So genannte *Korrelationsanalysen* geben genau darüber Auskunft.

– Wenn es um den Zusammenhang verschiedener Variablen geht, dann interessiert uns aber auch, ob und wie sich auf der Grundlage der genauen Kenntnis der Werte einer Variablen die Werte einer anderen möglicherweise vorhersagen lassen. Hierüber geben so genannte *Regressionsanalysen* Auskunft.

Wie Mittelwert- und Streuwertberechnungen setzen auch Korrelations- und Regressionsanalysen eine genaue Kenntnis des Skalenniveaus der jeweils berücksichtigten Variablen voraus.

Bei der Interpretation von Zusammenhangsmaßen (sog. Korrelations-koeffizienten) kommt es oft zu Missverständnissen. Nehmen wir an, wir hätten einen signifikanten positiven Zusammenhang zwischen den beiden Variablen «Höhe des Fernsehkonsums» (Variable A) und «Höhe der Gewaltbereitschaft» (Variable B) ermittelt: Je höher der Fernsehkonsum ist, desto größer ist die Bereitschaft der Rezipienten, selbst Gewalt anzuwenden. Ein statistisch nachweisbarer Zusammenhang zwischen diesen beiden Variablen könnte nun jedoch auf vier verschiedene Weisen interpretiert werden (s. allgemein Bortz 1993: 217):

– Die Höhe des Fernsehkonsums beeinflusst die Höhe der Gewaltbereitschaft von Rezipienten kausal.

– Die Höhe der Gewaltbereitschaft beeinflusst die Höhe des Fernsehkonsums kausal.

– Die Höhe des Fernsehkonsums sowie die Höhe der Gewaltbereitschaft werden gleichermaßen von einer dritten, uns jedoch nicht bekannten Variablen kausal beeinflusst.

– Die Höhe des Fernsehkonsums und die Höhe der Gewaltbereitschaft von Zuschauern beeinflussen sich gegenseitig.

Welcher der hier beschriebenen kausalen Zusammenhänge tatsächlich gegeben ist, lässt sich allein auf der Grundlage von Korrelationsberechnungen nicht entscheiden. Kausalität, so folgert der bereits mehrfach zitierte Psychologe Jürgen Bortz (1993: 217), kann allein mit Hilfe von Korrelationsberechnungen zwar eindeutig widerlegt, nicht jedoch eindeutig bewiesen werden. Wir benötigen daher zusätzliche logische Kriterien, um von einer kausalen Beziehung zwischen verschiedenen Variablen sprechen zu können, so etwa die zeitliche Abfolge der Ereignisse usw.[93]

Die hier skizzierte Kausalitätsproblematik spricht für die zu Beginn dieses Kapitels beschriebene wissenschaftliche Konvention, Hypothesen in Nullhypothesen zu überführen, um mit deren Hilfe die eigentliche Alternativhypothese «über Bande» zu überprüfen, aber eben nicht zu beweisen. Die Kausalitätsproblematik zeigt auch einmal mehr, dass jede noch so fortschrittliche statistische Analyse am Ende darauf angewiesen ist, auf der Grundlage der einschlägigen Fachdiskussion und auf der Grundlage allgemein gültiger Kriterien *interpretiert* zu werden.

Die gleichen Einschränkungen gelten für Regressionsanalysen. Wie bereits gesagt, geht es hier darum, die Art eines Zusammenhangs zwischen zwei oder mehr Variablen näher zu beschreiben. Gehen wir wieder von dem bereits erwähnten «Gewaltbeispiel» aus, um das Ziel von Regressionsanalysen zu verdeutlichen.

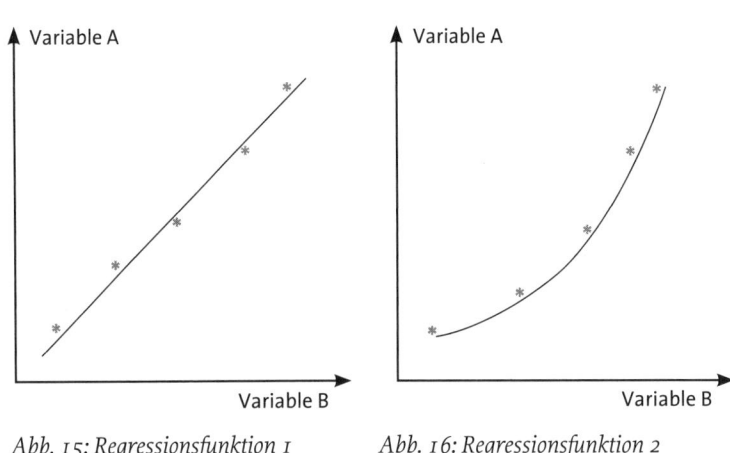

Abb. 15: Regressionsfunktion 1   *Abb. 16: Regressionsfunktion 2*

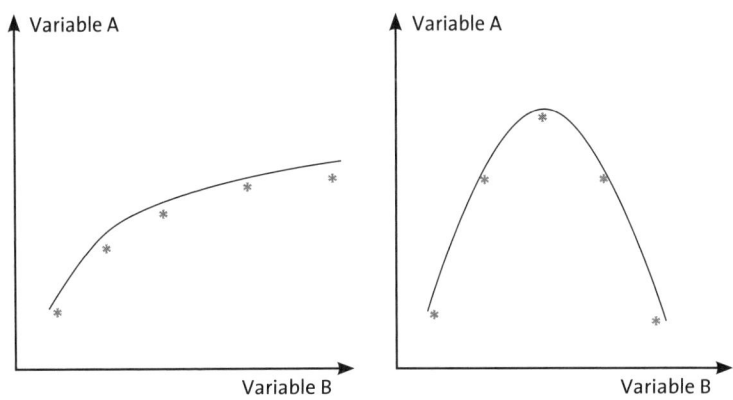

Abb. 17: Regressionsfunktion 3   *Abb. 18: Regressionsfunktion 4*

Nehmen wir noch einmal an, es bestünde eine enge Korrelation zwischen den beiden Variablen «Höhe des Fernsehkonsums» (Variable A) und «Höhe der Gewaltbereitschaft» (Variable B). Wenn wir nun die Werte der beiden Variablen in einem Koordinatensystem abtragen, dann spiegelt sich der enge Zusammenhang zwischen den beiden Variablen darin wider, dass die gemessenen Wertekombinationen von Variable A und Variable B (in Abb. 15 bis 18 als Sternchen markiert) so verteilt sind, dass sie durch eine Gerade beschrieben werden können, die den Gesamttrend der Verteilung am besten wiedergibt. Diese Gerade zu ermitteln und mathematisch exakt zu beschreiben, ist das Ziel von Regressionsanalysen.

Man sieht schon am Verlauf der beiden in Abbildung 15 bis Abbildung 18 abgebildeten Regressionsfunktionen, wie wichtig es ist zu wissen, auf welche Weise die beiden Variablen miteinander zusammenhängen. Ist bei einem gewissen Maß an Fernsehkonsum eine Höhe von Gewaltbereitschaft erreicht, die durch zusätzlichen Fernsehkonsum nicht mehr nennenswert gesteigert werden kann? Oder gibt es eine andere kausale Erklärung, die besagt: Steigt bei einem gewissen Maß an bereits vorhandener Gewaltbereitschaft der Medienkonsum ins Unermessliche? Beide Interpretationen wären möglich, ließe sich der Zusammenhang zwischen der Höhe des Fernsehkonsums und der Höhe der Gewaltbereitschaft anhand einer exponentiellen Regressionsfunktion beschreiben und prognostizieren.

Halten wir noch einmal fest, was uns die Beschäftigung mit statistischen Verfahren und Analyse-Routinen gezeigt hat. Die verschiedenen Lesarten, die Regressionsanalysen eröffnen (und erfordern), zeigen, wie eng *Zählen* und *Erzählen* nicht nur in etymologischer Hinsicht miteinander zusammenhängen (cf. Flusser 1993: 19). Messen, so wurde bereits festgestellt, heißt, empirische Beobachtungen in Zahlen zu übersetzen. Wer zählt, der erzählt nicht gerade in epischer Breite, denn er erzählt mit Hilfe von Zahlen. Dennoch muss auch die statistische Erzählung, wie jede Erzählung, verstanden, interpretiert und gedeutet werden. Vor diesem Hintergrund lassen sich die meisten

Befürchtungen in Bezug auf die *Verführungskraft,* aber auch über-triebene Hoffnungen in Bezug auf die *Erklärungskraft* der Statistik deutlich relativieren. Statistik ist weniger ein Garant von Objektivität und verbürgten Wahrheiten als vielmehr eine spezifische, freilich besonders effiziente wissenschaftliche Analyse- und Ausdrucksform, deren Resultate, wie alle Beobachtungsresultate, subjektabhängig (d. h. wohlgemerkt nicht: subjektiv) sind. In der Auseinandersetzung mit den verschiedenen Skalenniveaus haben wir gesehen, dass sich verschiedene Sachverhalte auf sehr unterschiedliche Art und Weise quantifizieren lassen. Wir haben darüber hinaus am Beispiel der Verwendung semantischer Differenziale gesehen, dass das jeweils zugrunde gelegte Messniveau zum Teil mit weitreichenden Menschenbildannahmen verbunden ist. Auch müssen wir uns noch einmal in aller Deutlichkeit klarmachen: dass es sich hier um Annahmen handelt, die nicht notwendigerweise von jedem, jederzeit und allerorts geteilt werden müssen.

7. Journalismus

7.1 Journalistik

Studierende, die sich für ein vertiefendes Studium der Journalismusforschung, der so genannten Journalistik, entscheiden, erarbeiten sich in einem ersten Schritt einen grundlegenden Überblick über die wichtigsten Journalismustheorien in den einschlägigen Forschungsfeldern. Die Studierenden sollen dabei nicht nur verschiedene Journalismustheorien kennenlernen, sondern auch in die Lage versetzt werden, diese Theorien kritisch zu reflektieren und auf aktuelle Forschungsfragen anzuwenden. Es geht hier also grundsätzlich darum, ein theoretisches Fundament zu legen. Deswegen ist es hilfreich, sich zunächst einmal Klarheit darüber zu verschaffen, über welche Theorien hier eigentlich geredet wird und wie unterschiedliche Theorie-Angebote (nicht nur) im Feld der Journalistik miteinander zusammenhängen.

Der bereits erwähnte Kommunikationswissenschaftler Manfred Rühl hat mit Blick auf die Entwicklung von Theorien der Journalismusforschung darauf hingewiesen, dass sich die unterschiedlichen im Angebot befindlichen Theorien anhand verschiedener Kriterien ordnen lassen (cf. Rühl 2004). Welches Methoden- und Empirieverständnis wird vorausgesetzt? Welche Erkenntnistheorien liegen der jeweiligen Journalismustheorie zugrunde? Welche Untersuchungsverfahren werden angewendet. Und schließlich: Wer ist der Vertreter der jeweiligen Journalismustheorie? Sind es Laien und deren Alltagstheorien, mit denen wir uns befassen? Sind es Journalisten und ihre Arbeitstheorien, oder sind es Wissenschaftler und ihre Theorien?

Die meisten Journalismustheorien, mit denen sich Kommunikationswissenschaftler befassen, sind empirisch fundierte, im Wesentlichen durch Inhaltsanalysen, Befragungen oder Beobachtungen gestützte oder widerlegte Theorien. Der aufmerksame Leser dieses Buchs wird nun zu bedenken geben, dass die Frage nach dem Vertreter der jeweiligen Theorie im Rahmen der kommunikations*wissenschaftlichen* Forschung im Grunde immer schon von vornherein beantwortet ist. Wissenschaft, so haben wir an anderer Stelle gesehen, ist ein Gemeinschaftsunternehmen: Wissenschaftler beziehen sich immer und notwendigerweise auf die Arbeit anderer Wissenschaftler. Die Unterscheidung zwischen Alltagstheorien, berufspraktischen Arbeitstheorien und wissenschaftlichen Theorien lenkt die Aufmerksamkeit auf zwei wichtige Zusammenhänge:

– Machen wir uns die Differenz zwischen Alltagstheorien und wissenschaftlichen Theorien bewusst, dann können wir sehen, dass und wie wir mit unseren wissenschaftlichen Theorien regelmäßig an lebensweltliche Theorien des Journalismus anschließen. Viele der Metaphern und Modelle, mit denen wir ganz allgemein Kommunikationsprozesse beschreiben, begegnen uns in schöner Regelmäßigkeit auch im Rahmen wissenschaftlicher Analysen. Diese Metaphern und Modelle sind im Rahmen wissenschaftlichen Arbeitens und allemal im Rahmen des Alltagshandelns sehr hilfreich, weil sie gewissermaßen wie eine gedankliche Abkürzung wirken. Alltagstheoretische Vorstellungen im Allgemeinen, alltagstheoretische Metaphern und Modelle im Besonderen sind hingegen im Rahmen wissenschaftlichen Arbeitens immer dann riskant, wenn sie unhinterfragt benutzt werden.

– Die Unterscheidung zwischen berufspraktischen Arbeitstheorien auf der einen und wissenschaftlichen Theorien des Journalismus auf der anderen Seite sensibilisiert für die Frage, welche Verwendung wissenschaftliche Theorien im Rahmen der Berufspraxis und umgekehrt welche Verwendung berufspraktische Theorien ihrerseits im Rahmen der wissenschaftlichen Praxis finden. Dort, wo sich eine Berufspraxis in zunehmendem Maß auf wissenschaftliches Wissen berufen kann (und es auch tatsächlich tut), wird in aller Regel von einem hohen Grad an Professionalisierung die Rede sein. Umgekehrt ist die ausschließliche Orientierung an berufspraktischen Theorien, wie sie etwa typisch für die frühe Journalistenausbildung war, ein charakteristisches Merkmal junger akademischer Fächer. Kurz: Beide Praxen, die journalistische Praxis wie die wissenschaftliche Praxis der Journalismusforschung, entwickeln Selbstbewusstsein auf der Grundlage einer profunden

Theoriekompetenz – und wer dies begriffen hat, für den ist es keine große Überraschung mehr, dass Auseinandersetzungen um die theoretischen Grundlagen im Feld der Journalismusforschung ebenso wie in anderen (kommunikations)wissenschaftlichen Forschungsfeldern teilweise so heftig geführt werden.

Eine inzwischen weitgehend entschiedene Diskussion im Fach, an der man die wissenschaftspolitische und praxisrelevante Bedeutung von Theorien ablesen kann, betrifft die höchst unterschiedlichen Fach- und Forschungsverständnisse der früheren normativ-subjektivistischen und der neueren empirisch-analytischen Journalismusforschung.

In den Anfängen der Kommunikationswissenschaft wurden Medienangebote und ihre Inhalte in aller Regel konkreten «Urhebern» zugerechnet. Hier ging es um die Persönlichkeiten großer Verleger, großer Journalisten, großer Kritiker – kurz: großer *Publizisten* –, und man ging dabei implizit stets davon aus, dass es eben mehr oder weniger in der Natur dieser großen *Männer* lag, Großes zu vollbringen. Einer der im Fach bekanntesten Vertreter dieser normativ-subjektivistischen Perspektive war der Zeitungswissenschaftler Emil Dovifat (1890–1969), bei dem die über die Fachgrenzen hinaus bekannte Kommunikationswissenschaftlerin und Meinungsforscherin Elisabeth Noelle-Neumann im Jahr 1940 in Berlin promoviert hat. Wie viele andere Zeitungswissenschaftler billigte auch Dovifat während des «Dritten Reichs» die zentral gesteuerte Propaganda der Nationalsozialisten und legte mit seiner «Gesinnungspublizistik» und «Begabungsideologie» eine ideologisch mit dem Geist jener Zeit übereinstimmende Journalismustheorie vor. Dessen ungeachtet leitete Dovifat nach dem Krieg das Institut für Publizistik der neu gegründeten Freien Universität Berlin (weiter) (cf. Löffelholz 2004: 42 f.; Merten 1999: 432 ff.; Pöttker 2004). Wer sich nun, so wie dies Dovifat getan hat, der publizistischen Persönlichkeit verschreibt, der muss zu der Einsicht gelangen, dass man das, worum es in der Kommunikationspraxis geht,

Abb. 19: Modell zur Identifikation von Journalismussystemen.
Quelle: S. Weischenberg, 1992: 68

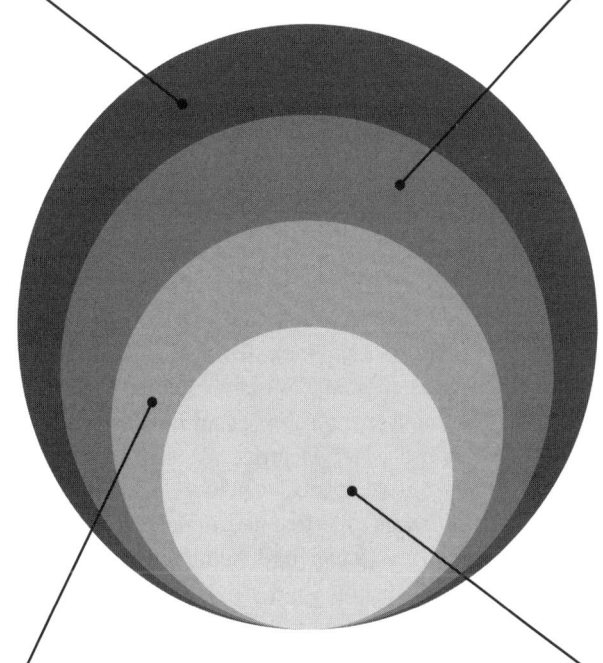

MEDIENSYSTEME

(Normenkontext)
- Gesellschaftliche Rahmenbedingungen
- Historische und rechtliche Grundlagen
- Kommunikationspolitik
- Professionelle und ethische Standards

MEDIENINSTITUTIONEN

(Strukturkontext)
- Ökonomische Imperative
- Politische Imperative
- Organisatorische Imperative
- Technologische Imperative

MEDIENAUSSAGEN

(Funktionskontext)
- Informationsquellen und Referenz-
  gruppen
- Berichterstattungsmuster und Dar-
  stellungsformen
- Konstruktionen von Wirklichkeit
- ‹Wirkungen› und ‹Rückwirkungen›

MEDIENAKTEURE

(Rollenkontext)
- Demographische Merkmale
- Soziale und politische Einstellungen
- Rollenselbstverständnis und Publi-
  kumsimage
- Professionalisierung und Sozialisation

weder lehren noch lernen kann – man hat es, oder man hat es eben nicht. In der Tat heißt es bei Dovifat: «Die journalistische Begabung liegt gleich der künstlerischen in der Persönlichkeit. Sie kann durch Studium und Erfahrung zur Entfaltung gebracht werden, ist jedoch nicht anzulernen oder zu erarbeiten» (1962: 30). Würde sich die Kommunikationswissenschaft auch heute noch dieser Sichtweise verschreiben, würde sie sich damit mehr oder weniger unfreiwillig zum reinen Chronisten und Biographen einer Praxis degradieren, zu der sie ansonsten keinen nennenswerten Beitrag zu leisten imstande wäre. Sie geriete tatsächlich zu jener «Enten- und Hühnerwissenschaft», deren Erkenntnisgegenstand, wie der Soziologe Ferdinand Tönnies 1930 auf dem 7. Deutschen Soziologentag in einem Disput mit den beiden Zeitungswissenschaftlern Emil Dovifat und Hans Amandus Münster spöttisch festgestellt hat, von der Zoologie bereits hinreichend aufgearbeitet worden ist (cf. Löffelholz 2004: 37 f.). Dass die Kommunikationswissenschaft zu weitaus mehr in der Lage ist, als verschiedene Geflügelarten voneinander zu unterscheiden, dürfte inzwischen unstrittig sein, und *dass* dies so ist, verdankt sich eben nicht zuletzt der empirisch-analytischen Journalismusforschung.

Eines der wohl meistzitierten Modelle zur Systematisierung der empirisch-analytischen Journalismusforschung stammt von dem Hamburger Kommunikationswissenschaftler Siegfried Weischenberg. Folgt man dessen hilfreichem Systematisierungsvorschlag, dann befasst sich die Journalistik im Wesentlichen mit vier relevanten Forschungsbereichen: «Normen, Strukturen, Funktionen und Rollen bestimmen in einem Mediensystem, was Journalismus ist, der dann nach diesen Bedingungen und Regeln Wirklichkeitsentwürfe liefert. In die Zuständigkeit der Journalistik fällt, diese Kontexte zu untersuchen und die so gewonnenen Erkenntnisse der Praxis zur Verfügung zu stellen» (2004: 69). Man muss hier freilich sehr genau auf die Details der Formulierung achten: Wir verstehen Weischenbergs Modell nicht als Systematisierung dessen, was Journalismus *ist*, sondern als Modell zur Systematisierung journalismusbezogener Forschungsfelder. Verschaffen wir uns daher einen Überblick über einige der wichtigsten Theorien innerhalb dieser verschiedenen Forschungsfelder.

7.2 Journalismus und das Gesamtmediensystem

Mitte der 1950er Jahre veröffentlichten die amerikanischen Kommunikationswissenschaftler Fredrick S. Siebert, Theodore Peterson und Wilbur Schramm unter dem Titel *Four Theories of the Press* (1956) eine Typologie unterschiedlicher Gesellschafts- und dazugehöriger Mediensysteme, mit der die Autoren, bei aller inzwischen an ihrer Studie geübten Kritik,[94] «Marksteine gesetzt haben» (Saxer 2002: 419). Jede Gesellschaft bekommt das Mediensystem, das sie verdient – so lässt sich die Beobachtung zusammenfassen, von der Siebert, Peterson und Schramm ausgingen. Auf dieser Grundlage grenzten sie vier verschiedene Mediensysteme (nämlich das Autoritarismus-, das Liberalismus-, das Sozialverantwortungs- und das Kommunismusmodell) voneinander ab, in denen jeweils sehr unterschiedliche Vorstellungen davon vorherrschen, was Journalismus ist und was er zu leisten hat.

An dieser Studie ist, wie gesagt, inzwischen einige Kritik geübt worden. Haben die Autoren tatsächlich eine *Theorie* im engeren Sinn vorgelegt oder nicht vielleicht nur unterschiedliche «Institutionalisierungsprinzipien» der Medien in einer gegebenen Gesellschaft (so Saxer 2002: 418)? Haben sich die Autoren gar zu sehr am unhinterfragten Ideal des amerikanischen Mediensystems orientiert? Welche Rolle spielt neben der staatlichen Kontrolle die Einflussnahme durch Großunternehmen und Konzerne (cf. Josephi 2005)? Fragen wie diese lassen uns heute, immerhin rund 50 Jahre nach ihrer Veröffentlichung, den *Four Theories of the Press* mit ein wenig mehr kritischer Skepsis begegnen; dennoch kann kein Zweifel an dem Verdienst der Autoren bestehen, gezeigt zu haben, dass Theoriearbeit (freilich: nicht nur!) im Rahmen der Journalistik theoretische Bezugnahmen auf die jeweils vorherrschende *Gesellschaftsstruktur* erfordert (s. zu dieser Thematik auch Kap. 12).

Jene Gesellschaftsbeschreibungen, die sich in der Zeit, in der Siebert, Peterson und Schramm ihre Studie veröffentlichten, noch großer Beliebtheit erfreuten, sind heute etwas (wenn auch nicht gänzlich) aus der Mode geraten und einer sachlicheren Sprache der Systemtheorie gewichen. Man denke nur an Konzepte, die aufgerufen werden, wo von ‹kapitalistischen› Gesellschaften, von ‹diktatorischen› Gesellschaften oder von (religiös) ‹fundamentalistischen› Gesellschaften die Rede ist. Was diese Bezugnahmen auf Gesellschaft, was diese Gesellschaftskompaktbegriffe verbindet, ist die Tatsache, dass sie von den Merkmalen eines bestimmten gesellschaftlichen Funktionssystems ausgehen und diese Merkmale dann als «ausschlaggebend, als dominant, als formbestimmend» (Luhmann 1997: 1088 f.) für den Rest der Gesellschaft unterstellen.

Wir reden also etwa von kapitalistischen Gesellschaften und unterstellen damit, dass die Merkmale einer bestimmten Form des Wirtschaftens noch bis in die letzte gesellschaftliche Nische hinein wirksam und ausschlaggebend sind. Wir reden von diktatorischen Gesellschaften und unterstellen, dass eine bestimmte Art der politischen Regierung formbestimmend ist für den Rest der Gesellschaft. Wir reden von (religiös) fundamentalistischen Gesellschaften und unterstellen damit, dass die Merkmale einer bestimmten Theologie und Praxis des Glaubens in der gesamten Gesellschaft das formbestimmende Prinzip sind.

Ganz anders funktionieren jene Gesellschaftskompaktbegriffe, mit denen die heutige Kommunikationswissenschaft arbeitet. Wo von der «Informationsgesellschaft», «Kommunikationsgesellschaft», «Wissensgesellschaft» oder «Mediengesellschaft» die Rede ist, da wird auf eine ganz andere Art und Weise auf Gesellschaft Bezug genommen. Informiert, kommuniziert und «gewusst» wurde schon immer, zu jeder Zeit und in jeder noch so exotischen gesellschaftlichen Nische. Wer an der Börse, im Zentrum des Wirtschaftssystems, nicht über die richtigen Informationen verfügt, der wird sich höchstwahrscheinlich verspekulieren. Wer im Hörsaal, also im Zentrum des Wissenschaftssystems, nicht kommuniziert, für den findet Wissenschaft nicht statt. Und wer im Parlament, im Zentrum des Politiksystems, durch Unwissenheit glänzt, der steht bald nicht mehr zur Wahl (das ist freilich unser schwächstes Beispiel). Trotzdem sollte deutlich sein, was die Rede von der Informationsgesellschaft, der Kommunikationsgesellschaft oder der Wissensgesellschaft miteinander verbindet und damit von anderen Gesellschaftskompaktbegriffen trennt. In modernen Gesellschaften ist die Repräsentation der gesamten Gesellschaft durch die Merkmale nur eines gesellschaftlichen Teilsystems (Politik, Wirtschaft usw.) nicht mehr plausibel.

Genau an dieser Stelle setzen jene Gesellschaftskompaktbegriffe an, die auf Information, Wissen, Kommunikation und Medien setzen. In der Kurzfassung könnte man sagen: Information, Kommunikation, Wissen liegen gewissermaßen quer zur funktionalen Differenzierung[95] moderner Gesellschaften – und wenn man die Medien ganz allgemein als Instrumente begreift, die Information, Kommunikation und Wissen gerade erst ermöglichen, dann trifft dies eben auch auf die Medien zu.

> Gesellschaftskompaktbegriffe wie «Informationsgesellschaft», «Wissensgesellschaft», «Kommunikationsgesellschaft» legen nahe, dass sich in allen gesellschaftlichen Bereichen die enorme Aufwertung von Wissen, Kommunikation und Information beobachten lässt; und weil wir, wie erwähnt, die Medien ganz allgemein als Instrumente begreifen, die Information, Kommunikation und Wissen erst ermöglichen, kann man in diesem Sinn sagen, wir leben in einer «Mediengesellschaft». Diese Bestimmung muss aber heute um die Beobachtung erweitert werden, dass Aktanten in einer Mediengesellschaft nur darum miteinander handeln und kommunizieren können, weil sie sich auf das Kulturprogramm ihrer Gesellschaft beziehen, das ihnen als kollektives Wissen verfügbar ist. Und genau deshalb ist es sinnvoll, statt von «Mediengesellschaft» von *Medienkulturgesellschaft* zu sprechen.

Mit der bis zu dieser Stelle geleisteten Begriffsarbeit sind bestimmte Konsequenzen verbunden. Wenn wir davon ausgehen, dass Information, Wissen, Kommunikation und Medien quer zur funktionalen Differenzierung liegen, dann führt uns das rasch zu der Erkenntnis, dass in unserer Gesellschaft eben nicht nur unter veränderten Bedingungen gewirtschaftet oder Politik betrieben wird, sondern dass auch unter veränderten Bedingungen (Kommunikations-)Wissenschaft betrieben wird. Diese «Selbstanwendungsproblematik» ist übrigens nichts Außergewöhnliches, sondern ein geradezu charakteristisches Merkmal aller Theorien großer Reichweite – jeder, der sich mit der Gesellschaft befasst, muss sich früher oder später mit der Frage befassen, in welcher Gesellschaft er sich eigentlich selbst befindet. Das macht jede gesellschaftstheoretisch fundierte Argumentation aus nachvollziehbaren Gründen ziemlich anspruchsvoll.

Wo im systemtheoretischen Sinn von Mediensystemen die Rede ist, so lässt sich festhalten, da ist zumindest implizit auch die Rede von der Beziehung zwischen dem Mediensystem und dem Gesellschaftssystem, und es ist, zumindest implizit, die Rede vom Mediensystem und dessen Beziehungen zu anderen gesellschaftlichen Systemen. Welchen Standort geben wir dem Journalismus innerhalb des Mediensystems? Ist es sinnvoll, Journalismus neben Unterhaltung und Werbung als *einen* Programmbereich innerhalb des Mediensystems zu konzipieren, so wie dies Niklas Luhmann (1996) vorgeschlagen hat, oder ist es nicht doch sinnvoller, dem Journalismus selbst Systemstatus zu verleihen und ihn, wie dies etwa der bereits erwähnte Journalismusforscher Siegfried Weischenberg getan hat, als eigenständiges gesellschaftliches Funktionssystem zu konzipieren? Wie auch immer man sich hier entscheidet, diese Entscheidung hat Konsequenzen, über die man sich als Kommunikationswissenschaftler im Klaren sein muss.

7.3 Journalismus und Medieninstitutionen

Unter welchen Bedingungen und mit welchen Folgen werden journalistische Medienangebote produziert und distribuiert? So lautet im Kern die Frage, um die es hier geht. Folgt man Weischenbergs Systematik, dann hat sich die journalismusbezogene Forschung vor allem mit ökonomischen, politischen, organisatorischen und technologischen Imperativen des Journalismus zu befassen. Konzentrieren wir uns im Rahmen dieser Überblicksdarstellung auf die technologischen und die ökonomischen Imperative, mit denen sich der Journalismus konfrontiert sieht.

Wenn von Imperativen die Rede ist, dann wird der Eindruck erweckt, dass es hier unweigerlich um die *Einschränkung* von Freiheitsgraden geht: Am Anfang steht die Freiheit, es folgen die Imperative, und auf dem Boden der Tatsachen ist man längst nicht mehr so frei, wie man sein wollte.

Um jedoch das ganze Spektrum an Forschungsbeiträgen in den Blick zu bekommen, die sich mit den technologischen und ökonomischen Imperativen des Journalismus befassen, ist es wichtig, jene Imperative, von denen hier die Rede ist, zugleich als Elemente eines Einschränkungs- wie eines *Ermöglichungs*zusammenhangs zu begreifen. Am leichtesten lässt sich diese doppelte Perspektive mit Blick auf medientechnologische Imperative verständlich machen.

Denken wir nur daran, was ein Leser in dem Moment vergessen muss, in dem er liest. Er liest Wort für Wort, Zeile für Zeile, Seite für Seite – aber in dem Moment, in dem er anfangen würde, die Wörter, die Zeilen oder die Seiten zu zählen, würde er Probleme haben, der Argumentation zu folgen. Er liest einen Text, der aus Sätzen besteht, die sich aus einzelnen Wörtern zusammensetzen, die wiederum aus Zeichenketten bestehen – aber in dem Moment, in dem er bewusst auf die einzelnen Zeichen achten, in dem Moment, in dem er sich z.B. die Serifen der Zeichen genau anschaut, würde er unweigerlich aufhören zu lesen. Solche Lernprozesse, die im Ergebnis dazu führen, dass wir kompetente Mediennutzer sind und zugleich die Fähigkeit beherrschen, die Voraussetzungen des Mediengebrauchs im Moment des Mediengebrauchs virtuos auszublenden, nennen wir Disziplinierungsprozesse. Dieser Begriff ist konnotativ belastet, weil er ausblendet, dass sich diese Disziplinierungsprozesse in aller Regel als Normalisierungsprozesse entfalten. Und das ist eine wichtige Akzentsetzung, weil man nur so sieht, dass genau hier eine der wesentlichen Entwicklungsdynamiken im Mediensystem liegt; denn im Prozess der Medienevolution lassen sich überall dort Distinktionsgewinne erzielen, wo Normalisierungsprozesse voll in Gang gekommen sind. Die Grundlage für Sinngebungsprozesse, heißt das, bilden Prozesse der Wahrnehmungsdisziplinierung, verstanden als Prozesse der *Normierung* und *Normalisierung* des Mediengebrauchs.

Wer sich diesen Zusammenhang deutlich macht, für den sollte unmittelbar klar sein, warum sich die kommunikationswissenschaftliche Forschung mit medientechnologischen Imperativen befassen sollte: Eine Wissenschaft, in der es so zentral um die Analyse von Sinnvollem, von Lesbarem und Interpretierbarem geht, selbst dort, wo sich bei näherem Hinsehen herausstellt, dass Sinnvolles bewusst oder unbewusst angeeignet, subversiv entstellt oder umgeformt wird, sollte sich für diese vorgelagerten Bedingungen interessieren, unter deren Einfluss Sinnvolles im Rahmen medienvermittelter Kommunikation überhaupt erst entstehen kann.[96] Sie sollte sich dafür interessieren, weil Disziplinierungsprozesse hinter unserem Rücken ablaufen und daher zum blinden Fleck, also zur unhinterfragten, aber folgenreichen Voraussetzung im Mediengebrauch werden. Jene Nutzungsoptionen, die uns bestimmte Medientechnologien eröffnen, sind gar nicht denkbar ohne jene Disziplinierungsprozesse, die im Hintergrund ablaufen; und deswegen ist es eine wichtige Aufgabe der kommunikationswissenschaftlichen Forschung, diese Disziplinierungsprozesse sichtbar zu machen, um so ein tieferes Verständnis für die Nutzung von Medientechnologien zu entwickeln und zu vermitteln.

Wie wichtig dieser Beobachtungszugang ist, das lässt sich noch einmal an einem sehr frühen Beispiel der Journalismusforschung veranschaulichen. Eines der ersten Nachrichtenmodelle der frühen Journalismusforschung ist das Modell der umgekehrten Pyramide *(inverted pyramide)*, das zuerst in den frühen Anfängen der amerikanischen Journalistenausbildung angewendet wurde und noch heute von Studierenden der Journalistik gelernt werden muss. Das Nachrichtenmodell der umgekehrten Pyramide besagt, dass der wichtigste Teil einer Nachricht (der Lead-Teil) am Anfang der Nachricht steht, während die weniger wichtigen Teile am Ende stehen. Die Wichtigkeit des Berichteten nimmt also gegen Ende der Meldung ab. Dieses Gesetz der Nachrichtenproduktion verdankte sich in den frühen Anfängen des Journalismus (und immerhin bis in die Mitte der 1970er Jahre hinein) nicht zuletzt der Tatsache, dass Zeitungen per Hand mechanisch gesetzt wurden und es einfach leichter war, die bereits gesetzten Nachrichten von hinten wegzukürzen, wenn angesichts neu eintreffender Meldungen zusätzlicher Platz auf einer Zeitungsseite erforderlich wurde. Angesichts neuer computergestützter Technologien der Zeitungsproduktion mutet das eherne Gesetz der umgedrehten Pyramide heute reichlich antiquiert an. Dennoch lässt sich an diesem Beispiel deutlich erkennen, wie Technologie den gesamten Prozess von der Nachrichtenproduktion und -distribution bis hin zur Nachrichtenrezeption und -verarbeitung grundsätzlich beeinflusst. Die aktuelle Fachdiskussion befasst sich nicht umsonst seit Mitte der 1980er Jahre vor allem mit dem Einfluss elektronischer Redaktionssysteme auf den Prozess der Nachrichtenproduktion.[97]

Ebenso wie technologische Imperative als Elemente eines Einschränkungs- *und* eines Ermöglichungszusammenhangs begriffen werden können, eröffnen *und* beschränken auch *ökonomische* Imperative Freiheitsgrade des Journalismus. Dass sich Nachrichten auch auf dem Boulevard verkaufen lassen müssen, kann als bekannt vorausgesetzt werden; dennoch würden die meisten von uns wohl nur zögerlich die Nachrichten einfach nur als eine neben vielen anderen Waren begreifen wollen – und das liegt ganz wesentlich daran, welche historisch gewachsene Funktion wir den Medien im Allgemeinen und dem Journalismus im Besonderen zuschreiben.

Wie kaum ein anderer hat Jürgen Habermas den Beitrag der Medien für die Konstitution der bürgerlichen Öffentlichkeit beschrieben.[98] Kennzeichnend für die bürgerliche Öffentlichkeit im Habermas'schen Sinn ist die formale Freiheit der Subjekte, was deren prinzipiell uneingeschränkte Meinungsfreiheit einschließt, sowie die unmittelbare Chance zur Einflussnahme auf das politische Geschehen. Immer mehr wächst die bürgerliche Öffentlichkeit aus ihren frühen Institutionen, den Kaffeehäusern, den Salons, den Lese- und Tischgesellschaften heraus und wird durch die Presse zusammengehalten (cf. Habermas 1996: 116). Weil von nun an die Presse als die «vorzüglichste Institution» bürgerlicher Öffentlichkeit angesehen werden kann, lässt sich der Strukturwandel der Öffentlichkeit am Wandel der Presse dingfest machen (cf. ebd.: 275). Etwa seit den 30er Jahren des 19. Jahrhunderts kann die voranschreitende Kommerzialisierung und die damit «zwangsläufig» verbundene Entfunktionalisierung der Presse, also in der Terminologie von Habermas: das Eindringen privater Interessen in die Sphäre des räsonierenden Publikums, beobachtet werden.

Diese knappe Skizze soll uns einen Eindruck von einem bis heute in der Fachdiskussion sehr lebendigen Argument verschaffen: Jene ökonomischen Imperative, mit denen sich der Journalismus konfrontiert sieht, *beschränken* dessen publizistische und gesellschaftliche Leistungsfähigkeit. Diese Entgegensetzung von Gemeinwohlorientierung des Journalismus auf der einen Seite, dem Eindringen «privilegierter Privatinteressen» auf der anderen Seite hat in der Fachdiskussion eine gewisse Tradition. Je stärker sich die Kommunikationswissenschaft mit Formen der strategischen Kommunikation wie Public Relations oder Werbung befasst, so lautet die fatale Folgerung dieser Argumentation, desto weiter entfernt sie sich von ihrem genuinen Gegenstandsbereich, der Öffentlichkeit, verstanden als Kommunikation über die aktuelle Umweltrelevanz von Ereignissen (s. zu dieser Position exemplarisch Kohring & Hug 1997: 29).

Dieser im Fach nicht selten vertretenen Meinung halten wir entgegen, dass man sich sehr wohl mit Formen der strategischen Kommunikation befassen kann, ohne die Grenzen des Fachs zu überschreiten (s. dazu Kap. 8). Wir halten dieser Meinung darüber hinaus entgegen, dass man den Journalismus der Gesellschaft sehr wohl als Geschäft betrachten kann, ohne dabei zwingend davon auszugehen, dass ökonomische Imperative seine Leistungsfähigkeit einschränken. Dass immerhin auch das Gegenteil der Fall sein *kann*, haben Siegfried J. Schmidt und Siegfried Weischenberg betont. Die Prinzipien der Objektivität, der Unabhängigkeit und der Ausgewogenheit, verstanden als «strategische Rituale» des Journalismus (s. Tuchman 1972), haben sich nicht zuletzt deswegen ausdifferenziert und allen Unkenrufen zum Trotz bis heute gehalten, weil sie es zum finanziellen Wohle der Nachrichtenproduzenten erlaub(t)en, mit demselben Material viele verschiedene Abnehmer zu bedienen (cf. Schmidt & Weischenberg 1994: 227–229 oder Weischenberg 1995: 162 ff.).

Man sieht hier sehr deutlich, dass ökonomische Imperative journalistischer Qualität nicht zwingend entgegenwirken müssen. Auf der Grundlage einer detaillierten historischen Analyse hatte schon der Zeitungswissenschaftler Otto Groth mit Blick auf das prekäre Verhältnis zwischen Werbung und Journalismus betont, dass jene geschäftliche Selbstempfehlung, die ihre eigene Absicht verschleiert, vor allem dort vorkommt, wo das Anzeigengeschäft nur schwach ausgebildet ist. Die kommerziellen Geschäftsanzeigen und das redaktionelle Angebot, so führt Groth aus, können sich in ihrer Entwicklung gegenseitig behindern, aber auch fördern; Letzteres geschieht vor allem dann, wenn man sich auf eine funktionierende Grenze verlassen kann, die die weitgehende Autonomie beider Bereiche sichert.[99]

Freilich wäre es reichlich blauäugig, die Ökonomie der journalistischen Nachrichtenproduktion ausschließlich als Ermöglichungszusammenhang zu begreifen. Immerhin setzten viele Strategien der Public Relations und der Werbung genau an dieser Stelle an und nutzen ökonomische Imperative aus, um auf Kosten einer unabhängigen Berichterstattung Aufmerksamkeit zu erzielen, Positionen zu besetzen und damit privilegierten – d. h. in aller Regel: zahlungsfähigen – Privatinteressen zum Durchbruch zu verhelfen.

Der Public Relations gelingt das Agenda Building, für das sie von Dritten beauftragt und entsprechend entlohnt wird, natürlich vor allem in solchen Redaktionen, die nicht zuletzt aus finanziellen Gründen chronisch unterbesetzt sind. Hier greifen Journalisten aus durchaus nachvollziehbaren Gründen eher als in besser ausgestatteten Redaktionen auf jene vorformulierten Pressetexte zurück, mit denen sie in schöner Regelmäßigkeit von PR-Agenturen versorgt werden.

Ein Journalismus, der sich ausschließlich am Markterfolg, am «göttlichen Gericht der Einschaltquote» (Bourdieu) orientiert, berichtet über das, worüber mit maximalem Markterfolg und ohne größeren Rechercheaufwand berichtet werden kann: nämlich über Klatsch und Katastrophen.

Es ist wenig überraschend, dass sich vor allem jene Medien wie das privat-kommerzielle Fernsehen, die sich ausschließlich über ihre Werbeeinnahmen finanzieren, als besonders kooperativ erweisen, wenn es um die Kopplung redaktioneller und werblicher Programmbestandteile geht. Hier werden potenziellen Werbekunden zuweilen recht unverhohlen unterschiedliche «Mischungsverhältnisse» zwischen werblichen und redaktionellen Programmbestandteilen angeboten. Ob Promostory oder Infomercial, ob Movesplit oder Framesplit: Überall werden redaktionelle und werbliche Programmbestandteile inhaltlich und/oder graphisch miteinander verwoben, und zwar deswegen, weil sich die Werbetreibenden versprechen, in der engen Kopplung an die redaktionellen Beiträge von deren Glaubwürdigkeit zu profitieren.

7.4 Journalismus und Medienaussagen

Ein großer Teil der kommunikationswissenschaftlichen Forschung befasst sich mit der Frage, was in den Medien zum Thema werden kann bzw. was nicht (s. Kap. 4). Dieser Forschungsbereich ist vor allem deswegen so wichtig, weil hier gewissermaßen die notwendige Grundlage gelegt wird für die kommunikationswissenschaftliche Rezeptions- und Wirkungsforschung. Dem Aussagenzusammenhang wird daher in der Journalistik und daher auch an dieser Stelle eine vergleichsweise große Beachtung geschenkt.

Im Rahmen der Journalistik lautet mit Blick auf Medienaussagen die zentrale Frage zunächst: «Was wird warum zur Nachricht?» Der Kommunikationswissenschaftler Winfried Schulz (1989) hat im Rahmen eines Forschungsüberblicks zwei Standpunkte herausgearbeitet, die entgegengesetzte Antworten auf diese Frage geben. Die eine Position bezeichnet er als die «ptolemäische», die andere als die «kopernikanische» Auffassung. Wie im Mittelalter durch das kopernikanische (heliozentrische = sonnenorientierte) Weltbild das bis dahin geltende ptolemäische (geozentrische = erdorientierte) Weltbild radikal infrage gestellt wurde, hat in der neueren kommunikationswissenschaftlichen Forschung die Auffassung, dass die Medien nicht über Ereignisse *berichten*, sondern diese eigentlich erst *schaffen*, einen radikalen Perspektivenwechsel eingeleitet. Freilich ist dieser mit weitreichenden Konsequenzen verbunden; denn aus beiden Positionen resultiert jeweils eine vollkommen andere Beurteilung der Tatsache, dass die Realität der Massenmedien das Ergebnis einer Vielzahl selektiver Entscheidungen, Bewertungen und Interpretationen ist. Vertritt man die Auffassung, die Medien fungierten als neutrale Mittler, deren Aufgabe es ist, die Realität möglichst genau widerzuspiegeln, dann müssen sich Medienangebote an Kriterien der Wahrheit und der Objektivität messen lassen. Medienangebote lassen sich dann als gut (weil wahr) bzw. als schlecht (weil unwahr) beurteilen. Abweichungen zwischen dem, was wirklich geschehen ist, und dem, worüber berichtet wird, erscheinen dann als Verzerrungen, Einseitigkeiten und in der Summe als Mangel an Objektivität. Im Rahmen der kopernikanischen Auffassung sind dies jedoch unvermeidliche Begleiterscheinungen jeder Medienberichterstattung. Die offensichtlichen Übereinstimmungen der *Topnachrichten* in Zeitungen, Zeitschriften, Fernsehen und Hörfunk sagen im Lichte dieser Auffassung – wie oben bereits erwähnt – daher mehr über die Arbeitsweise der Medien aus als über «die Wirklichkeit».

Seit ungefähr 50 Jahren beschäftigen sich Forscher unterschiedlicher theoretischer und methodischer Ausrichtung mit Prozessen der Nachrichtenselektion. Dabei lassen sich die bisherigen Ergebnisse im Wesentlichen drei verschiedenen Forschungstraditionen zuordnen, die wir im Folgenden kurz darstellen. Da sich die drei Ansätze jeweils mit unterschiedlichen Einflussfaktoren im Prozess der Nachrichtenselektion beschäftigen, stehen sie in keinem gegensätzlichen, sondern in einem ergänzenden Verhältnis zueinander. Während die beiden ersten hier vorgestellten Ansätze, die *Gatekeeper-Forschung* und die *News-Bias-Forschung*, eher an journalistischen Akteuren und deren Entscheidungen orientiert sind, konzentriert sich der dritte Ansatz, die *Nachrichtenwertforschung*, auf die Frage, welche Eigenschaften Ereignisse auszeichnen, die mit hoher Wahrscheinlichkeit zu Nachrichten gemacht bzw. als Nachrichten publiziert werden.

7.4.1 Wer wählt aus? – Die Gatekeeper-Forschung

Gegen Anfang der 1940er Jahre beobachtete der amerikanische Sozialpsychologe Kurt Lewin, dass es in nahezu allen gesellschaftlichen Institutionen bestimmte strategisch wichtige Pforten, Schleusen oder Schaltstellen gibt, an denen einzelne Entscheidungsträger *(gatekeeper, Schleusenwärter)* Schlüsselpositionen besetzen. Lewin untersuchte diesen Zusammenhang anhand des Einflusses der Hausfrauen auf den Prozess der Nahrungsbeschaffung.

Der amerikanische Journalistikwissenschaftler David Manning White (1950) übertrug als Erster Lewins Ansatz der Gatekeeper-Forschung auf den Prozess der Nachrichtenselektion. Dazu untersuchte er das Auswahlverhalten eines Tageszeitungsredakteurs in einer amerikanischen Kleinstadt, den er «Mr. Gates» nannte – ohne wissen zu können, dass ein anderer Mr. (Bill) Gates Jahre später in einem viel umfassenderen Sinn zum gesellschaftlichen Schleusenwärter aufsteigen sollte.

Die Aufgabe von «Mr. Gates» bestand darin, die über Fernschreiber in die Redaktion hereinkommenden Agenturmeldungen (Associated Press, United Press und International News Service) auszuwählen, zu bearbeiten und weiterzuleiten. White verglich eine Woche lang die Meldungen, die «Mr. Gates» ausgewählt und weitergeleitet hatte, mit denjenigen Meldungen, die er aussortiert und nicht weitergeleitet hatte (Input-Output-Analyse). Darüber hinaus bat er ihn, nach Redaktionsschluss die nicht weitergeleiteten Agenturmeldungen durchzusehen und dabei die Gründe für seine Entscheidung anzugeben (sog. Copy-Test). Mit einer abschließenden Befragung zum Selbstverständnis des Redakteurs ergänzte White die Ergebnisse seiner Untersuchung. Auf diese Weise identifizierte White eine Reihe subjektiver Einstellungen und Prädispositionen, auf die er die Auswahlentscheidungen des «Mr. Gates» zurückführte: «Through studying his overt reasons for rejecting news stories from the press associations we see how highly subjective, how based on the gate keepers's own set of experiences, attitudes and expectations the communication of 'news' really is» (White 1950: 390).

Whites Input-Output-Analyse ergab, dass «Mr. Gates», gemessen an den hereinkommenden Agenturmeldungen, vor allem nationale und internationale politische Berichte ebenso wie nationale Meldungen zu Landwirtschaft, Ökonomie, Erziehung und Wissenschaft verhältnismäßig stark berücksichtigte. Human-Interest-Themen und Kriminalitätsmeldungen hingegen vernachlässigte er deutlich.

Aufgrund der Ergebnisse des Copy-Tests unterschied White zwischen zwei Gründen für diese Veröffentlichungsentscheidungen. Zum einen zeigte sich, dass bestimmte Meldungen nicht veröffentlicht wurden, weil sie «Mr. Gates» auf der Basis *individueller* Entscheidungskriterien als nicht interessant, als zu schlecht geschrieben oder gar als propagandistisch eingestuft hatte. Zum anderen hatte «Mr. Gates» seine Veröffentlichungsentscheidung auf der Basis *formaler* Kriterien getroffen, etwa mit Blick auf die Länge der Agenturmeldungen oder den Zeitpunkt ihrer Übermittlung in die Redaktion.

Kritik erfuhr Whites Ansatz der Gatekeeper-Forschung immer wieder, weil er in besonders starker Weise die individuellen Selektionskriterien von Journalisten betonte und institutionelle sowie technische Determinanten der Nachrichtenselektion vernachlässigte. Nachfolgende Untersuchungen befassten sich daher stärker mit den strukturellen Einflüssen auf den Prozess der Nachrichtenselektion und wandten sich dabei Themen wie Macht und Herrschaft, Bürokratie und beruflicher Sozialisation im Journalismus zu (cf. Scholl & Weischenberg 1998: 40f.). Einzelne Gatekeeper entscheiden nach diesen Studien nicht völlig frei darüber, welche Nachrichten veröffentlicht werden und welche nicht, sondern sie sind in ein enges Netz routinemäßiger Auswahl- und Bearbeitungsprozesse eingebunden, die redaktionelle Entscheidungen maßgeblich beeinflussen. Eine solche Sichtweise legt es dann nahe, redaktionelle Abläufe *systemtheoretisch* zu beschreiben, wie dies in der deutschsprachigen Kommunikationswissenschaft erstmals Manfred Rühl (1969) getan hat.

7.4.2 Politische Tendenzen in der Medienberichterstattung – die News-Bias-Forschung

Die gesellschaftliche Funktion des Journalismus wird in der öffentlichen Diskussion immer wieder an zwei Idealvorstellungen gemessen. (1) Nachrichten spiegeln die Realität wider. Die Naturkatastrophen, Parteitage und Politikerrücktritte, über die die Medien berichten, haben sich tatsächlich so ereignet und sind keine Erfindungen findiger Journalisten. (2) Weil Journalisten «objektiv» über das aktuelle Zeitgeschehen berichten, fungieren sie gewissermaßen als vierte Gewalt im Staat. Sie kontrollieren die Mächtigen, indem sie ihr Handeln transparent machen, sie erinnern in regelmäßigen Abständen an gemachte (und gegebenenfalls nicht eingelöste) Versprechen und schaffen so eine wichtige Grundlage für die politische Meinungsbildung. Zweifelsfrei befindet man sich mit diesen beiden Annahmen im Zentrum der ptolemäischen Auffassung. Weil wir journalistische Qualität an diesen Leitwerten messen, gerät der Journalismus immer wieder unter Motivverdacht, weil wir implizit davon ausgehen, dass es im Journalismus eben keine anderen Motive gibt (weil geben darf) als das eine: objektiv zu berichten.

Auch wenn wir bei der Beurteilung unseres eigenen Handelns kaum einen Fall ausmachen können, in dem wir einen Sachverhalt völlig objektiv eingeschätzt haben, legen wir doch bei der Beurteilung journalistischer Medienangebote diesen Maßstab an und übernehmen damit, ohne es zu merken, ein normatives Konzept, das lange Zeit eine entscheidende Entwicklungsbedingung des modernen Journalismus dargestellt hat.[100] Wie die amerikanische Soziologin Gaye Tuchman Anfang der 1970er Jahre betont hat, stellt «Objektivität» dabei jedoch lediglich eine Routine dar, ein «strategisches Ritual», das den Journalisten eine sichere Grundlage sowie eine moralische Rechtfertigung für ihre tägliche Arbeit verschaffen soll. Objektivität bedeute in der journalistischen Praxis nichts anderes als die kontinuierliche Wiederholung von fünf Arbeitsroutinen:

- die Präsentation widerstreitender Ansichten zu einem Thema,
- die Präsentation von Fakten zur Stützung von Aussagen,
- der gezielte Einsatz von Anführungszeichen als Authentizitätsbeweis für Aussagen,
- die Strukturierung des Informationsangebots in einer bestimmten Anordnung (etwa: das Wichtigste zuerst),
- die Trennung von Nachricht und Meinung.

Jede Nachrichtengeschichte, so lautet eine Kernaussage der News-Bias-Forschung, wird durch die Einstellungen und durch den persönlichen sowie professionellen Hintergrund ihres Verfassers beeinflusst. In den meisten Fällen handelt es sich dabei nicht um einen bewussten oder sogar absichtlichen Einfluss, sondern dies geschieht sowohl für den Verfasser als auch für den Rezipienten einer Nachricht oft gewissermaßen unterhalb der Wahrnehmungsschwelle. Empirisch festgemacht wird dieser politische *bias* dann etwa an den folgenden Indikatoren:

- *Auslassungen und Verkürzungen:* Die politische Neigung eines Nachrichtenmediums kann sich in der Auswahl der Ereignisaspekte niederschlagen, über die berichtet wird. Bestimmte Aspekte des Ereignisflusses, etwa einer Pressekonferenz, können ausgeblendet, andere betont werden. Aufschluss über die politische Neigung eines Journalisten oder eines Nachrichtenmediums erhofft man sich dann von dem Vergleich vieler verschiedener Berichte über das gleiche Ereignis.

- *Platzierung und Umfang:* Klassische Indikatoren für die Bedeutung, die einem Ereignis zugeschrieben wird, sind die Länge eines Berichts sowie dessen Platzierung innerhalb eines Nachrichtenmediums. Reaktorunfälle rangieren verständlicherweise in allen Medien an erster Stelle, also auf der ersten Seite einer Zeitung, als erste Meldung einer Nachrichtensendung usw. Einen ausführlichen Bericht über Kinderarbeit in der Dritten Welt wird man allerdings eher in der *Tageszeitung* (TAZ) als in der *Frankfurter Allgemeinen Zeitung* (FAZ) auf der ersten Seite finden. Auch innerhalb einer Nachrichtenmeldung lassen sich Gewichtungsindikatoren beobachten. In Zeitungen werden insbesondere die Schlagzeilen gelesen. Sie fallen nicht nur sofort ins Auge, sondern lassen oftmals schon Zustimmung oder Ablehnung in Bezug auf den berichteten Zusammenhang erkennen. Auch hier erhofft man sich durch den *Vergleich* verschiedener Schlagzeilen, die sich auf das gleiche Ereignis beziehen, einen Aufschluss über die politische Einstellung der Berichterstattung.
- *Bild- und Wortwahl:* Fotografische Abbildungen können einer Person schmeicheln, sie können sie aber auch der Lächerlichkeit preisgeben. Ob eine Person auf einem Foto eher schwach oder eher dominant wirkt, lässt sich etwa durch den Aufnahmewinkel (Vogelperspektive, Froschperspektive) beeinflussen. Ob eine Person amüsiert oder besorgt, konzentriert oder unkonzentriert erscheint, ist für den Fotografen oftmals nur eine Frage von Sekundenbruchteilen. Den Redaktionen liegt vom offiziellen Pressefoto bis hin zum kompromittierenden Schnappschuss oftmals eine Fülle von Bildmaterial vor – welche Auswahl dann im konkreten Fall getroffen wird, so lautet die Annahme, spiegelt die Einstellungen der verantwortlichen Redakteure und Redaktionen ebenso deutlich wider wie bestimmte negativ oder positiv besetzte sprachliche Formulierungen.

Es ist das Ziel der News-Bias-Forschung, solche und ähnliche Unausgewogenheiten, politische Tendenzen, das heißt Abweichungen vom Ideal der objektiven Berichterstattung, zu messen sowie Aufschluss über die Ursachen dieser Abweichungen zu erlangen. In den meisten Fällen werden daher Inhaltsanalysen der Berichterstattung durchgeführt, die dann – dies jedoch seltener – in Beziehung zu den Ergebnissen von Journalistenbefragungen gesetzt werden. Unausgewogenheit wird in diesen Studien definiert als die im Zeitverlauf beobachtbare systematische Andersbehandlung eines Kandidaten, einer Partei oder einer politischen Position in der Berichterstattung der Medien.

Im Wesentlichen befasst sich die News-Bias-Forschung mit der Berichterstattung über Wahlen und politische Auseinandersetzungen. Häufig wird dabei den Medien der Vorwurf gemacht, sie benachteiligten konservative (rechte) gegenüber sozialdemokratischen (linken) Politikern. Dahinter steht nicht selten die in der Kommunikationswissenschaft umstrittene Annahme, die Berufsgruppe der Journalisten rekrutiere sich vor allem aus der politisch links orientierten Mittelschicht und bilde eine intellektuelle Elite mit einem negativen Publikumsbild. Diese Annahme ist für die Tradition der News-Bias-Forschung insofern wichtig, weil sie in einem nächsten Schritt die Schlussfolgerung nahelegt, Journalisten befänden sich auf einer Art «politischer Mission» mit dem Ziel, das «falsche» politische Bewusstsein der Rezipienten durch bestimmte journalistische Selektionsentscheidungen zu korrigieren. Problematisch ist dieser Erklärungsversuch nicht nur wegen des fragwürdigen Journalistenbildes, das ihm zugrunde liegt, sondern auch deswegen, weil in der Regel ungeklärt bleibt, in welchem Verhältnis die individuellen Charakteristika von Journalisten und die Eigenrationalität des Systems Journalismus zueinander stehen (cf. Weischenberg 1989).

7.4.3 Was wird zur Nachricht? – Die Nachrichtenwertforschung

Eine weitere wichtige Tradition zur Nachrichtenselektion der Massenmedien ist die so genannte Nachrichtenwertforschung. Im Rahmen dieser Forschungstradition geht es um die Frage, warum über bestimmte Ereignisse berichtet wird und über andere nicht: *«how do 'events' become 'news'?»* (Galtung & Ruge 1965: 65).

Als Begründer dieser Forschungstradition wird immer wieder Walter Lippmann genannt, der in seinem bis heute vieldiskutierten Buch *Public Opinion* (1990 [zuerst 1922]) die erkenntnistheoretisch interessante These aufgestellt hatte, dass wir unsere Umwelt viel häufiger mit Hilfe von Fiktionen (Stereotypen) beschreiben als in der Form sicheren Wissens. Stereotype, so Lippmann, seien notwendige Hilfskonstruktionen, mit deren Hilfe sowohl Individuen als auch die Nachrichtenmedien die hochkomplexe Umwelt vorstrukturieren. Damit steht bereits in dieser frühen Arbeit Lippmanns nicht die Frage nach den «Eigenschaften» von Ereignissen im Zentrum der Nachrichtenwertforschung, sondern die Frage nach den individuellen bzw. institutionellen «Wirklichkeitsfiktionen», mit deren Hilfe Ereignisse überhaupt erst *wahrnehmbar* werden.

Als Begründer der europäischen Tradition der Nachrichtenwertforschung gilt der norwegische Friedensforscher Einar Östgaard (1965), der die Nachrichtenfaktoren als Determinanten des internationalen Nachrichtenflusses begriff. Ohne auf die Überlegungen Lippmanns explizit einzugehen, unterschied Östgaard auf der Grundlage einer Reihe empirischer Studien im Wesentlichen zwischen drei Faktorkomplexen, die über den Nachrichtenwert eines Ereignisses entscheiden: *Vereinfachung, Identifikation* und *Sensationalismus*. Östgaards These lautete: Je ausgeprägter diese Nachrichtenfaktoren auf ein Ereignis zutreffen, desto publikationswürdiger sind Berichte über dieses Ereignis, desto größer ist sein Nachrichtenwert.

– Mit dem Begriff der Vereinfachung bezeichnet Östgaard die Beobachtung, dass die Medien einfache Nachrichten gegenüber komplexer strukturierten Nachrichten bevorzugen. Werden komplexe Themen dennoch Gegenstand der Berichterstattung, müssen sie in möglichst verständlicher und damit vereinfachter Weise dargestellt werden.

– Mit dem Faktorkomplex der Identifikation bringt Östgaard zum Ausdruck, dass Nachrichten, sollen sie ihr Publikum erreichen, nicht nur verständlich, sondern darüber hinaus auch relevant für das Publikum sein müssen. Kulturell naheliegende Themen, so Östgaard, erhalten daher gegenüber kulturell entfernteren Themen den Vorzug und dominieren in der Nachrichtenberichterstattung.

– Mit dem Faktorkomplex Sensationalismus beschreibt Östgaard seine Beobachtung, dass die Nachrichtenmedien die Aufmerksamkeit ihres Publikums vor allem durch Berichte über dramatische und emotional aufgeladene Ereignisse zu gewinnen versuchen. Aus diesem Grund dominieren Nachrichten über Krisen, Konflikte und Auseinandersetzungen in der Berichterstattung der Medien.

Ausgehend von diesen Überlegungen, formulierte Östgaard drei Hypothesen, in denen er herausarbeitete, welche Folgen die journalistische Orientierung an den beschriebenen Nachrichtenfaktoren auf unsere Wahrnehmung der Welt hat: Die Bedeutung der Handlungen politischer Führer von Elitenationen werden in den Massenmedien vergleichsweise stark betont. Die Berichterstattung der Medien untermauert dadurch, so Östgaard, den politischen Status quo. Die Welt wird konflikthaltiger dargestellt, als sie in Wirklichkeit ist. Die Medien erwecken darüber hinaus den Eindruck, dass Gewalt ein effektives Mittel der Konfliktlösung ist. Schließlich tendieren die Massenmedien zur Teilung der Welt in Staaten mit hohem und niedrigem Status. Auch hierdurch erhalten sie, so folgerte Östgaard, den (welt)politischen Status quo.

An Östgaards Ansatz der Nachrichtenwertforschung ist immer wieder kritisiert worden, dass sich seine Nachrichtenfaktoren auf logisch unterschiedliche Dimensionen beziehen, die nicht genau genug voneinander abgegrenzt werden. Einige seiner Faktoren, so lautet die Kritik, beziehen sich auf Eigenschaften der Ereignisse, andere auf Eigenschaften der Berichterstattung (wie der Faktorkomplex der Vereinfachung). Eine dritte Gruppe beziehe sich schließlich weder auf journalistische Darstellungsstrategien noch auf Ereigniseigenschaften, sondern auf räumliche, zeitliche und kulturelle Relationen (cf. Staab 1990: 58 f.). Damit bleibt bei Östgaard die Frage unbeantwortet, die bereits Lippmann deutlich formuliert hatte: Werden Nachrichtenfaktoren von Journalisten aktiv zugeschrieben, oder beschreiben sie Eigenschaften von Ereignissen, auf die Journalisten lediglich passiv durch entsprechende Publikationsentscheidungen reagieren?

Zur gleichen Zeit wie Einar Östgaard entwickelten Johan Galtung und Mari Holmboe Ruge (1965) – ebenfalls zwei norwegische Friedensforscher – ihr Konzept der Nachrichtenwertforschung. Wie Östgaard konzentrierten sich diese beiden Forscher auf die Auslandsberichterstattung der Nachrichtenmedien. Dabei unterschieden sie insgesamt zwischen acht kulturabhängigen und vier kulturunabhängigen Nachrichtenfaktoren.

1. Frequenz	«By the ‹frequency› of an event we refer to the time-span needed for the event to unfold itself and to acquire meaning. [...] *the more similar the frequency of the event is to the frequency of the news medium, the more probable that it will be recorded as news by that news medium.*» (S. 66)	
2. Aufmerksam-keitsschwelle	«there is a threshold the event will have to pass before it will be recorded at all.» (Ebd.)	
3. Eindeutigkeit	«the less ambiguity the more the event will be noticed.» (Ebd.)	
4. Bedeutsamkeit	«the event-scanner will pay particular attention to the familiar, to the culturally similar, and the culturally distant will be passed by more easily and not be noticed.» (S. 67)	*kultur-unabhängig*
5. Konsonanz	«In the sense mentioned here ‹news› are actually ‹olds›, because they correspond to what one expects to happen – and if they are too far away from the expectation they will not be registered, according to this hypothesis of consonance.» (Ebd.)	
6. Überraschung	«It is the unexpected *within the meaningful and the consonant* that is brought to one's attention.» (Ebd.)	
7. Kontinuität	«once something has hit the headlines and been defined as ‹news›, then it will *continue* to be defined as news for some time even if the amplitude is drastically reduced.» (Ebd.)	
8. Variation	«if there are [for example; d. V.] already many foreign news items the threshold value for a new item will be increased.» (Ebd.)	
9. Bezug auf Elite-nationen	*The more the event concerns elite nations, the more pro-bable that it will become a news item.* (S. 68)	
10. Bezug auf Elite-personen	*The more the event concerns elite people, the more pro-bable that it will become a news item.* (Ebd.)	*kultur-abhängig*
11. Personalisierung	*The more the event can be seen in personal terms, as due to the action of specific individuals, the more pro-bable that it will become a news item.* (Ebd.)	
12. Negativität	*The more negative the event in its consequences, the more probable that it will become a news item.* (Ebd.)	

Abb. 20: Nachrichtenfaktoren nach Galtung & Ruge 1965: 66 ff.

Auch Galtung und Ruge sahen in der journalistischen Orientierung an Nachrichtenfaktoren eine der wesentlichen Determinanten des internationalen Nachrichtenflusses. Wenn auch der Ansatz von Galtung und Ruge mit der gleichen Kritik wie Östgaards Ansatz zur Nachrichtenwertforschung konfrontiert wurde, so weist er über diesen insofern hinaus, als hier versucht wurde, das Zusammenwirken der einzelnen Nachrichtenfaktoren im gesamten Prozess der Nachrichtenselektion näher zu bestimmen. In fünf Hypothesen konkretisierten Galtung und Ruge die Ergebnisse ihrer theoretischen Überlegungen:

1. *Selektionshypothese:* Je stärker die Nachrichtenfaktoren auf ein Ereignis zutreffen, desto wahrscheinlicher ist es, dass darüber berichtet wird.

2. *Verzerrungshypothese:* Die Merkmale, die den Nachrichtenwert eines Ereignisses bestimmen, werden in der Berichterstattung akzentuiert. Dies hat zur Folge, dass das Bild, das die Nachrichtenmedien von den berichteten Ereignissen vermitteln, in Richtung auf Nachrichtenfaktoren verzerrt ist.

3. *Wiederholungshypothese:* Weil Prozesse der Selektivität und der Verzerrung auf allen Stufen der Nachrichtenproduktion ablaufen, verstärken sich die Verzerrungseffekte, je mehr Selektionsstufen im Prozess der Nachrichtenproduktion überwunden werden müssen. Gerade im Rahmen der Auslandsberichterstattung müssen lange Selektionsketten überwunden werden, was zur Folge hat, dass Auslandsmeldungen stärker in Richtung auf die Nachrichtenfaktoren verzerrt sind als Inlandsmeldungen.

4. *Additivitätshypothese:* Je mehr Nachrichtenfaktoren auf ein Ereignis zutreffen, desto wahrscheinlicher ist es, dass über dieses Ereignisse berichtet wird.

5. *Komplementaritätshypothese:* Die Nachrichtenfaktoren verhalten sich komplementär zueinander, das Fehlen eines Faktors kann also durch einen anderen Faktor ausgeglichen werden.

Eine wesentliche methodische Kritik der Nachrichtenwertforschung wurde von dem schwedischen Soziologen Karl Eric Rosengren (1970) formuliert. Aussagen über journalistische Selektionskriterien, so Rosengren, können nur dann getroffen werden, wenn man der Realität der Berichterstattung die gesellschaftliche Realität gegenüberstellt. Rosengren forderte daher einen Vergleich der Medienberichterstattung (= Intra-Media-Daten) mit amtlichen Quellen und Statistiken bzw. Archiven, die zuverlässige Auskunft über das «tatsächliche» Geschehen geben könnten (= Extra-Media-Daten).

Ein Vergleich zwischen der Realität dessen, was wirklich geschehen ist, und der Medienrealität, zwischen Fakten und Fiktionen, so stellte jedoch der Kommunikationswissenschaftler Winfried Schulz (1976) kritisch fest, muss prinzipiell scheitern. Was wirklich geschehen ist, kann mit den Mitteln der Wissenschaft ebenso wenig geklärt werden wie mit Mitteln des Journalismus und bleibt daher eine metaphysische Frage. Jede Beobachtung verfügt nun einmal über ihren spezifischen «blinden Fleck», das heißt: Die Voraussetzungen einer jeden Umweltbeobachtung bleiben im Moment der Beobachtung unsichtbar. Schulz verzichtet daher auch auf einen Vergleich von Intra-Media-Daten und Extra-Media-Daten, weil dies nur auf einen Scheinbeweis hinauslaufen würde. Nachrichtenfaktoren, so folgerte Schulz ähnlich wie bereits Lippmann, beschreiben keine objektiven Eigenschaften der Realität, sondern sind journalistische Hypothesen über die Realität – sie sind «operative Fiktionen» (sensu Schmidt 2000).

7.5 Journalismus und Medienakteure

Eine der wichtigsten Errungenschaften der kommunikationswissenschaftlichen Forschung der vergangenen Jahrzehnte stellt die «Entthronung der publizistischen Persönlichkeit» (Lünenborg 2001: 134) dar, zu der die empirisch-analytische Journalismusforschung einen wesentlichen Beitrag geleistet hat. Es ist vor diesem Hintergrund nicht unmittelbar einleuchtend, warum ausgerechnet einer der führenden Vertreter der empirisch-analytischen Journalismusforschung, Siegfried Weischenberg, in der Beschäftigung mit Medienakteuren einen der vier wichtigsten Forschungsbereiche der Journalistik sieht. Um dies zu verstehen, ist es hilfreich, wenn wir uns die zugrunde liegenden Begriffe samt den dahinterstehenden Theorien ein wenig genauer anschauen.

Vom so genannten Rollenkontext ist hier immer wieder die Rede, und bei genauerem Hinsehen ist damit bereits eine ganze Menge gesagt. Es wurde ja schon an anderer Stelle darauf hingewiesen, dass journalistische Medienangebote, wie übrigens nahezu alle Angebote im Programm der Medien, auf der Grundlage professionellen Rollenhandelns produziert, verbreitet und verarbeitet werden (s. etwa Weischenberg 1992 oder Blöbaum 1994, 2000).

Nachrichtensprecher, Chefredakteure, Reporter, Drucker oder Redaktionsassistenten, heißt das, übernehmen mehr oder weniger klar definierte Berufs-*Rollen*. Was ist nun aber das Besondere daran, wenn hier von «Rollen» die Rede ist? Was versteht man eigentlich unter einer sozialen Rolle im Allgemeinen und was unter einer Berufsrolle im Besonderen?

Mit dem Rollenbegriff wird zunächst einmal grundsätzlich eine Differenz aufgemacht, und zwar die Differenz zwischen dem Individuum auf der einen und gesellschaftlichen Ordnungen auf der anderen Seite. Eine spezifische Rolle kann von verschiedenen Individuen «gespielt» werden. Niklas Luhmann hat festgestellt, dass das Individuum in modernen funktional differenzierten Gesellschaften zwar von der bindenden Kraft des Standes und der Herkunft befreit, dadurch aber in gewisser Hinsicht «sozial ortlos» (Luhmann 1998 [1982]: 16) geworden ist, weil es nur noch unter je spezifischen Bedingungen in je spezifische Systemzusammenhänge integriert wird. Unter welchen Bedingungen nun Individuen in gesellschaftliche (System-)Zusammenhänge integriert werden, das regeln soziale Rollen. Freilich lassen sich hier ganz unterschiedliche Integrationsszenarien voneinander trennen. Die soziale Männerrolle und die soziale Frauenrolle erheben einen ganz anderen Geltungsanspruch als situationsgebundene Rollen wie etwa die des Fahrgastes in öffentlichen Verkehrsmitteln. Soziale Rollen sind in aller Regel mit normativen Erwartungen verbunden. Männer tragen daher in aller Regel keine Röcke, und die Fahrgäste in der U-Bahn kontrollieren in aller Regel eben nicht die Fahrscheine ihrer Mitreisenden. Halten wir noch einmal fest:

– Rollen unterscheiden sich hinsichtlich ihrer «Reichweite». Sie umfassen, wie etwa die Geschlechtsrolle, das Leben eines Menschen von der Wiege bis zur Bahre, oder sie sind nur situationsgebunden wie die Rolle des Fahrgastes in öffentlichen Verkehrsmitteln. Berufsrollen liegen zwischen diesen beiden Polen; wie alle anderen Rollen auch müssen sie jedoch im Zuge langer Sozialisationsprozesse erlernt werden.

- Soziale Rollen bündeln eine Reihe von expliziten und impliziten Erwartungen und Normen, die an denjenigen gerichtet werden, der die entsprechende Rolle übernimmt. Das gilt im vollen Umfang auch für Berufsrollen.
- Soziale Rollen können prinzipiell von verschiedenen Individuen übernommen werden. Zwar können sie sich wie Individuen weiterentwickeln und verändern, in aller Regel «überleben» Rollen jedoch jene Individuen, die sie vorübergehend übernommen haben. Genau dies ermöglicht Kontinuität selbst dort, wo das «Personal», aus welchen Gründen auch immer, wechselt: Der König ist tot, es lebe der König!

Es sollte nun ein wenig deutlicher geworden sein, warum der Rollenbegriff aus Sicht der empirisch-analytischen Journalismusforschung so wichtig ist. Die soziale Rolle wird zwar von Individuen ausgefüllt, ist diesen in ihrer gesellschaftlichen Bedeutsamkeit aber institutionell vorgelagert. Deswegen hilft der Rollenbegriff, den ausschließlich auf das Individuum bezogenen Begriff der publizistischen *Persönlichkeit* zu relativieren. Empirisch zugänglich bleibt der abstrakte Rollenbegriff freilich nur durch die Befragung und Beobachtung konkreter Aktanten. Und ebendies hat Siegfried Weischenberg in Zusammenarbeit mit Armin Scholl und zuletzt (2006) mit Maja Malik in zwei aufschlussreichen Untersuchungen zum Journalismus in Deutschland seit Anfang der 1990er Jahre getan. Diese derzeit aktuellste Studie basiert auf Daten des Jahres 2005. Die entsprechende Vergleichsstudie zur Lage des Journalismus in Deutschland wurde von Weischenberg und Scholl im Jahr 1998 veröffentlicht und basierte auf Daten des Jahres 1993.

Wenn man die Entwicklungen des Zeitraums zusammenfassend betrachtet, der zwischen den beiden Untersuchungen von 1993 und 2005 liegt, besteht eine der auffälligsten Veränderungen in dem deutlichen Rückgang der Beschäftigtenzahlen. Ließen sich 1993 noch rund 54000 in Deutschland hauptberuflich tätige Journalisten und Journalistinnen ermitteln, waren dies im Jahr 2005 nur noch rund 48000 (cf. Weischenberg, Scholl & Malik 2006: 36 f.). Paradoxerweise sind im gleichen

Zeitraum die Mitgliedszahlen bei den beiden wichtigsten Journalisten-Organisationen, Deutscher Journalisten-Verband (DJV) und Deutsche Journalistinnen- und Journalisten-Union (dju), nahezu explosionsartig angestiegen – bei der dju von knapp 17 500 auf rund 22 000 Mitglieder und beim DJV von rund 25 500 auf sage und schreibe 42 000 Mitglieder (cf. ebd.: 58). Zwar können in Deutschland immer weniger Journalisten hauptberuflich von ihrer Arbeit leben, so folgern die Autoren der Studie, «‹irgendwie›» (ebd.) sind jedoch immer mehr Menschen journalistisch tätig. Diese Situation ist brisant, so folgern die Autoren weiter, weil sie die Gefahr einer schleichenden Deprofessionalisierung des Journalismus birgt.

Was als professionelles journalistisches Rollenhandeln gilt, das wird den neuen Mitgliedern journalistischer Redaktionen vor allem durch die routinierten Kollegen und Kolleginnen vermittelt: «Neue Redakteure werden auf diese Weise von Beginn an ‹auf die redaktionelle Linie gebracht›. Schon das Wissen um die Kontrolle durch die Vorgesetzten bewirkt zugleich eine Selbstkontrolle auf unterster Ebene, also insbesondere bei Volontären und redaktionellen Neulingen. Dieses unterschwellige Lernen der ‹Hausordnung› hilft auch, offene Auseinandersetzungen und redaktionelle Richtungsentscheidungen zu vermeiden. Die Kollegen werden dadurch zum wichtigsten Bezugspunkt der journalistischen Arbeit – wichtiger als das Publikum» (ebd.: 85; s. zur innerbetrieblichen Sozialisation von Journalisten auch Weischenberg 1995: 489 ff. sowie bereits Breed 1973 [1955]: 361 ff.).

Berufliche Sozialisationsprozesse dieser Art betreffen freilich nicht nur das Erlernen journalistischer Routinen und Qualitätsstandards, sondern festigen auch das Rollenbild und das berufliche Selbstverständnis von Journalisten. Nach ihren Kommunikationszielen und -absichten gefragt, beschreiben sich die meisten Journalisten in Deutschland als Vermittler, die möglichst neutral, objektiv und präzise über aktuelle Ereignisse informieren (cf. ebd.: 102). Es ist freilich nicht ganz unumstritten, inwieweit sich das berufliche Selbstverständnis von Journalisten auf der Grundlage einer Befragung, so wie sie Weischenberg, Scholl und Malik durchgeführt haben, tatsächlich ermitteln lässt. Nur allzu schnell drängen sich eben auch hier den befragten Journalisten all jene gesellschaftlichen (Wunsch-)Vorstellungen auf, nach denen der Journalismus von freien, unabhängigen, stets scharfsinnigen, dem Allgemeinwohl verpflichteten «Edelfedern» betrieben wird. Nicht in allen Medienbetrieben finden wir solche Journalisten und Journalistinnen, die sich als redliche Informationsvermittler oder gar als Mahner und Warner, als Kritiker und Kontrolleure der Mächtigen verstehen. Vorstellungen dieser Art scheitern in der journalistischen Berufspraxis nicht eben selten an den beruflichen Tatsachen. Dennoch wird mit der Frage nach dem journalistischen Selbstverständnis etwas ganz Wichtiges erhoben. Erhoben wird vielleicht nicht das tatsächliche Selbstverständnis, aber eine vermeintlich selbstverständliche Tatsache, nämlich die allgemein verbreitete *Vorstellung*, dass Journalisten einem klar definierten Beruf nachgehen, der nichts mit privilegierten Privatinteressen, sondern ausschließlich mit dem Allgemeinwohl zu tun hat. Vieles, auch vieles in der Studie von Weischenberg, Scholl und Malik (2006), deutet darauf hin, dass wir diese Vorstellung korrigieren müssen. Immer mehr Menschen befassen sich «irgendwie» mit Journalismus. Immer weniger so genannte Journalisten können hingegen von ihrer journalistischen Arbeit hauptberuflich leben. Dieser scheinbar paradoxe Befund legt nahe, dass die berufliche Tätigkeit vieler so genannter Journalisten nicht aus nur *einer* beruflichen Tätigkeit besteht, sondern auch gelegentliche Ausflüge in die benachbarten Arbeitswelten der PR-Branche und der Werbung einschließt.

8. Strategische Kommunikation

8.1 Public Relations und Werbung

Wer sich für ein vertiefendes Studium von Formen der strategischen Kommunikation entscheidet, der wird rasch feststellen, dass in der Kommunikationswissenschaft vor allem danach gefragt wird, welchen *schädlichen* Einfluss Kommunikationsformen wie Public Relations und Werbung auf die Produktion und Rezeption der eigentlichen und selbstverständlich höherwertigeren Programmbestandteile ausüben. «[W]er die Musik bezahlt», so formulierten bereits die beiden Soziologen Paul F. Lazarsfeld und Robert K. Merton diesen grundsätzlichen Vorbehalt gegen Ende der 1940er Jahre, «bestimmt gewöhnlich auch die Noten» (1973: 459). Lazarsfeld und Merton meinten hier allem voran die Werbung, auf die heute kein Fernseh- oder Hörfunksender, keine Zeitung und keine Zeitschrift mehr verzichten kann – und wohl auch nicht verzichten möchte. Jedoch nicht nur auf der Einnahmenseite, sondern auch auf der Kostenseite «lauert» das strategische Interesse. So hat die Berliner Kommunikationswissenschaftlerin Barbara Baerns (1991 [1985]: 88) Mitte der 1980er kritisch darauf hingewiesen, dass journalistische Recherchekosten zunehmend auf die Träger der Öffentlichkeitsarbeit verlagert und dadurch externalisiert werden – diese Beobachtung, so haben zuletzt die Analysen von Weischenberg, Scholl & Malik (2006) gezeigt, hat bis heute nichts an ihrer Relevanz verloren.

Verschaffen wir uns im Folgenden einen kurzen Überblick über zwei der aus Sicht der Kommunikationswissenschaft wichtigsten Formen der strategischen Kommunikation, die Public Relations und die Werbung, bevor wir uns ein wenig genauer mit zentralen Problemen der Praxis der strategischen Kommunikation befassen, für die die kommunikationswissenschaftliche Forschung Lösungen zu liefern versucht.

8.2 Public Relations – die kontingente Konstruktion erwünschter Wirklichkeiten

Während der Journalismus bis heute beansprucht, Öffentlichkeit im Sinne und stellvertretend für die Gesellschaft wie für die Aktanten herzustellen (gewissermaßen als Öffentlichkeitsarbeit für die Gesellschaft), ist die Öffentlichkeitsarbeit von Einzelpersonen, Unternehmen, Parteien und Verbänden notwendig und zugegebenermaßen parteiisch im Sinne der Auftraggeber.

Öffentlichkeitsarbeit oder Public Relations entstand seit Ende des 19. Jahrhunderts sozusagen im Schatten der anderen institutionalisierten Makroformen der Kommunikation, und zwar als besondere Form der Kommunikation von Wirtschaftsunternehmen und anderen gesellschaftlichen Institutionen und Organisationen mit der Öffentlichkeit bzw. mit Öffentlichkeiten.[101]

Die Geschichte der PR ist aufschlussreich. Ende des 19. Jahrhunderts sahen sich US-amerikanische Kohle-, Mineralöl- und Eisenbahnkonzerne gezwungen, auf die zunehmende Kritik an ihrem ausbeuterischen Kapitalismus zu antworten. Sie engagierten Journalisten, um die wichtigen Zeitungen gezielt mit unternehmensfreundlichen Nachrichten zu versorgen. Ivy Ledbetter Lee, der Presseberater John D. Rockefellers, erklärte dazu in einer Presseaussendung 1906, man wolle keine Werbung und keine geheime Beeinflussung der Presse betreiben, sondern die Presse rasch informieren, damit diese wiederum rasch die Öffentlichkeit informieren könne. Edward Bernays, ein anderer PR-Pionier, verwandelte dann PR in eine eigenständige betriebliche Funktion, durch die ein «engineering of consent», also die Herstellung eines Konsenses mit der Öffentlichkeit, angestrebt wurde. Bernays verstand PR als umfassende, strategisch organisierte, sowohl nach innen als auch nach außen gerichtete Kommunikation von Unternehmen mit der Öffentlichkeit, (angeblich) gegründet auf die Bereitschaft, Dialog zu suchen und Konsens zu finden.

Über die Funktion von PR für moderne pluralistische Gesellschaften gibt es unterschiedliche Ansichten:

- Ein *gesellschaftsorientierter* Ansatz sieht PR als ein Mittel für den Ausgleich von öffentlichen und privaten Interessen, von gesellschaftlichen

Wertvorstellungen und unternehmerischer Praxis. PR soll partikulare Interessen von Unternehmen rechtfertigen, einen gesellschaftlichen Minimalkonsens herstellen und damit durch gezielte Information zur Integration der immer mehr auseinanderdriftenden Gesellschaft beitragen, Misstrauen abbauen und das soziale Vertrauen der Öffentlichkeit stärken. Zu diesem Zweck bietet PR dem Journalismus und anderen gesellschaftlichen Systemen Informationen und Sachleistungen an, um als Gegenleistungen Aufmerksamkeit, Interesse und Zeit zu erhalten (so Ronneberger & Rühl 1992).

- Bescheidener argumentiert eine *managementorientierte* Konzeption von PR als «management of communication between an organization and its publics» (Grunig & Hunt 1984). Hier wird PR verstanden als Teilbereich des Managements eines Unternehmens, das sowohl alle Kommunikationsaktivitäten mit externen Teilöffentlichkeiten regelt als auch andere betriebliche Teilsysteme bei der Bewältigung kommunikativer Aufgaben unterstützt (= PR als Verbesserung der internen und externen Unternehmenskommunikation). Die Teilöffentlichkeiten werden dabei nicht an demographischen Merkmalen festgemacht wie beim Marketing, sondern an politischen Kategorien wie Themen, Kommunikationsverhalten, Problembewusstsein oder Betroffenheit. Um ihre Ziele zu erreichen, muss PR versuchen, die Kommunikationspartner als gleichberechtigte Partner zu behandeln, sie muss Kommunikation interaktiv und nicht einseitig anlegen und auf eine gegenseitige Anpassung von Organisation und relevanten Umwelten hinarbeiten.

- Eine *marketingorientierte* Konzeption fragt nach dem Beitrag von PR zum Erreichen von Marketingzielen in Ergänzung zu Absatzwerbung und Verkaufsförderung. Hier wird PR als ein kommunikationspolitisches Instrument betrachtet und dem Marketing untergeordnet, was von vielen kritisiert worden ist. Neue Ansätze nehmen daher Interessenausgleich und Konsensfindung, das Ausbalancieren von Markt und Gesellschaft in ihre Zielsetzung auf und nähern sich damit dem gesellschaftsorientierten Ansatz an. In den letzten Jahren wird zunehmend versucht, PR von einem Kommunikationsinstrument zu einer Denkhaltung weiterzuentwickeln und sie in die Corporate Identity eines Unternehmens zu integrieren (= PR als leistungs-, image- und kontextbezogene Kommunikation).

Eine weithin akzeptierte Bestimmung von PR haben Klaus Merten und Joachim Westerbarkey (1994) vorgelegt. Sie bestimmen PR als den Prozess der gezielten, aber kontingenten Konstruktion wünschenswerter Wirklichkeiten durch die Erzeugung und Befestigung von *Images* in der Öffentlichkeit. PR macht aus Unternehmen sozusagen Unternehmenspersönlichkeiten (oder Marken). Dabei können fiktionale Elemente so lange einbezogen werden, wie sie geglaubt werden. Images sind nach dieser Bestimmung veränderbare, unter dem Einfluss von Öffentlichkeit(en) konsensfähig gewordene Schemata von Meinungen und Informationen über ein beliebiges Objekt, über Unternehmen, Leistungen oder Einzelpersonen. Öffentliche Meinung ist nach Ansicht der beiden Autoren eine wirksame Fiktion; denn sie dient der Absicherung der eigenen Meinung durch die Orientierung an anderen Meinungen, die von den Medien verbreitet werden.

PR, so lautet unser Fazit der einschlägigen Diskussionen, kann am besten bestimmt werden als System-Umwelt-Interaktion, wobei hier besonders die Grenzstelle zwischen System und Umwelt im Vordergrund des Interesses steht. Unter dem außengerichteten Aspekt versucht PR, Zustimmung für das Handeln des Unternehmens zu finden; unter einem innengerichteten Aspekt lautet die Aufgabe, gesellschaftliche Interessen (z. B. Umweltinteressen) in die Strategie des Unternehmens zu integrieren.

PR spielt heute in allen gesellschaftlichen Bereichen eine wichtige Rolle. Nicht nur die Wirtschaft, auch die Politik, Kirchen und Verbände, Universitäten und Krankenhäuser brauchen PR-Fachleute, vor allem, wenn Krisen gemeistert werden sollen und Vertrauen wiederhergestellt werden soll. Selbst die auswärtige Kulturpolitik von Staaten vollzieht sich inzwischen in Gestalt von Kultur-PR.

Angesichts der Tatsache, dass sich heute ein Großteil der gesamten journalistischen Berichterstattung der Tagespresse nicht etwa journalistischen Recherchen verdankt, sondern den von PR unbezahlt gelieferten Materialien, haben viele Kommunikationswissenschaftler vor einer *Kolonialisierung* des Journalismus durch die PR gewarnt. Wir sind der Ansicht, dass hier sicher eine Gefahr vorliegt, dass aber beide Seiten aus Eigeninteresse darauf achten müssen, dass sowohl Journalismus als auch PR ihre Eigenständigkeit bewahren; denn nur wenn die PR-Informationen unter dem Schutz journalistischer Glaubwürdigkeitsansprüche verbreitet werden, können sie Öffentlichkeit beeinflussen. Und die Glaubwürdigkeitsansprüche sind nur aufrechtzuerhalten, wenn der Journalismus seine Unabhängigkeit von der PR wahrt, damit die Differenz zwischen beiden einen Unterschied aufrechterhalten kann.

8.3 Werbung – oder die gewünschte Verführung[102]

Wie uns Historiker versichern, hat es Formen von Werbung seit der Antike gegeben. Warenproduzenten und Händler haben immer schon versucht, Kunden anzulocken, ihre Produkte anzupreisen oder auf ihre Dienstleistungen aufmerksam zu machen. Aber erst im späten 18. Jahrhundert, nachdem sich der Finanzkapitalismus durchzusetzen begann und erheblich mehr Waren produziert wurden, als für das Überleben erforderlich waren, standen die Anbieter von Waren und Dienstleistungen vor dem Problem, wie sie gerade für ihre Angebote genügend Interessenten finden konnten. Erst jetzt wurde Werbung unentbehrlich, um die Öffentlichkeit über die breite Angebotspalette zu informieren und Kauflust zu wecken. Industrielle Warenproduktion in kapitalistischen Wirtschaften machte Werbung unverzichtbar, auch wenn von Anfang an unsicher war, wie die (meist teuren) Werbemaßnahmen wirkten.

In der medien- und kommunikationswissenschaftlichen Debatte der letzten Jahre mehren sich die Vorschläge, Werbung nach systemtheoretischen Konzepten zu modellieren. Dabei lassen sich zwei Ansätze beobachten. Weil Werbung in entscheidender Weise an die Ausdifferenzierung des Wirtschaftssystems gekoppelt ist und wie die Wirtschaft «die Sprache des Geldes» spricht, wird sie zum einen als eigenständiges Subsystem des Wirtschaftssystems modelliert (so bei Schmidt & Spieß 1996). Legt man dagegen den Hauptakzent der Beobachtung auf die Funktion ausdifferenzierter Sozialsysteme, der modernen Gesellschaft

Selbstbeschreibungen zu ermöglichen, dann bietet sich als Theorieentscheidung an, die Werbung als ein eigenständiges und autonomes gesellschaftliches Funktionssystem zu konzipieren (so bei Zurstiege 2005). Wie immer die theoretische Entscheidung ausfällt: Unbestritten ist in beiden Ansätzen, dass Werbung – ob als Produktwerbung oder als Sozialwerbung – nach ökonomischen und nicht etwa nach journalistischen Gesichtspunkten operiert. Werbung, für die nicht bezahlt wird, verfehlt die Bedingungen des Werbesystems. Diese ökonomische Orientierung sagt aber nichts darüber aus, wofür Werbung eingesetzt wird bzw. eingesetzt werden kann.

Ungeachtet des jeweils vertretenen theoretischen Konzepts lässt sich heute Übereinstimmung hinsichtlich der wichtigsten Merkmale von Werbung feststellen:

> Werbetreibende verfolgen allgemein das Ziel, durch die Herstellung und Verbreitung von Medienangeboten unterschiedlichster Art bei bestimmten Zielgruppen zwangfrei folgenreiche Aufmerksamkeit für Produkte, Leistungen, Personen und Botschaften zu erzeugen. Die jeweiligen Medienangebote werden danach ausgesucht bzw. daraufhin angefertigt, über Aufmerksamkeitsweckung intendierte (weil vom Kunden erwartete) Folgen zu bewirken, z. B. Zahlungsbereitschaft in Bezug auf Produkte und Leistungen, Zustimmungsbereitschaft in Bezug auf Personen und Unterstützungsbereitschaft bzw. Wertpräferenzbildung in Bezug auf Botschaften.

Um Aufmerksamkeit erzeugen zu können, müssen Werbetreibende versuchen, Werbebotschaften mit solchen Ideen, Überzeugungen, Werten und kulturellen Mustern (kurz: Mentalitäten) bzw. mit solchen soziokulturellen Entwicklungstendenzen zu koppeln, von denen sie annehmen, dass sie von Auftraggebern wie von Zielpublika akzeptiert oder gar gewünscht und auf jeden Fall gefühlsmäßig positiv bewertet werden. Deshalb ist die Aktivität von Werbetreibenden – bewusst oder unbewusst – geprägt von einer *Ausblendungsregel*, die besagt: Was immer die Überzeugungskraft einer Information oder eines Arguments bzw. die (Oberflächen-)Attraktivität eines Produkts oder einer Person beeinträchtigen könnte, wird ausgeblendet. Werbung produziert und präsentiert ausschließlich Erfolgsgeschichten, Happy Ends und positive Botschaften, wobei von allen Teilnehmern an der Werbekommunikation die faktische Geltung der Ausblendungsregel als Erwartungs-Erwartung unterstellt wird. Werbung ist prinzipiell und offensichtlich (sozusagen: offensiv) *parteilich* und kann ebendaraus Kapital schlagen, weil das Wissen um diese Parteilichkeit zum kollektiven Wissen der Mediennutzer gehört. Werbung zielt weder darauf ab, sozial verbindliche Wirklichkeitsentwürfe zu schaffen (wie der Journalismus), noch solche verbindlichen Entwürfe in ihrer Fragwürdigkeit zu entlarven und durch Alternativen herauszufordern (wie Literatur und Kunst). Werbung will Zustimmung, und zwar affektiv besetzte Zustimmung zu Versprechen, die «arglos» als schöner Schein daherkommen. Sie will Zustimmungs- und Handlungsbereitschaft, nicht Kritik und Analyse. Selbst wo sie treuherzig informiert, zielt sie nicht ab auf Bildung, sondern auf Bedürfnisweckung, die möglichst sofort befriedigt werden soll.

Werbung – und im Folgenden konzentrieren wir uns auf Wirtschaftswerbung und nicht auf Werbung für Personen, Parteien und Verbände – schafft nicht etwa kommunikative Sollbruchstellen (wie die Kunst), sondern im Gegenteil ausgezeichnete Anschlussstellen für Kommunikationen und Handlungen. Darum macht z. B. die Behauptung Sinn, Werbefotos bzw. Werbebilder seien imperative Bilder. Sie sagen nicht, wie die Dinge sind, sondern wie sie sein sollen – und eben auch unverzüglich sein können, wenn man nur das Angepriesene tut, kauft oder fühlt. Dabei muss Werbung aus Bestandserhaltungsgründen daran interessiert sein, dass Bedürfnisse nie endgültig befriedigt und Teilnahmebereitschaft immer wieder neu – sozusagen als erneuerbare Energie – hergestellt wird.

Beobachtet man die vielfältig ausdifferenzierten Erscheinungsformen heutiger Werbung, kommt man schnell zu einigen nicht unwichtigen Einsichten. Werbung, so lässt sich kurz sagen, ist unendlich gefräßig, indem sie schier alle kulturellen Darstellungsformen vereinzelt, aus Kontexten herauslöst und für ihre Zwecke funktionalisiert. Bilder von Michelangelo und Leonardo da Vinci, von Arcimboldi oder Delacroix müssen ebenso herhalten wie der Eiffelturm oder der Petersdom; keine Hautfarbe, kein Naturspektakel und keine Schönheit werden verschont, wenn es um prägnante Werbebilder und Werbeerzählungen geht, die das von allen so hart umkämpfte Gut Aufmerksamkeit für sich gewinnen sollen. Je mehr sich die Werbung in ihren hausgemachten Widerspruch verstrickt, dass immer mehr und immer bessere Kommunikationsangebote das knappe Aufmerksamkeitsgut dramatisch immer noch weiter verknappen und daher erfolgreiche Aufmerksamkeitsproduktion immer unwahrscheinlicher werden lassen, desto mehr muss Werbung sich immer noch dichter, schneller und erfolgreicher mit soziokulturellem Wandel synchronisieren. Werbung muss den vielberufenen Zeitgeist punktgenau und möglichst ohne Zeitverzögerung treffen. Sie muss die Wünsche, Sehnsüchte, Gefühle, Erwartungen und Befürchtungen der Zeitgenossen möglichst prägnant zum Ausdruck bringen und damit Handlungs- und Zustimmungsbereitschaft gezielt und von den Rezipienten möglichst unbemerkt auf das Beworbene umlenken. Andererseits muss das Werbesystem bewusst Beobachterdistanz zum «Zeitgeist» halten, um ihn pragmatisch für die Erstellung wirksamer Werbeerzählungen einsetzen zu können.[103]

Insgesamt gesehen ist Werbung eine Mainstream-Kommunikation, keine subversive subkulturelle Kommunikation. Obwohl sie hektisch agiert, läuft sie der gesellschaftlichen Veränderung eher hinterher, als Trends zu «setten», kurz: Auch Werbung kommt hinsichtlich der relevanten gesellschaftlichen Entwicklungen immer zu spät.

Eine entscheidende Kategorie werblicher Kommunikation ist *Zeit*, und das in einem doppelten Sinn. Werbemaßnahmen müssen ihre Wirksamkeit sehr rasch erweisen, sonst entfällt die Geschäftsgrundlage zwischen Auftraggeber und Agentur. Und Werbung besetzt vor allem solche Themen, die einen Tempovorteil bieten, das heißt Themen, zu denen man schnell etwas beitragen kann und die schnell verstanden werden können. Schnelligkeit und Neuheit regulieren also die Themenauswahl, wobei Werbung insbesondere im Markenartikelbereich vor der widersprüchlichen Aufgabe steht, Varietät (Neuheit) und Redundanz (Markentreue) miteinander zu versöhnen. Werbung löst dieses Paradox auf durch die Strategie, Veränderung und Wandel in Neuheit und Neuheit in

Fortschritt zu übersetzen. Das neue PERSIL ist das alte – nur eben unvergleichlich besser, billiger, umweltverträglicher usw.

In der wissenschaftlichen Diskussion über das Verhältnis von Werbung und Gesellschaft rivalisieren bis heute zwei Typen von Metaphern, die zwei unterschiedliche Modellvorstellungen zum Ausdruck bringen: und zwar einmal Werbung als Spiegel, Barometer oder Resonanzkörper der Gesellschaft, zum anderen Werbung als aktiver Interaktionszusammenhang, der – Abbild und Vorbild zugleich – kollektives Lebensgefühl und Mentalitäten (in) einer Gesellschaft aktiv mitgestaltet.

Hinsichtlich der Beziehung zwischen Werbung und Gesellschaft sind sich heute die meisten Beobachter darin einig, dass Werbung aufgrund ihres Zwangs zur engen Synchronisation mit soziokulturellen Entwicklungen notwendigerweise eine einseitige Indikatorfunktion für solche Wandlungsprozesse übernimmt und deshalb eine interessante Beobachtungsplattform abgibt für zeitgleiche Entwicklungen in anderen gesellschaftlichen Bereichen. Dabei muss allerdings beachtet werden, dass Werbung ihre gesellschaftliche Umwelt unter einer werbesystemspezifischen Auswahlperspektive und Sinngebungsmaxime (Stichwörter: Ausblendungsregel und affirmative Parteilichkeit) beobachtet, die dann in Medienangeboten nach den Zielsetzungen und Wertvorstellungen der Aktanten im Werbesystem verkörpert werden. Um ihre systemspezifischen Ziele erreichen zu können, muss die Werbung einen von den Zielgruppen als positiv und wünschenswert empfundenen und bewerteten Zusammenhang zwischen Waren, Leistungen, Personen und Botschaften einerseits, den Erwartungen, Bedürfnissen, Lebensgefühlen und Mentalitäten der Zielgruppe(n) andererseits herstellen. Dabei dürfte der Interessenschwerpunkt der Werbung auf den Bereichen Warenkonsum, Dienstleistungen, Geschmackskultur und Lebensstilgestaltung liegen und sich auf bereits erkennbar ausgeprägte Mentalitäten von Zielgruppen konzentrieren, was dann zugleich die Grenzen des Beobachtungsbereichs wie der Beobachtungsinteressen markiert.

Akzeptiert man diese Einschätzung des allgemeinen Verhältnisses zwischen Werbung und Gesellschaft, dann lässt sich folgende Hypothese entwickeln: Kommerzielle Werbung muss sich wandelnde gesellschaftliche

Zustände in Kommunikationsinhalte und -formen, in Bildwelten und Bedeutungszusammenhänge übersetzen, um für Auftraggeber erwünschte Folgen vorzubereiten bzw. herbeizuführen. Werbung ist also notwendig stets auf drei Dimensionen bezogen: auf die Wirtschaft, auf die Kognition von Rezipienten sowie auf gesellschaftliche Kommunikation. Sie manifestiert sich in gesellschaftlicher Kommunikation als eine spezifische, sogar gesetzlich geregelte Kommunikationsform, die die gesamtgesellschaftliche Kommunikation seit den 50er Jahren des vorigen Jahrhunderts zunehmend beeinflusst hat, und zwar wesentlich stärker durch ihre rasch wachsende ökonomische Bedeutung als durch ihre eigene Semantik und Ästhetik, die eher nachgeahmt als stilbildend gewirkt haben.

Auch in Bezug auf Werbekommunikation als eine spezifische Kommunikationsart empfiehlt es sich, *Werbewirkung* unter einer doppelten und sehr unterschiedlichen Perspektive zu beobachten, und zwar zum einen die semantische Wirkung von Medienangeboten, zum anderen die strukturelle Wirkung, die Werbekommunikation durch die verwendeten Medientechnologien und deren sozial-systemischen Ordnungen meist unbewusst für die einzelnen Aktanten ausübt, sei es durch Themenselektionen, sei es durch die Kommerzialisierung[104] der Medienkommunikation insgesamt. Die seit den 1950er Jahren unter ökonomischen Interessen erfolgte Ausdifferenzierung von Medien und Kommunikation hat zu einer Vervielfachung von Medieninstitutionen und Kommunikationsangeboten, von Themen, Beiträgen und Kommunikationsformen für immer speziellere Zielpublika geführt. Diese Entwicklung hat sich durch die Einführung des dualen Rundfunksystems erheblich beschleunigt und dazu geführt, dass heute Formen und Inhalte medienvermittelter Kommunikation bei den privaten Sendern in erster Linie oder gar ausschließlich wirtschaftlichen Interessen folgen.

Werbung als eine wichtige Komponente von Medienkulturgesellschaften ist heute nach allen Erfahrungen ein in seiner *Wirksamkeit* kaum zu überschätzender Faktor der Sozialisation und Lebensstilgestaltung. In der Diskussion der vergangenen Jahre ist dabei neben den klassischen Werbeträgern (Zeitung, Zeitschrift, Plakat, Fernsehen, Hörfunk etc.) immer stärker auch so genannten Sonderwerbeformen Beachtung geschenkt worden.

Ob Guerilla oder Word of Mouth Marketing, ob Viral oder Buzz Marketing (engl. *buzz* = Gemurmel, Stimmengewirr, Gerücht): Sonderwerbeformen wie diese stellen trotz manch euphorischer Behauptung nicht den Anfang vom Ende der klassischen Werbung dar, sondern ergänzen die klassischen Werbeformen, und sie tun dies vor allem dort, wo es um die Ansprache spezifischer (oft: junger) Zielgruppen geht. Dennoch verbindet diese häufig spektakulären Werbeformen eine Gemeinsamkeit, und dies ist möglicherweise tatsächlich neu: die Konsequenz, mit der heute *Rezipienten* als Multiplikatoren eingesetzt werden.

In diesem Kalkül schwingt ein buntes Potpourri aus verschiedenen methodischen (etwa aus dem Bereich der Reaktanz-Forschung,[105] s. Kasten) und theoretischen Annahmen der Medienwirkungsforschung mit. Der Zweistufenfluss der Kommunikation (Lazarsfeld, Berelson & Gaudet 1948 [1944]) findet hier ebenso Verwendung wie neuere Theorien der Medienaneignung (s. etwa Holly & Püschel 1993 oder Charlton & Klemm 1998), Ergebnisse der Agenda-Setting- oder Agenda-Building-Forschung (s. McCombs & Shaw 1972 sowie Lang & Lang 1981), Theorien sozialer Netzwerke (vgl. Granovetter 1973) werden hier ebenso vorausgesetzt wie Befunde der Diffusions- oder der Gerüchteforschung.

The Hawthorne Effect:[106] *how to win friends and influence people*

If the psychology of the Hawthorne Effect all seems a bit abstract, try it for yourself and see how powerful it is. The time you want something from someone (a salary increase, a date or whatever), first do some 'research' with them and by asking them for their advice on some matter. It doesn't actually matter what it is that you ask them their advice on; the important thing is to be seen to be listening to what they have to say, and then to tell them that you appreciate their opinion.

Then, simply ask them for whatever it is you want from them. The chances are that your 'research' will have triggered the Hawthorne Effect and you will get what you want. By asking them for their opinion you will have not only created goodwill but also flattered their ego. At a subconscious level, they will feel indebted to you. This psychological indebtedness makes them significantly more likely to agree to whatever it is you are asking them.

By seeing the Hawthorne Effect in action, you'll realize that it is a very powerful influence technique; you'll also know to watch out the next time someone asks you for your advice and then asks you for something!

Quelle: Kirby, Justin; Marsden, Paul (2006): Connected Marketing. The Viral, Buzz and Word of Mouth Revolution. Amsterdam u. a.: Elsevier, S. 6

An solche Überlegungen schließen sich aber folgende Fragen an: Muss man sich überhaupt noch die Mühe machen, wirkliche Meinungsführer zu finden, oder kann man sie nicht einfach «selber herstellen»? Lassen sich solche Formen der strategischen Kommunikation noch als Werbung bezeichnen? Welche ethischen Probleme ergeben sich aus dieser Form von «Marktforschung»?

Bezogen auf die klassischen Werbeformate wie die Fernsehwerbung, konzentriert sich die Diskussion um Sonderwerbeformen, wie die folgenden Abschnitte zeigen werden, vor allem auf die verschiedenen «Mischungsverhältnisse» zwischen werblichen und redaktionellen Programmbestandteilen.

8.4 Beziehungsweisen – Werbung, PR und redaktionelle Medienangebote

Welchen Einfluss nehmen Werbung und PR auf die redaktionell betreuten und gestalteten Angebote im Programm der Medien? Diese Frage ist nicht nur aus Sicht der Kommunikationspraxis, sondern auch aus Sicht der kommunikationswissenschaftlichen Forschung von zentraler Bedeutung – und zwar seit den frühen Anfängen der periodischen Presse: «Schon im Jugendalter der Deutschen Zeitungen», so beobachtete bereits einer der ersten Pressehistoriker, Joachim von Schwarzkopf, «verband man anhangsweise mit den politischen Nachrichten die eingesandten Anzeigen von Ereignissen und Geschäften im bürgerlichen Leben» (von Schwarzkopf 1993 [1795]: B3). Je nachdem, auf welche Formen der strategischen Kommunikation man sich konzentriert, und je nachdem, welche redaktionell betreuten Angebote man in den Fokus rückt, ergeben sich freilich recht unterschiedliche Akzentsetzungen.

Konzentrieren wir uns für den Anfang auf das Verhältnis zwischen Public Relations und den journalistischen Angeboten im Programm der Medien.[107] Einen der ersten und bis heute wohl einflussreichsten Beiträge zu dieser Diskussion hat im deutschsprachigen Forschungsraum die bereits erwähnte Berliner Kommunikationswissenschaftlerin Barbara Baerns Mitte der 1980er Jahre geleistet. *Öffentlichkeitsarbeit oder Journalismus?* So lautete der aus Sicht der Kommunikationswissenschaft provozierende Titel des vieldiskutierten Buchs, in dem Baerns die Ergebnisse ihrer empirischen Analyse der landespolitischen Berichterstattung in Nordrhein-Westfalen veröffentlichte. Ganz nebenbei hat Baerns damit in der deutschsprachigen Kommunikationswissenschaft ein neues Forschungsfeld begründet. Fragen Theorien der Nachrichtenselektion danach, welche Ereignisse zu Nachrichten werden, befasste sich Baerns mit der Frage, wie Informationen in Bezug auf Ereignisse, die sich als Nachrichten verkaufen lassen, in die Redaktionen der Nachrichtenagenturen und Nachrichtenmedien gelangen (cf. Baerns 1991 [1985]: 14 f.). Bei aller Kritik, die inzwischen an ihrem empirischen Vorgehen geübt worden ist, haben sich zumindest zwei ihrer Methodenentscheidungen bis heute bewährt. Baerns ging es um den Einfluss der Öffentlichkeitsarbeit auf die journalistische Berichterstattung. Zur Aufklärung dieser Frage *hätte* Baerns eine Befragung von Journalisten durchführen können. Sie tat dies jedoch nicht, weil sie erkannte, dass die Frage nach dem Einfluss der Öffentlichkeitsarbeit auf die journalistische Praxis am Berufsethos von Journalisten kratzt. Um verbale «Selbsteinnebelungen» (ebd.: 16) von Journalisten zu vermeiden, führte Baerns daher sowohl eine Inhaltsanalyse der landespolitischen Berichterstattung in Nordrhein-Westfalen als auch eine Inhaltsanalyse von PR-Quellen zur nordrhein-westfälischen Landespolitik durch. Im Wesentlichen konzentrierte sie sich aus zwei Gründen auf die landespolitische Berichterstattung. Erstens: Nordrhein-Westfalen wurde bewusst ausgewählt, weil die politische Berichterstattung in diesem Bundesland umfangreich *und* überschaubar genug war, um Modellcharakter besitzen zu können. Zweitens: Baerns konzentrierte sich auf die landes*politische* Berichterstattung, weil hier aufgrund der weitreichenden Informationspflicht öffentlicher Stellen journalistische Recherche in einem weit umfassenderen Sinn möglich ist als etwa im Falle der Wirtschaftsberichterstattung. Wenn also irgendwo mit journalistischer Eigenrecherche zu rechnen wäre, so lautete das Kalkül, dann doch wohl dort, wo es Journalisten mit Akteuren zu tun haben, die Auskunft erteilen *müssen* (cf. ebd.: 43).

Das Ergebnis, zu dem Baerns gelangte, war freilich erschütternd: Immerhin stellten in der landespolitischen Berichterstattung der tagesaktuellen Presse Pressemitteilungen und Pressekonferenzen rund 64 % der Primärquellen dar. In der Fernsehberichterstattung betrug dieser Anteil 63 %, in Hörfunksendungen 61 % und in den Meldungen der Nachrichtenagenturen immerhin 59 % (cf. Baerns 1991 [1985]: 87). Die Öffentlichkeitsarbeit, so lautet das vielzitierte Fazit von Baerns, das in der Folge als ‹Determinationshypothese› bezeichnet worden ist (Bentele u. a. 1997), hat die Themen und das Timing der journalistischen Berichterstattung fest im Griff (cf. ebd.: 98).

Baerns' Untersuchung ist nicht nur intensiv rezipiert, sondern auch ebenso intensiv kritisiert worden. So haben die Kommunikationswissenschaftler Henrike Barth und Wolfgang Donsbach (1992) kritisch darauf hingewiesen, dass der Einfluss, den die Öffentlichkeitsarbeit auf den Journalismus ausüben könne, mit dem Nachrichtenwert eines Ereignisses und einer Nachricht variiert – mit zunehmendem Nachrichtenwert schwindet auch der Einfluss der Öffentlichkeitsarbeit. Das heißt: Je wichtiger ein Ereignis und je weitreichender dessen Konsequenzen, desto weniger verlassen sich Journalisten auf PR-Informationen, und desto stärker betreiben sie eigene Recherchen.

Eine weitere Kritik an Baerns' Determinationshypothese betrifft die kategorische Gegenüberstellung von Öffentlichkeitsarbeit auf der einen, von Journalismus auf der anderen Seite. Die beiden «Kontrahenten» arbeiten gewissermaßen gegeneinander: «[J]e mehr Einfluß Öffentlichkeitsarbeit ausübt, um so weniger Einfluß kommt Journalismus zu und umgekehrt» (Baerns 1991 [1985]: 17). Kritik ist an diesem «Nullsummenspiel» geübt worden, weil Öffentlichkeitsarbeit und Journalismus nicht ausschließlich als Kontrahenten, sondern als Partner gedacht werden können, die nicht gegeneinander, sondern möglicherweise auch miteinander arbeiten. Am deutlichsten schlägt sich dieser Perspektivenwechsel in dem so genannten Intereffikationsmodell nieder, das die Kommunikationswissenschaftler Günter Bentele, Tobias Liebert und Stefan Seeling (1997) entwickelt haben. Freilich weckt die Wortschöpfung «Intereffikation», womit die wechselseitige Ermöglichung von Öffentlichkeitsarbeit und Journalismus zum Ausdruck gebracht wird, bei manchen Kommunikationswissenschaftlern den Verdacht, hier werde PR für die PR betrieben (s. etwa Ruß-Mohl 1999: 169). Dennoch haben Bentele, Liebert und Seeling einen wichtigen Diskussionsbeitrag geleistet, weil sie ihr Modell nicht als Gegenentwurf zur Determinationshypothese, sondern als eine Ergänzung verstehen. Das Verhältnis von Öffentlichkeitsarbeit und Journalismus auf der Grundlage des Intereffikationsmodells zu beschreiben und zu analysieren heißt, der Tatsache Rechnung zu tragen, dass die Machtfrage im Verhältnis zwischen Öffentlichkeitsarbeit und Journalismus nicht von vornherein einseitig entschieden ist (cf. Bentele & Nothaft 2004: 70). Das Intereffikationsmodell impliziert nicht, dass die Öffentlichkeitsarbeit *keinen* Einfluss auf den Journalismus hat, hält jedoch den umgekehrten Fall zumindest als Möglichkeit bereit, dass der Journalismus seinerseits einen Einfluss auf die Öffentlichkeitsarbeit ausübt. Bentele, Liebert und Seeling wollen ihren Ansatz nicht als Modell verstanden wissen, das die tatsächlichen Verhältnisse wahrheitsgetreu abbildet, sondern als eine Art Heuristik, die Forschungen anleitet und auf deren Grundlage Fragestellungen entwickelt werden können; und hier – *dafür* plädieren die Autoren – sollte nicht von vornherein die Schere im Kopf einsetzen.

Der Perspektivenwechsel, den Bentele, Liebert und Seeling (1997) vorschlagen, lässt sich nicht nur für die Analyse des Verhältnisses von Öffentlichkeitsarbeit und Journalismus fruchtbar machen, sondern auch im Rahmen der Analyse des Verhältnisses zwischen der Werbung und den redaktionellen Angeboten im Programm der Medien. Auch hier plädieren wir für einen vorbehaltlosen Zugang, wenn auch bereits ein flüchtiger Blick in das Themen- und Thesenregister der Fachdiskussion zeigt, wie groß die *Vorbehalte* der Kommunikationswissenschaft gegenüber der Werbung sind.

Ohne Anspruch auf Vollständigkeit lassen sich folgende Vorbehalte beobachten:

– Die Werbung verschafft zahlungsfähigen Privatinteressen Zugang zur Sphäre der Öffentlichkeit, die sie damit tendenziell «verschmutzt» und entfunktionalisiert.
– Im Zusammenhang der voranschreitenden Kommerzialisierung medienvermittelter Kommunikation führt Werbung zu einer schleichenden Aufweichung des Grundsatzes der Trennung von Programm und Werbung.
– Werbung führt zu einer zunehmenden Orientierung der Medien an einer allgemeinen Konsumkultur.
– Was immer von der Werbung als Thema in Beschlag genommen und einem Massenpublikum als unwillkommene Unterbrechung des Programms präsentiert wird, verliert an Glanz und Tiefe. Das gilt für die Kunst im Dienste der Werbung ebenso wie für die Religion, für die Jugend ebenso wie für das Alter, für Sex und Humor ebenso wie für die ernsten Themen des Lebens.
– Die Werbung instrumentalisiert und manipuliert das Begehren ihrer Rezipienten zum Zweck der Profitmaximierung, sie birgt daher hohe Wirkungsrisiken – vor allem bei den Jungen, den Alten und den Einsamen.

Kein Zweifel: Aus Sicht der Kommunikationswissenschaft ist die Werbung eine problematische Kommunikationsform. Sicherlich sind nicht alle diese Vorbehalte ganz aus der Luft gegriffen; dennoch vertreten wir die Auffassung, dass wir einen ganz wesentlichen Bestandteil jener Kommunikationspraxis, für die sich die Kommunikationswissenschaft zuständig erklärt, überhaupt nicht verstehen können, wenn wir uns der Werbung nicht möglichst vorbehaltlos nähern. Für den Einstieg, so lautet unser Vorschlag, ist man gut beraten, das Programm der Medien als einen Gesamtzusammenhang kooperierender und konkurrierender Angebote zu begreifen, der über rein finanzielle Verflechtungen hinausgeht. Kooperation und Konkurrenz heißt, dass die Beziehungen zwischen Journalismus, Public Relations und Werbung weit über jenes Nullsummenspiel hinausgehen, in dem der Triumph der einen notwendigerweise die Niederlage der anderen Seite bedeutet. Wir plädieren für einen vorbehaltlosen Zugang, weil man nur so erkennt, dass sich das Erklärungspotenzial der kommunikationswissenschaftlichen Forschung und Theoriebildung nicht nur mit Blick auf den Journalismus, sondern mindestens im gleichen Umfang auf die Public Relations und die Werbung anwenden lässt. Jene Theorie- und Methodenkompetenz, die die Kommunikationswissenschaft mit Blick auf die Öffentlichkeits-, Beeinflussungs- und Wirkungsaspekte der Massenkommunikation unter Beweis gestellt hat, lässt sich eben nicht nur mit Blick auf journalistische Medienangebote fruchtbar machen, sondern auch mit Blick auf Public Relations und Werbung. Unser Plädoyer fußt dabei auf den folgenden Annahmen:

– Wirkungen von journalistischer Kommunikation, Wirkungen von PR-Kommunikation, ja selbst Wirkungen literarischer Kommunikation treten in einer hochgradig vernetzten Mediengesellschaft nicht mehr isoliert voneinander auf und lassen sich eben auch nicht mehr isoliert voneinander analysieren. Man denke nur an so etwas scheinbar Triviales wie die Premiere eines neues Kinofilms: Wie viel wird da berichtet, wie viel wird da von PR-Agenturen lanciert, wie viel wird da geworben, wie viel Merchandising wird da betrieben? Wer hier nur nach den Wirkungen der journalistischen Berichterstattung oder der PR fragt, der fragt naiv!

– Wir plädieren für einen vorbehaltlosen Zugang, weil man nur so erkennt, dass uns journalistische und strategische Medienangebote von Beginn an im Programm der Medien als Kopplungsprodukte begegnet sind. Vergessen wir nicht, dass normative Trennungsgrundsätze, wie sie in der Mediengesetzgebung (Kap. 10) sowie in den freiwilligen Selbstverpflichtungen der Kommunikationsbranche festgeschrieben sind, deswegen überhaupt notwendig sind, weil das, was formal getrennt werden soll, de facto im Programm der Medien niemals getrennt erscheint (Kap. 4.2).

– Allein in Deutschland konkurrieren Hunderte von Tages-, Wochen- und Sonntagszeitungen, mehr als tausend Anzeigenblätter, jeweils nahezu tausend Publikums- und Fachzeitschriften, über hundert unterschiedliche TV-Programme sowie mehr als dreihundert Hörfunkprogramme, zahlreiche Online-Angebote, Plakatflächen, Kinos sowie eine Vielzahl anderer Medienangebote um die Aufmerksamkeit des Publikums. Wer unter diesen Bedingungen Aufmerksamkeit für seine Angebote erhalten möchte, ja, wer unter diesen Bedingungen auf dem Medienmarkt überleben möchte, der muss in Formen der strategischen Kommunikation, in Public Relations, Werbung und Marketing investieren – ob er das will oder nicht. Würde sich die Kommunikationswissenschaft ihrerseits gegenüber Formen der strategischen Kommunikation verschließen, heißt das, wäre sie unter den Bedingungen der Medien-Markt-Wirtschaft ihrerseits schlicht ein Auslaufmodell.

9. Medienökonomie

Bei der Auswahl der im Folgenden behandelten Themenbereiche haben
wir uns von zwei Überlegungen leiten lassen:

- Kapitel 9 und 10 behandeln zwei Themenbereiche, die sich seit Jahren
  weitgehend etabliert haben und deren Bedeutsamkeit im Rahmen
  des von uns vertretenen Medienkompaktbegriffs außer Frage steht,
  wie ein Blick auf Abbildung 4 verdeutlicht. Andererseits sind diese
  beiden Themenbereiche noch nicht so intensiv bearbeitet worden wie
  etwa Medienpädagogik oder Medientechnologie. Darum haben wir
  Medienökonomie und Medienrecht exemplarisch ausgewählt, um die
  Beschäftigung mit dieser Thematik anzuregen.
- Kapitel 11 und 12 greifen – wiederum nur exemplarisch und skizzen-
  haft – Themen auf, die erst in den letzten Jahren das Interesse (auch)
  von Kommunikationswissenschaftlern gefunden haben. Diese Themen erfordern aktiv vollzogene Interdisziplinarität mit (in der Regel)
  mehr als einer Nachbardisziplin, was die Aufgabe einerseits erschwert,
  andererseits besonders reizvoll macht.

Beginnen wir mit medienökonomischen Fragen.

9.1 Medienökonomie als Teildisziplin der Kommunikationswissenschaft

Jürgen Heinrich, Autor eines für lange Zeit nahezu konkurrenzlosen
deutschsprachigen medienökonomischen Lehrbuchs (Bd. 1: 1994; Bd. 2:
1999), hat den Gegenstand und das Erkenntnisinteresse der Medienökonomie wie folgt definiert: «Medienökonomie untersucht, wie die Güter
Information, Unterhaltung und Verbreitung von Werbebotschaften
in aktuell berichtenden Massenmedien produziert, verteilt und kon-

sumiert werden. Sie untersucht also die ökonomischen Bedingungen des Journalismus» (1994: 19).

Diese Definition ist zwar einschlägig, verengt jedoch ungewollt das Blickfeld. Denn wer sich schwerpunktmäßig für die medienökonomischen Bedingungen des *Journalismus* interessiert, der blendet damit tendenziell jene ökonomischen Bedingungen aus, unter denen andere Medienindustrien operieren.[108] Befasst sich die medienökonomische Forschung aber tatsächlich nur mit den ökonomischen Bedingungen des Journalismus oder nicht etwa auch mit jenen ökonomischen Bedingungen, unter denen heute Kino- und Fernsehfilme produziert werden? Sind nicht grundsätzlich medienökonomische Fragen angesprochen, wo Musik-Downloads und Unterhaltungselektronik als komplementäre Güter vermarktet werden? Sind medienökonomische Analysen etwa nicht gefragt, wo wir es mit einer global operierenden Kommunikations- *und* Unterhaltungsindustrie zu tun haben? Erfordert es nicht einen medienökonomischen Zugang, wo Medienkonglomerate die volle Bandbreite intra- und extramedialer Verwertungsketten geschickt miteinander verschränken?

Vieles, auch vieles von dem, was bis zu dieser Stelle gesagt worden ist, spricht sicherlich dafür, in Bezug auf den Gegenstand der medienökonomischen Forschung bereits auf begrifflicher Ebene ein etwas weiteres Verständnis zugrunde zu legen. Ein solches Verständnis hat etwa Marie Luise Kiefer vorgeschlagen: Medienökonomie, so lautet ihre Definition, ist «... eine Teildisziplin der PKW [also der Publizistik- und Kommunikationswissenschaft; d. V.], die wirtschaftliche und publizistische Phänomene des Mediensystems kapitalistischer Marktwirtschaften mit Hilfe ökonomischer Theorien untersucht. Bei der Aufgabenbeschreibung ist [...] zwischen einer positiven und einer normativen Version von Medienökonomie zu unterscheiden. Positive Medienökonomie analysiert und erklärt die wirtschaftlichen und publizistischen Phänomene des Mediensystems, normative Medienökonomie entwickelt Gestaltungsoptionen mit Blick auf gesellschaftlich konsentierte Ziele des Mediensystems» (2005: 46).

Freilich gehört die Medienökonomie (noch) nicht in den Augen aller Fachvertreter zum festen Bestand der kommunikationswissenschaftlichen Forschung (s. dazu etwa Donsbach 2006: 439 sowie kritisch Just & Latzer 2003: 81). Kiefers Definition ist insofern durchaus programmatisch zu verstehen, liefert aber auch wichtige Hinweise in Bezug auf den Gegenstand und den Zweck der medienökonomischen Forschung. Es geht in einem umfassenden Sinn um das Mediensystem, um Analyse und Beschreibung auf der einen, um medien- und kommunikationspolitische Gestaltungshilfen auf der anderen Seite. Letzteres ist deswegen notwendig, weil der Ansatz, Medien aus ökonomischer Perspektive als Güter zu betrachten, nicht automatisch heißt, dass man sie mit anderen Gütern im vollen Umfang gleichsetzt. Tageszeitungen besitzen eben einen anderen gesellschaftlichen Stellenwert als Backpapier, auch wenn das eine wie das andere unter Aufwendung knapper Ressourcen produziert und distribuiert wird und schließlich im Supermarkt um die Ecke käuflich erworben werden kann.

Nicht alles, was einen Preis hat, besitzt also auch den gleichen gesellschaftlichen Stellenwert und sollte gleichermaßen dem freien Spiel von Angebot und Nachfrage überlassen bleiben. In der Tat liegt hier ein wesentliches Betätigungsfeld der Medienökonomie – die Frage zu klären, wie viel Markt in einem spezifischen Mediensektor oder gar im Mediengesamtsystem nötig, wie viel Markt (noch) möglich oder erwünscht ist. Klassischerweise werden Fragen dieser Art im Rahmen der volkswirtschaftlichen Medienökonomie behandelt. Eine zweite, neuere medienökonomische Forschungstradition befasst sich in erster Linie mit betriebswirtschaftlichen Fragestellungen und lässt sich am besten unter der Überschrift Medienmanagement zusammenfassen.[109]

9.2 Die Analyse von Medienmärkten

Jedes Medium braucht eine bestimmte Technologie. Wie kostenintensiv Medientechnologien dabei sein können, musste schon der Erfinder des Buchdrucks, Johannes Gensfleisch zur Laden zum Gutenberg (um 1400 bis 1468) feststellen – er ging kurz vor der Fertigstellung seiner berühmten Gutenberg-Bibel bankrott. Dass technikbestimmte Medien so teuer sind, liegt nicht zuletzt an der Tatsache, dass sie eine Fülle technischer Erfindungen und sozialer Regelungen erfordern – und beides ist bekanntlich aufwändig und daher kostenintensiv.

Ebenso wie bereits der Buchdruck zu Zeiten Gutenbergs die Einrichtung von Druckereien, Vertriebs- und Verkaufssystemen erforderte, was nun wiederum wirtschaftliche, rechtliche und soziale Probleme aufwarf, die verbindlich geregelt werden mussten, erfordern natürlich auch neuere Medien einen zum Teil erheblichen Regelungs- und Verwaltungsaufwand – man denke nur an die Einführung des privaten Fernsehens in Deutschland seit 1984 oder an die zahlreichen Herausforderungen, die das Internet und seine vielen Dienste stellen.

Angesichts der Tatsache, dass die Handhabung von Medientechnologien teuer ist, überrascht es wenig, dass sich jedes neue Medium zunächst einmal «rechnen» muss, um sich gesellschaftlich etablieren zu können.

Medien wie Zeitungen und Zeitschriften, Hörfunk und Fernsehen produzieren dabei im Wesentlichen Angebote für zwei unterschiedliche, jedoch eng miteinander zusammenhängende Märkte: für den *Publikumsmarkt* auf der einen, für den *Werbemarkt* auf der anderen Seite. Allgemein gesprochen produzieren die Medien für den Publikumsmarkt Programme, die sich an spezifische Publika richten und im besten Fall von diesen Publika regelmäßig rezipiert werden. Auf dem Werbemarkt hingegen werden, technisch gesprochen, die «Verbreitungswahrscheinlichkeit» sowie die «Wirkungswahrscheinlichkeit» von Werbebotschaften gehandelt (Heinrich 1994: 70). Freilich muss darauf hingewiesen werden, dass nicht alle Medien im gleichen Umfang für beide Märkte produzieren, wie die nachfolgende Übersicht verdeutlicht.

| Medium | staatlich beeinflusst | marktmäßig | |
	Gebühren/Sub-ventionen	Preise/Publikums-markt	Preise/Werbemarkt
Bücher		X	
Zeitungen		X	X
Zeitschriften		X	X
Anzeigenblatt			X
Theater	X	(X)	(X)
Privattheater		X	(X)
Kinofilm	(X)	X	(X)
Öffentlicher Rundfunk	X		(X)
Privates Free-TV		(X)	X
Pay-TV		X	(X)
Tonträger		X	
Onlinemedien		(X)	X

Die erste Überschriftenzeile lautet: Angebotsbereitstellung/überwiegende Finanzierung

Abb. 21: Bereitstellungs- und Finanzierungsformen von Medien. Quelle: Kiefer 2005: 300

Zwar bedienten sich etwa bereits die Buchverleger des 17. Jahrhunderts der werbenden Zeitungsanzeige, weil sie nicht selten auf Geschäftsreisen ihr verstreutes Publikum (auf)suchen und sich damit jenseits der tradierten, ortsgebundenen Geschäftsformen bewegen mussten; dennoch wurden Bücher in jener Zeit, werden Bücher noch heute nahezu ausschließlich für den Publikumsmarkt produziert. Umgekehrt werden viele Medienangebote ausschließlich für den Werbemarkt produziert – man denke etwa an die zahllosen Plakatanschlagflächen, die gänzlich ohne jede Programmproduktion vermarktet werden.

Sprechen wir hingegen von den klassischen Massenmedien, also von

Publikumszeitschriften, von Tages- und Wochenzeitungen, vom Hörfunk und vom Fernsehen, dann haben wir es in aller Regel zugleich mit der Produktion von Programmen *und* mit der Produktion von Verbreitungs- und Wirkungswahrscheinlichkeiten von Werbebotschaften zu tun.

Diese so genannte Verbundproduktion ist nun also nicht die einzige, jedoch eine in ihren Konsequenzen weitreichende Produktionsform. Denn dort, wo redaktionell betreute und werbliche Medienangebote im Verbund produziert werden, besteht nicht selten die Gefahr, dass die erzielten Marktergebnisse von jenen Zielvorgaben abweichen, über die in Bezug auf ein funktionstüchtiges Mediensystem weitgehend Einigkeit besteht.

Zur Erinnerung: Idealerweise erwarten wir von einem funktionstüchtigen Mediensystem einer Gesellschaft, dass es gewissermaßen *auch* als politisches Korrektiv, als «vierte Gewalt» im Staat fungiert, das dem Gemeinwohl verpflichtet ist und zur Konstitution einer kritischen politischen Öffentlichkeit beiträgt. Die Kommerzialisierung der Kommunikation, die Produktion von Publika zum Zwecke ihrer Vermarktung als lukrative Zielgruppen widerspricht zwar nicht grundsätzlich diesen Zielvorgaben in Bezug auf ein funktionstüchtiges Mediensystem, es ist jedoch unschwer zu erkennen, dass ein sich selbst überlassenes Mediensystem nicht automatisch im vollen Umfang jene Marktergebnisse hervorbringt, die wir uns wünschen.

Wie groß nun der Regelungsbedarf konkret ist, hängt zunächst davon ab, wie man die Charakteristika der unterschiedlichen Güter beurteilt, die durch das Mediensystem produziert werden. Welche Güter produzieren also die Medien? Versuchen wir uns einen Überblick über die verschiedenen Antwortmöglichkeiten zu verschaffen, indem wir uns der Einfachheit halber auf die Produktion von Medienangeboten für den Publikumsmarkt konzentrieren. Werden hier eigentlich *wirtschaftliche* Güter produziert, also solche Güter, die im Verhältnis zu den Bedürfnissen, die sie befriedigen, *knapp* sind und daher einen *Nutzen* stiften? Spontan neigen wir dazu, diese Frage positiv zu beantworten. So selbstverständlich, wie es scheint, ist eine positive Antwort bei näherem Hinsehen jedoch nicht. Ist nicht allerorts von der Aufmerksamkeitsverknappung die Rede, von der Informationsflut, ja vom *information overload*, unter dem die Menschen in modernen Gesellschaften leiden? Führt die enorme Zunahme von Medienangeboten, bei einer vergleichsweise stabilen menschlichen Veranlagung, diese Medienangebote zu verarbeiten, nicht zu einem abnehmenden (Grenz-)Nutzen zusätzlicher Medienangebote? Über welchen Nutzen sprechen wir überhaupt? Geht es um den Informationsnutzen eines Medienangebots oder um den Unterhaltungsnutzen? Oder geht es gar um den Prestigenutzen eines Medienangebots – immerhin gibt man doch eine gute Figur ab, wenn man mit der *ZEIT* unterm Arm im Café gesehen wird?

Um nun diese Fragen beantworten zu können, müssen wir weiter differenzieren. Wer pauschal von Medienangeboten spricht, der spricht von der Qualitätszeitung ebenso wie vom «Käseblatt». Und genau dies tun all jene, die pauschal ein Zuviel an Informationen, einen *information overload* beklagen. Dabei können wir doch zu Recht unterstellen, dass die Rezipienten von Medienangeboten sehr wohl in der Lage sind, zwischen verschiedenen Medienangeboten zu differenzieren. Nachgefragt werden immerhin nicht Medienangebote im Allgemeinen, sondern spezielle Medienangebote. – Wie werden nun diese in der Praxis sehr sicher voneinander unterschiedenen Medienangebote in der Fachdiskussion differenziert?

Eine Unterscheidung, die in der Finanzwissenschaft entwickelt worden ist, ist in der medienökonomischen Diskussion der vergangenen Jahre immer wieder zur Charakterisierung unterschiedlicher Medienangebote herangezogen worden. Gemeint ist die Unterscheidung zwischen *meritorischen* und *demeritorischen Gütern* (cf. Lobigs 2005).

Meritorische Güter sind solche, die wir zwar nach weitgehender Übereinkunft wertschätzen, die aber auf dem Markt – gemessen an dem hohen Stellenwert, den wir ihnen beimessen – vergleichsweise schwach nachgefragt werden. Bildung ist ein solches meritorisches Gut: Zwar wissen wir alle um den Wert einer guten Ausbildung – aber wer macht schon gerne Hausaufgaben?

Demeritorische Güter sind dagegen solche Güter, die wir zwar nach weitgehender Übereinkunft wenig wertschätzen, die jedoch auf dem Markt – gemessen an dem geringen Stellenwert, den wir ihnen beimessen – vergleichsweise stark nachgefragt werden. Übertragen auf medienökonomische Fragen heißt das: Qualitätsjournalismus, Autorenkino, Minderheitenprogramme – all dies sind meritorische Güter. Pornographie, Gewalt, Sensationsjournalismus – all dies sind demgegenüber demeritorische Güter. Wir konsumieren sie wider besseres Wissen. Aber *warum* tun wir das? Auch hierauf könnte man nun auf der Grundlage der ökonomischen Theorie der Güter unterschiedliche Antworten geben. Die Güter, die die Medien für den Publikumsmarkt produzieren, so lautet eine dieser Antworten, sind *Transformationsgüter* (cf. Heinrich 1994: 17), deren letzte Produktionsstufe im Konsum besteht. Wiederum ist Bildung ein gutes Beispiel für solche Güter, weil es zur Produktion dieses Guts eben zwingend eines aktiven Abnehmers bedarf.

Man kann schon an diesen wenigen Beispielen erkennen, dass eine Theorie der Mediengüter Auskunft darüber gibt, wie sich die Marktteilnehmer auf Medienmärkten verhalten. Wo wir es auf Publikumsmärkten mit meritorischen Gütern zu tun haben, «... kann z. B. staatliche Produktionsförderung abgeleitet werden, wie im Fall des öffentlich-rechtlichen Rundfunks. Der umgekehrte Fall gilt für *demeritorische Güter.* Hier versucht man, den Konsum von gesellschaftlich unerwünschten Gütern (z. B. Pornographie) etwa durch Inhaltsregulierungen zu verbieten oder zu reduzieren» (Just & Latzer 2003: 90). Man erkennt an diesem Beispiel deutlich, wie sehr die beiden Medienökonomien, die positive und die normative, von denen bei Marie Luise Kiefer (2005: 46) die Rede ist, miteinander zusammenhängen.

Freilich bestimmt nicht nur die Art der produzierten Mediengüter das Verhalten der Marktteilnehmer, sondern auch die *Marktstruktur* selbst. Im Wesentlichen hat sich die medienökonomische Forschung der vergangenen Jahrzehnte mit Prozessen der Medienkonzentration und den damit eng zusammenhängenden Wettbewerbsverhältnissen auf Medienmärkten befasst (cf. hier wie im Folgenden Just & Latzer 2003). Von einer zunehmenden Medienkonzentration kann ganz allgemein dann die Rede sein, wenn auf einem relevanten Markt immer mehr Marktanteile auf immer weniger Unternehmen entfallen. Genau genommen handelt es sich hier um den Fall einer *absoluten* Medienkonzentration, weil die Zahl der auf einem spezifischen Markt tätigen Medienunternehmen tatsächlich abnimmt. Dort, wo die Zahl der auf einem Markt tätigen Unternehmen konstant bleibt, die Marktanteile eines Unternehmens jedoch zunehmen, spricht man von einer *relativen* Medienkonzentration.

Im Fall der absoluten wie der relativen Medienkonzentration wird der Konzentrationszustand stets für den *relevanten Markt* bestimmt, der in *sachlicher* und in *räumlicher* Hinsicht von anderen Märkten abgegrenzt wird. Bei der räumlichen Abgrenzung des relevanten Markts geht es um die Klärung der Frage, auf welchem lokalen, regionalen, nationalen oder internationalen Gebiet die entsprechenden Medienprodukte angeboten werden. Bei der sachlichen Abgrenzung des relevanten Markts geht es im Wesentlichen darum zu beurteilen, ob verschiedene Medienprodukte tatsächlich den gleichen Bedarf ihrer Rezipienten decken und damit in funktionaler Hinsicht substituierbar sind. Ganz einfach ist es nicht, diese Frage im Einzelfall zu beantworten. Decken die *Bild Zeitung* und die *Süddeutsche Zeitung*, die *Welt* und die *Taz* tatsächlich denselben Bedarf? Sind Zeitungsnachrichten durch Fernsehnachrichten ersetzbar? Fragen wie diese sind nicht immer leicht zu beantworten und lassen deutlich erkennen, warum nicht nur die kommunikationswissenschaftliche Forschung auf medienökonomische Analysen angewiesen ist, sondern auch, warum die medienökonomische Forschung kommunikationswissenschaftliche Analysen etwa aus dem Umfeld der Mediennutzungsforschung dringend benötigt.

Wenn der relevante Markt, auf dem ein Medienunternehmen tätig ist, von anderen Medienmärkten in sachlicher und räumlicher Hinsicht abgegrenzt worden ist, lassen sich drei *Konzentrationsprozesse* voneinander unterscheiden.

– Finden Konzentrationsprozesse auf nur einem relevanten Markt statt, dann spricht man von einer *horizontalen* Konzentration. In den 1960er Jahren gab diese Form der Medienkonzentration etwa auf dem Markt für Lokalzeitungen Anlass zu großer Besorgnis. In Deutschland gibt es zurzeit immerhin ca. 300 so genannte Einzeitungskreise, also Landkreise, in denen nur eine konkurrenzlose lokale Tageszeitung auf dem Markt ist. Diesen rund 300 Einzeitungskreisen stehen in Deutschland rund 240 Landkreise gegenüber, in denen zwei oder mehr lokale Zeitungen miteinander konkurrieren.

– Von einer *vertikalen* Konzentration spricht man bei Zusammenschlüssen von Medienunternehmen, die zwar auf verschiedenen relevanten Märkten agieren, aber unterschiedliche Stufen der Wertschöpfungskette abdecken. Ein Prozess der vertikalen Pressekonzentration liegt etwa dann vor, wenn sich ein Fernsehveranstalter und ein Händler von Filmrechten zusammenschließen. Die Gefahr besteht hier darin, dass eine marktbeherrschende Stellung auf einem relevanten Markt auf einen anderen relevanten Markt übertragen wird. Wenn etwa der Händler von Filmrechten eine marktbeherrschende Stellung besitzt und sich nun mit einem Fernsehanbieter verbindet, wird er aus naheliegenden Gründen diesem Fernsehanbieter bessere Konditionen anbieten als den anderen Fernsehanbietern. Wie man unschwer erkennen kann, sind die Konsequenzen dieses Zusammenschlusses für den Fernsehmarkt umso größer, je mehr Marktmacht der Händler von Filmrechten auf seinem relevanten Markt besitzt.

– Von einer *diagonalen* Konzentration spricht man schließlich, wenn sich Medienunternehmen zusammenschließen, die auf unterschiedlichen relevanten Märkten agieren, die nicht Teil einer Verwertungskette sind. Der Zusammenschluss eines Zeitungsunternehmens mit einem Internetanbieter wäre ein Fall von diagonaler Medienkonzentration. Im Zuge der voranschreitenden Digitalisierung sowie der Entwicklung zu einem integrierten gesellschaftlichen Kommunikationssystem, das der Wiener Kommunikationswissenschaftler Michael Latzer (1997 und passim), wie bereits an anderer Stelle betont, mit dem Begriff ‹Mediamatik› (also: Medien plus Telematik) bezeichnet hat, haben Prozesse der diagonalen Medienkonzentration stark an Bedeutung gewonnen. Prozesse der diagonalen Medienkonzentration, so genannte Cross-Media-Ownership-Verflechtungen, sind deswegen so brisant, weil sie vergleichsweise viel publizistische Macht bei vergleichsweise wenigen Unternehmen bündeln. Medienkonglomerate, die im Zuge von diagonalen Konzentrationsprozessen entstehen, sind nicht nur in der Lage, ihre eigenen Angebote durch Cross-Promotion effektiv und kostengünstig zu bewerben, sondern sie werden gewissermaßen «kampagnentauglich», das heißt, sie können Einfluss – und damit auch: politischen Einfluss – über verschiedene konsonant berichtende Medienkanäle ausüben – man denke nur an das Medienimperium von Silvio Berlusconi.

Um tatsächlich beurteilen und messen zu können, wo und zwischen wem sich im Mediensystem Kooperationen oder Konzentrationen abzeichnen, bedarf es einer beschreibenden Terminologie, die es ermöglicht, vergleichbare Beobachtungseinheiten zu bilden. In der Diskussion um das Mediensystem der Bundesrepublik Deutschland wird daher allgemein zwischen dem Bereich der Printmedien und dem Bereich der audiovisuellen Medien unterschieden. An diese Unterscheidung schließen sich nun eine Reihe weiterer Unterscheidungen an: Wie lassen sich Zeitungen von Zeitschriften abgrenzen? Wo liegt der Unterschied zwischen Tageszeitungen und Wochenzeitungen, General-Interest-Zeitschriften und Special-Interest-Zeitschriften? Wann haben wir es im Fernsehen mit einem Vollprogramm und wann mit einem Spartenprogramm zu tun?

Einen wesentlichen und bis heute wichtigen Beitrag zur Methodik der Pressestatistik hat Walter J. Schütz geleistet, der mit seiner erstmals im Jahre 1954 erschienenen Stichtagssammlung deutscher Zeitungen eine grundlegende Untersuchung zur Struktur der Tagespresse vorgelegt hatte. Schütz konnte mit seiner Untersuchung erstmalig den Anspruch erheben, ein relativ verlässliches Bild der verlegerischen, wirtschaftlichen und redaktionellen Verhältnisse des bundesdeutschen Zeitungsmarkts zu geben. War es noch bis zu jenem Zeitpunkt üblich gewesen, die Zahl der Tageszeitungen mittels einer schriftlichen Befragung der Verleger zu ermitteln, so erstellte Schütz seine Pressestatistik auf der Grundlage einer prägnanten pressestatistischen Terminologie und anhand der Sichtung der zugrunde liegenden Presseerzeugnisse.

Tageszeitungen
«Als ‹Tageszeitungen› werden alle Periodika bezeichnet, die mindestens zweimal wöchentlich erscheinen und einen aktuellen politischen Teil mit inhaltlich unbegrenzter (universeller) Nachrichtenvermittlung enthalten.»

Ausgaben

«Kleinste pressestatistische Einheit der so definierten Tageszeitung ist die ‹Ausgabe›. Sie ist durch variierende inhaltliche Gestaltung (z.B. Regionalseiten, lokaler Text- und Anzeigenteil) auf das jeweilige Verbreitungsgebiet abgestimmt.»

Verlage als Herausgeber

«Zur Kategorie ‹Verlage als Herausgeber› lassen sich alle Ausgaben zusammenfassen, bei denen im Impressum der gleiche Herausgeber und/oder Verlag erscheint.»

Verlage als wirtschaftliche Einheiten

«Für die Kategorie ‹Verlage als wirtschaftliche Einheiten› werden alle Verlage als Herausgeber zusammengefasst, die in bestimmten Bereichen der Zeitungswirtschaft kooperieren (z.B. Druck, Vertrieb, Anzeigenverbund), wenn diese Zusammenarbeit über die Zugehörigkeit zu Anzeigenringen und Anzeigengemeinschaften hinausgeht.»

Publizistische Einheiten

«In der wiederum übergeordneten Kategorie ‹Publizistische Einheit› sind alle Verlage als Herausgeber mit den jeweiligen Ausgaben eingeordnet, die in ihrem Mantel – im Regelfall die Seiten 1 und 2 mit aktuellen politischen Nachrichten – vollständig oder (bei Übernahme von Seitenteilen) in wesentlichen Teilen übereinstimmen.»

Schütz, Walter J. (2000): Deutsche Tagespresse 1999. In: Media Perspektiven, Nr. 1: 8–29

Weil den Medien in demokratisch verfassten Gesellschaften bekanntermaßen eine entscheidende Rolle im Prozess der politischen Meinungsbildung zukommt, erwächst aus diesen Beobachtungen immer wieder die Forderung nach politischen Interventionen, und zwar immer dann, wenn befürchtet wird, dass die publizistische Vielfalt in Gefahr ist. Solche Interventionen erfolgen allgemein im Rahmen der Kommunikations- und Medienpolitik und zielen im Wesentlichen darauf ab, durch ordnungspolitische Rahmensetzungen verbindliche Regelungen zur Ausgestaltung nationaler und internationaler Mediensysteme zu schaffen. In der Bundesrepublik Deutschland liegt die Kommunikations- und Medienpolitik in den Händen der Länder; lediglich für die Presse liegt die Regelungskompetenz beim Bund. Aufgrund der Erfahrungen mit einem zentralistisch gleichgeschalteten Mediensystem im Dritten Reich verbieten jedoch in beiden Fällen verfassungsrechtliche Bestimmungen eine direkte staatliche Einflussnahme auf die konkreten Programminhalte der Medien.

9.3 Das Management von Medienunternehmen

Allgemein kann man sagen: Medienunternehmen sind der institutionalisierte Ort für die Produktion von Medienangeboten. Medienangebote lassen sich zwar auch ohne Institutionen produzieren, aber offensichtlich bietet die Institutionalisierung von Produktionsprozessen große Vorteile. Aus einer eher volkswirtschaftlichen Perspektive besteht der wichtigste Vorteil darin, dass die Institutionalisierung von Produktionsprozessen so genannte Transaktionskosten reduziert (cf. Kiefer 2005: 119).

Unter Transaktionskosten versteht man im Rahmen der so genannten Neuen Institutionen Ökonomie all solche Kosten, die im Zuge der Anbahnung und Abwicklung von Wirtschaftsbeziehungen anfallen. Man muss sich nur vor Augen halten, wie viele Menschen an der Produktion einer einzigen Zeitungsseite beteiligt sind und wie kompliziert die Wirtschaftsbeziehungen zwischen den verschiedenen Vertragsparteien wären, müsste man sie täglich neu aushandeln. Es ist also pragmatisch und ökonomisch sinnvoll, Verträge mit Reportern und Redakteuren, Druckern und Zeitungsausträgern auf Dauer zu stellen und dadurch zu institutionalisieren. Institutionalisierung reduziert Komplexität und spart dadurch Kosten. Marie Luise Kiefer konkretisiert darüber hinaus eine Reihe von Gründen, die für die Institutionalisierung der Produktion von Medienangeboten in Form von langfristigen vertraglichen Vereinbarungen sprechen (cf. ebd.: 120–122):

– *Transaktionsspezifik*: Wie bereits mehrfach betont, bedarf es in den meisten Fällen einer kostenintensiven Technologie, um Medienangebote zu produzieren und zu distribuieren. Die Investition in Medientechnologie ist aus diesem Grund riskant und wird vertraglich abgesichert. Ähnlich verhält es sich mit dem spezifischen Wissen, den spezifischen Kontakten und Fertigkeiten, die erforderlich sind, um Medienangebote zu produzieren.

– *Transaktionshäufigkeit*: Die Institutionalisierung von Produktionsprozessen lohnt sich besonders überall dort, wo häufig und immer wieder die gleichen Transaktionen anfallen. Ebendies ist bei den meisten Medienbetrieben, die jeden Tag von neuem Programm machen, der Fall.

– *Transaktionsunsicherheit*: Umgekehrt lohnt sich die Institutionalisierung der Produktion von Medienangeboten auch deswegen, weil sie es ermöglicht, dem Neuen und Unerwarteten mit einiger Gelassenheit entgegenzublicken. Weil die meisten Medien sich im Zustand der steten Erwartung des Unerwarteten befinden, lohnt sich auch aus diesem Grund die Institutionalisierung von Produktionsprozessen.

– *Transaktionseffizienz*: Die Institutionalisierung von Produktionsprozessen erlaubt die kontinuierliche, auf Arbeitsteilung und Spezialisierung beruhende Massenproduktion von Medienangeboten. Wie bei jeder Massenproduktion lässt sich auch im Fall der Massenproduktion von Medienangeboten die Fixkostendegression[110] *(economies of scale)* «abschöpfen».

Man sieht an diesen wenigen Beispielen, dass die Verantwortlichen in Medienbetrieben bewusst ökonomisch denken müssen. Dies gilt in besonderem Maß, jedoch nicht ausschließlich, in gewinnorientierten Medienbetrieben wie Zeitungen und Zeitschriften oder im privat-kommerziellen Rundfunk. Aber auch bei der Ermittlung des Finanzbedarfs der öffentlich-rechtlichen Rundfunkanstalten spielen die Grundsätze der Wirtschaftlichkeit und der Sparsamkeit eine entscheidende Rolle (cf. § 3 Abs. 1 deutscher Rundfunkfinanzierungsstaatsvertrag).

Bei der Beurteilung, ob ein Medienunternehmen wirtschaftlich arbeitet und wo gegebenenfalls Optimierungspotenziale schlummern, erweist sich die medienökonomische Forschung als überaus wichtiger Stichwortgeber. Die Analyse und Optimierung der Wirtschaftlichkeit von Medienunternehmen sowie die Beschäftigung mit Finanzierungssystemen stellen daher signifikante, jedoch keinesfalls die einzigen Themenfelder der medienökonomischen Erforschung von Medienunternehmen dar. Neben diesen einschlägigen Themenfeldern haben sich seit Ende der 1980er Jahre eine Reihe neuer und zukunftsträchtiger Forschungsbereiche etabliert. Im Wesentlichen befassen sich diese neueren Beiträge mit dem *Medienmanagement.* Dazu zählen betriebswirtschaftliche Fragestellungen aus dem Bereich der Personal- und Unternehmensführung, der Kostenrechnung oder der Finanzplanung wie auch Beiträge zum Medien- und Redaktionsmarketing oder zum Qualitätsmanagement, die in den vergangenen Jahren etwa von der Züricher Kommunikationswissenschaftlerin Gabriele Siegert oder dem ebenfalls in der Schweiz an der Universität Lugano lehrenden Kommunikationswissenschaftler Stephan Ruß-Mohl vorgelegt worden sind (s. Siegert 2001; Ruß-Mohl 1995 und 2003; Held & Ruß-Mohl 2000).

Wenn von Marketing die Rede ist, sträuben sich manchem altgedienten Redakteur noch immer die Haare, stellt Ruß-Mohl (2003: 252) zu Beginn seiner Ausführungen zum redaktionellen Marketing und Redaktionsmanagement fest. Die meisten Journalisten, so heißt es gleich lautend bereits in Jürgen Heinrichs Einführung in die Medienökonomie rund zehn Jahre zuvor, verstehen sich «... üblicherweise nicht als Warenproduzenten, sondern als Mitglieder eines Berufsstandes, der eine öffentliche Aufgabe erfüllt. Und dies ist der Punkt, der eine konsequente Marktorientierung normativ und faktisch erschwert» (Heinrich 1994: 231). Medienmarketing, Medienmanagement und Marktorientierung sind selbstverständlich eine Erfordernis der Kommunikationspraxis, aber deswegen noch lange keine Selbstverständlichkeit in allen Berufssparten, für die die Kommunikationswissenschaft ausbildet. Die erste Aufgabe der kommunikationswissenschaftlichen Medienökonomie besteht daher darin, sich der Vorbehalte klar zu werden, die ihr vonseiten spezifischer Kommunikationspraxen entgegengebracht werden, um diese

Vorbehalte wo nötig und wo möglich aus dem Weg zu räumen. Worum also geht es, wenn von «Medienmarken-Management» (Siegert 2001: 11) die Rede ist? Steigen wir in die Beantwortung dieser Frage ein, indem wir uns mit einem wichtigen Teilgebiet des Medienmarken-Managements befassen, mit dem redaktionellen Marketing.

Unter *Marketing* versteht man ganz allgemein all jene marktbezogenen Aktivitäten einer Organisation, bei der es sich in aller Regel um ein Unternehmen handelt, die darauf abzielen, tatsächlichen und potenziellen Nachfragern die Produkte bzw. Dienstleistungen des Unternehmens wunschgemäß anzubieten, um so die Kundenbeziehungen aus Sicht des Unternehmens zu optimieren.[111] Diese Zielvorgabe setzt die systematische Informationssammlung in Bezug auf die Marktsituation und die Kundenwünsche ebenso voraus wie das planmäßige Bemühen um die Schaffung genau jener Voraussetzungen im Unternehmen, die erforderlich sind, um Kundenwünsche im vollen Umfang zu erfüllen. Dem Unternehmen stehen zur Erreichung dieses Ziels eine Fülle von wechselseitig abgestimmten Maßnahmen der Preispolitik, der Produktpolitik, der Kommunikationspolitik und der Distributionspolitik zur Verfügung.

Mit dieser Arbeitsdefinition ist bereits eine ganze Menge gesagt. Ziel aller Marketingbemühungen ist das Management von Kundenbeziehungen (Relationship Marketing) auf der einen Seite sowie die marktorientierte Unternehmensführung auf der anderen. Letzteres steht für den weitreichenden Führungsanspruch des modernen Marketings, der nicht nur mit dem Selbstverständnis vieler Journalisten kollidiert, sondern auch bei den Mitarbeitern der PR-Abteilungen von Medienunternehmen keinesfalls auf ungeteilte Zustimmung stößt, weil die Public Relations einen ähnlich weitreichenden Geltungsanspruch erheben wie das Marketing. Das Management von Kundenbeziehungen setzt die systematische Erhebung von Kundenwünschen voraus. Wenn man sich noch einmal vor Augen führt, was wir bereits im Zusammenhang der vorangegangenen Darstellungen zur beruflichen Sozialisation von Journalisten gesehen haben, ist die Kundenorientierung des Marketings sowie die systematische Erhebung von Kundenwünschen im Journalismus keinesfalls selbstverständlich. Traditionellerweise orientieren sich Journalisten in erster Linie an ihren Kollegen und Kolleginnen und weniger an den Lesern, Zuschauern und Zuhörern, wenn es darum geht zu beurteilen, was *guten* Journalismus auszeichnet.

Publikums- bzw. Kundenorientierung ist also im Rahmen der journalistischen Aussagenproduktion und -vermittlung keineswegs so selbstverständlich, wie sie es aus Sicht des redaktionellen Marketings sein sollte. Freilich müssen wir uns auch hier noch einmal die Tatsache vergegenwärtigen, die durch die Rede von *dem* Publikum ein wenig verschleiert wird: dass nämlich die meisten journalistischen Medien für zwei Märkte Angebote produzieren, nämlich für den Publikumsmarkt wie eben auch für den Werbemarkt. Was heißt hier nun Kundenorientierung? Welcher Kunde ist hier überhaupt gemeint? Wie weit kann man, wie weit soll man welchem Kunden entgegenkommen? Hat der Kunde immer recht? Fragen wie diese lassen sich nicht einfach mit Ja oder Nein beantworten, sondern müssen in der journalistischen und medienökonomischen Praxis auf der Grundlage einer sorgfältigen Abwägung immer wieder von Neuem erwogen und entschieden werden.

Wie auch immer die Antworten auf diese Fragen ausfallen: Das unaufhaltsame Vordringen des Marketings in den Redaktionen hat den Journalismus nachhaltig geprägt. Serviceorientierung, Interaktivität und Unterhaltung lauten die Schlagwörter, mit denen sich diese vielfältigen Veränderungsprozesse zusammenfassen lassen (cf. Ruß-Mohl 2003: 256–262):

– *Serviceorientierung*: Bei der Auswahl der Themen, über die berichtet wird, und in Bezug auf die Art und Weise, wie über diese Themen berichtet wird, orientieren sich Journalisten zunehmend an den Bedürfnissen ihrer Rezipienten. Ein übersichtliches Layout, zahlreiche Lesehilfen und Infografiken sorgen dafür, dass auch der flüchtige Leser sich rasch über das Neue vom Tag informieren kann. Nachrichten, die für den Rezipienten einen unmittelbaren Gebrauchswert besitzen, etwa Berichte über aktuelle (Konsum-)Trends, rücken in der Vordergrund – nicht selten zu Lasten der so genannten *hard news*.

– *Interaktivität*: Während Formen der Massenkommunikation klassischerweise nur über eingeschränkte Möglichkeiten der Rückkopplung zwischen Kommunikator und Rezipient verfügen (Kap. 5.2), drängt das redaktionelle Marketing systematisch darauf, die Rezipienten stärker einzubeziehen. Das bedeutet einerseits, dass die Publikumsforschung innerhalb von Medienunternehmen deutlich an Einfluss gewinnt, das bedeutet aber auch, dass die Leser, Zuschauer und Zuhörer im Rahmen von Aktionsveranstaltungen zunehmend «aktiviert» werden.

– *Unterhaltung*: Information und Unterhaltung gelten allgemein als zwei deutlich voneinander unterscheidbare Funktionen der Medien. Dies legt nahe, dass mehr Unterhaltung notwendigerweise weniger Information bedeutet und umgekehrt. Dass auch Informationen vorzüglich unterhalten können und dass uns vermeintlich reinste Unterhaltung gelegentlich bestens informiert, wird dabei nicht selten übersehen. Wenn der Vormarsch des redaktionellen Marketings mit einer stärkeren Unterhaltungsorientierung einhergeht, dann ist dies also nicht zwingend mit einem Qualitätsverlust verbunden, wohl aber mit einem Entwicklungsdruck, der auf den klassischen journalistischen Vermittlungsformen lastet. Dieser Entwicklungsdruck findet seinen Niederschlag in der zunehmenden Bedeutung journalistischer Hybridformate wie Docutainment, Edutainment, Infotainment, Politainment etc.

Diese kurze und natürlich keinesfalls vollständige Aufzählung macht deutlich, welch weitreichende Veränderungsprozesse in jenen Medienunternehmen angestoßen werden, die Relationship Marketing betreiben und sich in der Folge verstärkt um die systematische Einbeziehung und nachfragegerechte Ansprache ihrer Publika bemühen. Wie bis zu dieser Stelle deutlich geworden sein sollte, sind mit diesen Veränderungsprozessen nicht ausschließlich hoffnungsvolle Erwartungen verbunden, sondern zum Teil erhebliche in der Fachdiskussion einschlägig bekannte Vorbehalte, die sich vor allem dem beruflichen Selbstverständnis vieler Journalisten und Journalistinnen verdanken. Wenig diskutiert wird in diesem Zusammenhang, wie sich unter dem Einfluss der geschilderten Entwicklungen das berufliche Selbstverständnis von Medienschaffenden im Allgemeinen und von Journalisten im Besonderen verändert. Welches Maß an Verantwortung tragen diejenigen, die das Privileg besitzen, Medienangebote öffentlich unterbreiten zu können? Welches Maß an Verantwortung können sie und müssen sie überhaupt noch übernehmen, wenn es doch de facto die Rezipienten sind, die durch ihr Nachfrageverhalten das Angebot steuern?

10. Medienrecht

10.1 Regelungsbedarf öffentlicher Kommunikation

«Denn alle Journalisten, die ihre Spielräume zugunsten ihrer Leser, Hörer und Zuschauer nutzen wollen und denen Pressefreiheit mehr bedeutet als eine in Sonntagsreden strapazierte Floskel, sollten die rechtlichen Rahmenbedingungen ihres beruflichen Handelns kennen.» (U. Branahl 2002: 5)

Amokläufe von Jugendlichen in Schulen – «die Medien» (Videos, das Internet) mit ihren Gewaltangeboten sind schuld. Gladbecker Geiseldrama: Journalisten stellen sich in den Dienst der Gangster – wo endet die Freiheit der Journalisten? Watergate-Skandal – darf die Presse einen Präsidenten zu Fall bringen? Caroline von Monaco fühlt sich in ihren Persönlichkeitsrechten verletzt und erstreitet 2004 eine hohe Entschädigung vor dem Europäischen Gerichtshof für Menschenrechte: Wie tief dürfen Journalisten in den Privat- oder sogar in den Intimbereich von Menschen eindringen und Fotos aus diesem Bereich veröffentlichen? Dürfen Staatsorgane Redaktionen durchsuchen und die Preisgabe der Namen von Informanten erzwingen? Was beinhaltet die Forderung nach der Sorgfaltspflicht von Journalisten?

Die Liste einschlägiger Fragen könnte beliebig verlängert werden. Diese Fragen zeigen, dass das Agieren von Medienakteuren und Mediensystemen im öffentlichen Raum keineswegs unproblematisch ist. Immer wieder entstehen Situationen, die rechtliche Regelungen erfordern, um «die Medien» nicht zu einem rechtsfreien Raum werden zu lassen. Und immer wieder wird deutlich, dass die Rechte und Pflichten von Medienakteuren wie von in Medienangeboten behandelten Bürgern, Institutionen und Unternehmen keineswegs präzise geregelt sind und dass technische Entwicklungen wie das Internet oder politische Entwicklungen in der EU ständig neuen Regelungsbedarf hervorrufen, der entweder durch staatliche Kontrolle, durch Selbstkontrolle oder durch ethische

Verhaltenskodizes der Medienakteure bearbeitet werden muss. Alle Medienrechtler räumen heute ein, dass die Rechtsmaterie im Medienbereich immer unüberschaubarer wird und dass die Neigung vieler Betroffener zunimmt, ihre Rechte einzuklagen und Journalisten wie Medienorganisationen für negative Folgen von Berichterstattungen schadenersatzpflichtig zu machen.[112]

Die Bedeutsamkeit rechtlicher Regelungen innerhalb der Mediensysteme wie für die Beziehungen des Gesamtmediensystems zu allen anderen sozialen Systemen ist unbestritten. Medienakteure stoßen in ihrer täglichen Arbeit ständig an rechtliche Grenzen: Was darf ein Verleger oder ein Intendant? Wie weit dürfen Journalisten bei ihren Recherchen gehen? Welche Auskünfte dürfen Behörden verweigern? Wo endet das öffentliche Interesse an Personen der Zeitgeschichte? Usw.

Wie antwortet nun das Rechtssystem demokratischer Staaten auf Regelungsbedürfnisse im Gesamtmediensystem der Gesellschaft? Die Juristen sind sich in einem Punkt einig: Medienrecht als *Rechtsgebiet* im systematischen Sinne gibt es nicht,[113] wohl aber eine Unzahl von Rechtsvorschriften in den verschiedensten Problemfeldern vom Presserecht bis zum Werberecht, zum Urheberrecht oder zum Persönlichkeitsschutz. Dabei variiert die Bedeutsamkeit und Reichweite dieser Rechtsnormen von Grundrechten, die im Grundgesetz festgelegt sind, bis hin zu Detailproblemen wie etwa der Abbildung urheberrechtlich nicht geschützter Gegenstände.

Angesichts dieser Situation kann hier kein Überblick über «das Medienrecht» gegeben werden. Es geht vielmehr darum, die Problembereiche zu systematisieren und die mit ihnen verbundenen Rechtsprobleme bzw. Rechtsnormen darzustellen.

10.2 Rechtlich gesicherte Freiheiten und Aufgaben der Mediensysteme[114]

Die Rechtsstellung der Journalisten wie jedes anderen Bürgers wird in Deutschland durch Art. 5 Abs. 1 und 2 des Grundgesetzes (GG) wie folgt gewährleistet:

> «Jeder hat das Recht, seine Meinung in Wort, Schrift und Bild frei zu äußern und zu verbreiten und sich aus allgemein zugänglichen Quellen ungehindert zu unterrichten. Die Pressefreiheit und die Freiheit der Berichterstattung durch Rundfunk und Film werden gewährleistet. Eine Zensur findet nicht statt.»

Absatz 2 schränkt dieses Recht wie folgt ein:

> «Diese Rechte finden ihre Schranken in den Vorschriften der allgemeinen Gesetze, in den gesetzlichen Bestimmungen zum Schutz der Jugend und in dem Recht der persönlichen Ehre.»

Nach verfassungsrechtlicher Auffassung umfasst die Kommunikationsfreiheit mithin drei Freiheiten:
– Meinungsfreiheit, also das Recht, seine Meinung frei zu äußern und zu verbreiten,
– Informationsfreiheit, also das Recht, sich aus allgemein zugänglichen Quellen zu unterrichten,
– Presse-, Rundfunk- und Filmfreiheit.

Ergänzt werden diese Freiheiten durch das Verbot der Zensur.

Meinungsfreiheit gilt als Menschenrecht, und zwar zum einem als individuelles Freiheitsrecht, das der Mensch zur Entfaltung seiner Persönlichkeit benötigt, zum anderen als Voraussetzung für das Funktionieren der Demokratie, die auf ständige geistige Auseinandersetzungen und den Streit der Meinungen über gesellschaftlich relevante Themen angewiesen ist. Gegenstand der Meinungsfreiheit ist sowohl das Äußern und

Verbreiten der eigenen Meinung als auch die Weitergabe und Verbreitung von Informationen (= umfassende Rede- und Mitteilungsfreiheit). Meinungsäußerungen im Sinne von wertenden Stellungnahmen sind durch das Gesetz umfassend geschützt. Verboten ist dagegen die Aufstellung und Verbreitung unrichtiger (wahrheitswidriger) Tatsachenbehauptungen.

Die gesetzlich gewährleistete *Informationsfreiheit* besteht in dem Recht, sich ungehindert aus allgemein zugänglichen Quellen zu unterrichten. Dieses Recht steht ebenfalls jedem zu. Informations- und Meinungsfreiheit sollen dafür sorgen, dass ein rational fundierter Prozess öffentlicher Meinungs- und Willensbildung möglich wird.

Als allgemein zugänglich gelten alle Quellen (in erster Linie Medienangebote), die jedem – sei es auch gegen Bezahlung – zugänglich sind. Das gilt auch für ausländische Quellen, die nicht durch staatliche Importbeschränkungen oder etwa Störsender ausgeschlossen werden dürfen.

Presse-, Rundfunk- und Filmfreiheit sind im Unterschied zu Meinungs- und Informationsfreiheit Medienfreiheiten, durch die sichergestellt werden soll, «... dass die Massenmedien ihr Rolle als ‹Medium› und ‹Faktor› im Prozeß der öffentlichen Meinungs- und Willensbildung wahrnehmen können» (Branahl 2002: 20). Diese Funktion der Medien hat das Bundesverfassungsgericht im wichtigen SPIEGEL-Urteil[115] von 1966 klar und deutlich beschrieben:

«Soll der Bürger politische Entscheidungen treffen, muß er umfassend informiert sein, aber auch die Meinungen kennen und gegeneinander abwägen können, die andere sich gebildet haben. Die Presse hält diese ständige Diskussion in Gang; sie beschafft die Informationen, nimmt selbst dazu Stellung und wirkt damit als orientierende Kraft in der öffentlichen Auseinandersetzung. In ihr artikuliert sich die öffentliche Meinung; die Argumente klären sich in Rede und Gegenrede, gewinnen deutliche Konturen und erleichtern so dem Bürger Urteil und Entscheidung.

In der repräsentativen Demokratie steht die Presse zugleich als ständiges Verbindungs- und Kontrollorgan zwischen dem Volk und seinen gewählten Vertretern in Parlament und Regierung. Sie faßt die in der Gesellschaft und ihren Gruppen unaufhörlich sich neu bildenden Meinungen und Forderungen kritisch zusammen, stellt sie zur Erörterung und trägt sie an die politisch handelnden Staatsorgane heran, die auf diese Weise ihre Entscheidungen auch in Einzelfragen der Tagespolitik ständig am Maßstab der im Volk tatsächlich vertretenen Auffassungen messen können.»

Die *Pressefreiheit* gilt für sämtliche Zeitungen und Zeitschriften, für Bücher, Broschüren, Flugblätter und Plakate. Sie gilt aber auch für alle Tätigkeiten im gesamten Produktions- und Distributionsprozess, also vom Herausgeber bis zum Archivar, für Journalisten wie für freie Mitarbeiter. Das Pressewesen ist streng privatrechtlich organisiert. Jeder kann als Verleger oder Journalist tätig werden, ohne dass dafür persönliche oder sachliche Voraussetzungen erfüllt werden müssen. Das Pressegewerbe ist unabhängig von einer staatlichen Zulassung. Berufsorganisationen der Presse mit Zwangsmitgliedschaft sind ebenso ausgeschlossen wie ein Standeszwang. Der *Deutsche Presserat* ist lediglich ein berufliches Selbstkontrollorgan ohne Standesgerichtsbarkeit. Um die Funktionsfähigkeit der Presse zu sichern, gelten Sonderrechte wie der Auskunftsanspruch gegenüber Behörden, das publizistische Zeugnisverweigerungsrecht, die Beschränkungen der Zulässigkeit der Durchsuchung von Presseräumen und der Beschlagnahme von Pressematerial.

Andererseits regeln die 16 Landespressegesetze die publizistische Sorgfaltspflicht, die Impressumspflicht, die Verpflichtung zur Gegendarstellung sowie die strafrechtliche Verantwortlichkeit. Besondere Bedeutung kommt dabei der Sorgfaltspflicht zu. Sie gibt vor, was auf welche Art in den Medien berichtet werden darf, wobei stets allgemeine Persönlichkeitsrechte gegenüber der Kommunikationsfreiheit abzuwägen sind. Zur Sorgfaltspflicht zählen vor allem die wahrheitsgemäße Berichterstattung und die damit verbundene Recherchepflicht, die Pflicht zur Überprüfung der Informationsquellen, die Zitattreue oder Anforderungen an Berichte im Bereich der Verdachts- und Gerichtsberichterstattung. Das wichtigste Instrument zur Wahrung der Persönlichkeitsrechte ist der Anspruch auf Gegendarstellung an gleicher Stelle und mit gleicher Schrift wie der beanstandete Text (sog. Gebot der Waffengleichheit).

Bei der so genannten inneren Pressefreiheit geht es um die Regelung der Beziehungen zwischen Verlegern und Mitarbeitern. Das betrifft die Abgrenzung publizistischer Kompetenzen ebenso wie die Mitwirkung bei personellen und wirtschaftlichen Maßnahmen. Dem Verleger werden eine Grundsatz-, eine Richtlinien- und eine Detailkompetenz zugesprochen. Die Grundsatzkompetenz umfasst das Recht, die publizistische Linie und Haltung eines Presseprodukts zu bestimmen. Die Richtlinienkompetenz umfasst das Recht, über neu auftretende grundsätzliche Fragen der Ausrichtung eines Presseorgans zu entscheiden. Die Detailkompetenz betrifft die Entscheidung tagesaktueller publizistischer Fragen; sie wird in der Regel jeweils zuständigen Redaktionsmitgliedern übertragen.

Durch die Pressefreiheit wird auch die Akquisition und Verbreitung von Werbung geschützt. Allerdings gilt hier das strikte Gebot der Trennung und Kennzeichnung von Werbeinhalten und redaktionellen Beiträgen (s. u.).

Der Schutz der *Rundfunkfreiheit* (Rundfunk = Hörfunk plus Fernsehen) umfasst die gesamte Programmgestaltung von Nachrichten bis zu Musik oder Kabarett. Sie ist durch die Landesrundfunkgesetze geregelt, die der Ausgestaltung einer freiheitlich demokratischen und Vielfalt sichernden Kommunikationsordnung verpflichtet sind. Die Sicherung von Meinungspluralismus gilt als zentrale Aufgabe des Rundfunks für den gesellschaftlichen Meinungsbildungsprozess. Der Rundfunk darf nach Gesetz weder dem Staat noch einer gesellschaftlichen Gruppe ausgeliefert werden; er muss allen gesellschaftlich relevanten Gruppen die freie Meinungsäußerung ermöglichen. Strukturmerkmal der Rundfunkfreiheit ist die Pluralität der Programme. Das gilt nach der Einführung des privaten Rundfunks (des sog. dualen Rundfunksystems seit Mitte der 1980er Jahre) auch für private Rundfunkanbieter. Auch hier müssen alle Meinungsrichtungen, einschließlich der von Minderheiten, zum Ausdruck kommen (können).

Den öffentlich-rechtlichen Rundfunkanstalten kommt die Aufgabe der so genannten Grundversorgung[116] der Bevölkerung mit Rundfunkprogrammen zu. Sie müssen sich dabei an den klassischen Programmauftrag – Information, Bildung, Kultur und Unterhaltung – halten, während die privaten Anbieter lediglich einen so genannten Grundstandard verwirklichen müssen. Allerdings müssen auch die privaten Anbieter allgemeine Anforderungen an die Programmgestaltung erfüllen, so die Achtung der Würde des Menschen im privaten Bereich, die Gewährleistung des Jugendschutzes und die zeitlichen Begrenzungen von Werbesendungen. Zuständig für die Beaufsichtigung aller den privaten Rundfunk betreffenden Fragestellungen einschließlich der Konzentrationskontrolle sind die (insgesamt 14) Landesmedienanstalten.

Die Besonderheiten der öffentlich-rechtlichen Rundfunkanstalten bestehen in ihrer rechtlichen Organisationsstruktur (bestehend aus dem pluralistisch zusammengesetzten Rundfunk- bzw. Fernsehrat, einem Intendanten sowie einem Verwaltungsrat) sowie in der vorrangigen Finanzierung über Gebühren, die die dauerhafte Grundlage für die Erfüllung des politisch gewollten und bestimmten Programmauftrags bilden. Daneben stehen den Rundfunkanstalten Einnahmen aus der Werbung oder dem Sponsoring zu.

Der Film ist das am wenigsten reglementierte Mediensystem. Der juristische Filmbegriff umfasst jegliche Form belichteter und projizierbarer Bild-Ton-Träger. Im Unterschied zum Rundfunk werden Filme immer an ihrem Abspielort selbst der Allgemeinheit vorgeführt. Durch die *Filmfreiheit* geschützt sind alle Tätigkeiten, die mit der Produktion, dem Vertrieb, dem Verleih und der Vorführung in Zusammenhang stehen. Beeinflusst wird das Filmrecht vom Filmförderungsgesetz und der freiwilligen Selbstkontrolle der Filmwirtschaft (FSK), die vor allem jugendgefährdende und Gewalt verherrlichende Inhalte auszufiltern versucht.

Die Entwicklung der so genannten Neuen Medien[117] hat zu zahlreichen Kodifikationen geführt, so zum Telekommunikationsgesetz, zum Informations- und Kommunikationsdienste-Gesetz, zum Teledienstdatenschutzgesetz oder zum Signaturgesetz. Auf verfassungsrechtlicher Ebene gibt es zwar noch keine eigene Kategorie für die verschiedenen neuen Kommunikationsformate; aber der im Artikel 5 des Grundgesetzes gewährleistete Schutz kommt auch den Neuen Medien zugute, weil ein Großteil der multimedialen Dienste dem verfassungsrechtlichen Rundfunkbegriff zugeordnet wird. Rechtlich geregelt sind bis heute die zwingend gebotene Anbieterkennzeichnung (parallel zur Impressumspflicht im Printbereich), die Einhaltung der Sorgfaltspflicht, die Beachtung des Jugendschutzes und des Datenschutzes.

Erläuterungsbedürftig ist das Zensurverbot aus Art. 5 GG. Entgegen einem alltagssprachlichen Verständnis von ‹Zensur› vertritt das Bundesverfassungsgericht die Auffassung, «... daß das Zensurverbot ausschließlich *staatliche* Maßnahmen untersagt, durch die die Herstellung oder Verbreitung eines Geisteswerks von behördlicher *Vorprüfung* und *Genehmigung* seines Inhalts abhängig gemacht wird, also die Einführung eines

Veröffentlichungsverbots mit *Erlaubnisvorbehalt*. Da ein solches Verfahren schon durch seine bloße Existenz das Geistesleben lähmen würde, ist es *ausnahmslos* unzulässig» (Branahl 2002: 26).

10.3 Journalistische Freiräume und ihre Grenzen

Wie oben ausgeführt, schreibt der Gesetzgeber «den Medien» vor, durch die öffentliche Diskussion über gesellschaftlich relevante Fragen zur Meinungsvielfalt und damit zur Erhaltung der Demokratie beizutragen. Um diese gesellschaftlich relevante Aufgabe erfüllen zu können, werden den Medienakteuren Freiräume geschaffen und zugleich für vorsehbare Konfliktfälle[118] begrenzt. Dabei sind rechtliche Begrenzungen ebenso vorgesehen wie Selbstkontrolle mit ihrer Orientierung an ethischen Prinzipien.

Sonderrechte werden Journalisten besonders bei der Informationsbeschaffung eingeräumt. Dazu gehören der Zugang zu Registern und anderen behördlichen Unterlagen, die Auskunftspflicht der Behörden, sofern sie nicht durch geltende Rechte und Verbote (wie Geheimhaltungsvorschriften oder Vorrangigkeit öffentlicher oder privater Interessen) verhindert wird, das Zeugnisverweigerungsrecht, das Verbot der Beschlagnahme von Beweismitteln oder die Sicherung von Redaktionsgeheimnissen. Aber auch hier gilt, dass in Ausnahmen solche Rechte eingeschränkt werden, etwa in dem Fall, wo Beweismittel in einem Strafverfahren eine wichtige Rolle spielen oder wo Redaktionsmitglieder oder andere Zeugnisverweigerungsberechtigte in Straftaten verwickelt sind. Grenzen der Informationsbeschaffung sind allgemein durch Rechtswidrigkeit markiert. Wer Informationen durch Einbruch oder Diebstahl, durch Abhören von Telefonaten oder Anstiftungen zu einer Straftat gewinnt, ist nicht durch die Grundrechte der Presse- und Rundfunkfreiheit geschützt und macht sich strafbar.

Die grundgesetzlich garantierten Presse- und Rundfunkfreiheiten finden ihre Grenze auch im Schutz der grundgesetzlich garantierten persönlichen Ehre, die jedem Menschen zugesprochen wird. An dieser Stelle zeigt sich allerdings die Problematik der Rechtsprechung, die sowohl in Fragen der Semantik als auch in Fragen der Abwägung liegt. Was genau ist üble Nachrede, was Verleumdung, was Schmähkritik? Durch welche Werturteile kann die Ehre eines Menschen verletzt werden? Wie steht es mit dem Ehrenschutz bei Karikaturen und Satiren?

> Eine Abbildung des damaligen Kanzlerkandidaten der CDU/CSU, F. J. Strauß, im Bundestagswahlkampf 1980 als Wolf in der «Rotkäppchen-Szene» mit der Unterschrift «Warum hast du ein so großes MAUL?» wurde vom VHG München als noch durch Art. 5 Abs. S. 1 GG gedeckte Meinungsäußerung gesehen.
>
> Eine Darstellung von Strauß als kopulierendes Schwein dagegen wurde als unzulässiger Angriff auf die personale Würde gewertet, weil die gewählte Darstellungsform ersichtlich nur den Zweck der Schmähung verfolge.

Kann man die Ehre eines Verstorbenen kränken, der laut Gesetz nicht mehr Opfer einer Beleidigung, übler Nachrede oder Verleumdung sein kann? Wie U. Branahl betont, sind auch tatsächliche Angaben über Verstorbene nur dann zivilrechtlich angreifbar, wenn sie «... eine grob ehrverletzende Entstellung seines Lebensbildes darstellen» (2002: 98).[119]

Erstaunlich ist, dass trotz der Orientierung am Sensationsjournalismus bei den privaten Anbietern – von Ausnahmen abgesehen – bisher noch keine Flut von Klagen aufgetreten ist. «Faktisch wird die Medienpraxis überwiegend toleriert, obwohl sie jedenfalls auf den ersten Blick den Prinzipien zum Schutze des Persönlichkeitsrechts widerspricht. Auch dieser Widerspruch zwischen rechtswissenschaftlicher Theorie und empirischer Medienpraxis deutet auf eine gewisse Unsicherheit in der rechtlichen Regulierung dieses Bereichs hin» (Halfmeier 2000: 20).

Schwierig wird es auch, wenn Persönlichkeitsschutz und Medienfreiheit in Kollision geraten. Persönlichkeitsschutz betrifft u. a. den Schutz der häuslichen Sphäre und des Privatlebens, den Schutz des Persönlichkeitsbildes, des Ansehens und des guten Rufs, aber auch den Schutz des Lebens und der körperlichen Unversehrtheit. Hier gestattet der Gesetzgeber nur dann Eingriffe in das Persönlichkeitsrecht, wenn ein allgemeines (öffentliches) Informationsinteresse besteht, dessen Befriedigung von so großer Bedeutung für die Allgemeinheit ist, dass das Selbstbestimmungsrecht des Einzelnen demgegenüber zurücktreten muss. Solche Informationen müssen für den demokratischen Meinungs- und Willensbildungsprozess von Bedeutung sein und dürfen nicht nur Sensationslust und Neugier befriedigen. Offensichtlich spielen hier Abwägungen die entscheidende Rolle, wie viele einschlägige Urteile zeigen. Hinzu kommt, dass der BGH neuerdings dazu tendiert, auch das Unterhaltungs- und Sensationsbedürfnis der Bevölkerung höher einzuschätzen als früher.

Nicht nur Einzelpersonen, auch Firmen genießen Persönlichkeitsschutz. So kann sich ein Unternehmen erfolgreich zur Wehr setzen gegen die unbefugte Nutzung seines Namens, seiner Logos und Markennamen; gegen die Veröffentlichung von Betriebs- und Geschäftsgeheimnissen; gegen Ehrverletzung, geschäftsschädigende Äußerungen und Boykottaufrufe.

Im Bereich des *Bildjournalismus* gelten gesetzliche Fotografierverbote für militärische Anlagen, pornographische Abbildungen und Gerichtsverhandlungen. Verboten ist auch die Veröffentlichung von Zeichnungen, Fotos, Film- oder Videoaufnahmen, auf denen Personen individuell erkennbar abgebildet sind. Das Recht auf das eigene Bild bestimmt, dass die Veröffentlichung von Bildnissen grundsätzlich der Zustimmung der Abgebildeten bedarf. Eine andere Regelung gilt bei Personen der Zeitgeschichte. «Absolute Personen der Zeitgeschichte», an denen aufgrund ihrer Stellung innerhalb der Gesellschaft oder aufgrund außergewöhnlicher Leistungen ein besonderes öffentliches Interesse besteht, dürfen uneingeschränkt fotografiert und veröffentlicht werden. «Relative Personen der Zeitgeschichte», an denen lediglich aufgrund der Verknüpfung mit einem bestimmten aktuellen Ereignis ein besonderes Interesse besteht, dürfen nur mit diesem Ereignis abgebildet werden. Aber auch hier, so betonen die Medienrechtler Bernd Holznagel und Babette Kibele, ist in jedem Fall abzuwägen zwischen dem verfassungsrechtlich geschützten Persönlichkeitsrecht und dem Recht auf freie Bildberichterstattung (cf. 2002: 239).

Grenzen für die journalistische Arbeit setzt auch das *Urheberrecht*, das dem Schutz «geistigen Eigentums» dient. Der Bundesgerichtshof sieht es als «naturgegebenes Faktum» an, dass dem Urheber das geistige Eigentum an seinem Werk zusteht. Als «Werke» kommen in Betracht: Texte und Reden, Fotos, Filme und Videos, Computersoftware, wissenschaftliche und technische Zeichnungen, Pläne, Karten, Modelle sowie Werke der bildenden Kunst jeder Sparte. Während Werke, die als «persönliche geistige Schöpfungen» ein gewisses Maß an Individualität und Kreativität aufweisen müssen, urheberrechtlichen Schutz genießen, sind journalistische Arbeiten wie Berichte, Reportagen, Kommentare, Leitartikel, Glossen und Interviews nur der Form nach geschützt. Ihr Inhalt kann nach der Veröffentlichung grundsätzlich von jedem frei verwendet werden. Vermischte Nachrichten und Tagesneuigkeiten können ebenfalls frei genutzt werden. Allerdings dürfen solche Nutzungen nicht gewerblicher Natur sein (etwa in Form wörtlicher Übernahmen von Artikeln durch gewerbliche Informationsdienste).

Das Urheberrecht trennt zwischen Urheberpersönlichkeitsrecht und dem Recht zur wirtschaftlichen Verwertung geschützter Werke. Damit erhält der Inhaber persönlichkeitsrechtlichen Schutz und behält das alleinige Recht, sein Werk in beliebiger Form zu verwenden bzw. nach Absprache oder Vertrag von anderen verwerten zu lassen.

Journalisten bei Zeitungen und Zeitschriften räumen tarifvertraglich dem Verlag das ausschließliche Nutzungsrecht an Texten und Fotos ein, die im Rahmen der Erfüllung arbeitsvertraglicher Pflichten entstanden sind. Weitergehende Nutzungen müssen angemessen honoriert werden.

In Zeiten des Internets ist das Urheberrecht immer mehr ins Zentrum vielfältiger Debatten geraten. Besonders bekannt geworden ist die Problematik des kostenlosen Herunterladens von Musik und Texten aus dem Netz, weil hier die finanziellen Interessen der großen Musikproduzenten betroffen sind. Daneben stellen sich bei Verfahren wie dem Sampling aber grundsätzliche Fragen nach geistigem Eigentum, individueller Autorschaft, nach dem Werkbegriff[120] sowie nach der strikten Unterscheidung von Original und Kopie.[121] Bis heute gilt jedoch sowohl im Internet als auch in sonstigen Online-Diensten der Urheberrechtsschutz im gleichen Maß wie in den traditionellen Medien. Allerdings arbeitet die Europäische Union an einer Rechtsordnung für die sich rasch entwickelnden Konvergenzprozesse, das heißt für das durch die Digitalisierungsmöglichkeiten zunehmende Zusammenwachsen der verschiedenen Kommunikationsplattformen, -dienste und Endgeräte.

Einschränkungen journalistischer Freiheiten ergeben sich schließlich aus Rechtsgütern, die den Schutz des Staates, des öffentlichen Friedens und des Jugendschutzes betreffen. Die Medien sind gehalten, die demokratischen Staatsziele zu fördern. Darum sind Verunglimpfungen des Staates und seiner Symbole ebenso verboten wie Volksverhetzung, die Beschimpfung von Religionsgesellschaften oder die Unterstützung einer kriminellen Vereinigung. Auch in diesem Bereich stellen sich jedoch, wie etwa Terroristenprozesse der letzten Jahre gezeigt haben, erhebliche Probleme im semantischen Bereich (was z. B. ist eine kriminelle Vereinigung?) und bezüglich der Güterabwägung.

Besondere Aufmerksamkeit haben in den letzten Jahren *werberechtliche* Fragen auf sich gezogen. Wie bekannt, finanzieren sich die privaten Rundfunkanbieter und Anzeigenblätter ausschließlich, die öffentlich-rechtlichen Rundfunkanbieter, Zeitungen und Zeitschriften zunehmend aus Werbeeinnahmen. Daher sieht der Gesetzgeber die Gefahr, dass die werbetreibende Wirtschaft einen unangemessenen Einfluss auf die Inhalte der Medienangebote bekommen könnte. Um diese Gefahr abzuwenden und die Medien zur Vertretung aller gesellschaftlichen Gruppen zu befähigen, gilt die Vorschrift, redaktionelle Beiträge und Wirtschaftswerbung deutlich erkennbar strikt voneinander zu trennen (= Kennzeichnungspflicht für Anzeigen und Werbemedienangebote). Verboten sind deshalb auch Schleichwerbung, Product Placement und Sponsoring, also Formen der Vereinbarung einer Vergütung dafür, dass im Programmteil ohne entsprechenden Hinweis ein Produkt oder eine Dienstleistung vorgeführt werden.

Mit diesen Verboten, ebenso wie mit dem Verbot des unlauteren Wettbewerbs (= die Verwendung von Täuschungen, Irreführungen und Falschbehauptungen jeder Art) und tatsachenwidriger vergleichender Werbung sollen einerseits die Rezipienten vor Irreführung, Täuschung und Verführung bewahrt werden, soll andererseits der Wettbewerb zwischen den Anbietern fair bleiben und zugleich das Wettbewerbsprinzip selbst geschützt werden.

10.4 Moral und Recht: Selbst- und Fremdkontrolle

Neben der Regelung von Konfliktfällen durch Gesetze steht die freiwillige Konfliktregelung durch Selbstkontrolle. Wie Ingrid Stapf (2005) betont, erhält die Freiheit der Medien im Hinblick auf potenziell Betroffene eine moralische Qualität, die über rechtliche Ansprüche hinausgeht.

«Der durch den möglichen Machtmissbrauch entstehende Normierungs- und Regelungsbedarf der Medien erfolgt durch *Moral* und *Recht*. Anders als die Moral, regelt das Recht die äußeren Handlungen von Menschen und bedarf aufgrund seiner Setzung nicht der *Anerkennung* oder *Einsicht*. Als äußerer Steuerungsmechanismus verfügt das Recht über Zwangsmittel zur Sanktionierung. Dagegen bedürfen moralische Normen der *inneren* Anerkennung von Menschen, die aufgrund von *Einsicht* und *Autonomie* handeln. Die Einforderung der Verantwortung als ‹ethischer Schlüsselkategorie› [...] ist somit nicht mit äußerem Zwang vereinbar. Aufgrund ihrer Appell- und Orientierungsfunktion unterliegt damit auch die Berufsmoral primär der Selbst-Bindung.» (Stapf 2005: 18 f.)

Referenzbereich der Medienselbstkontrolle sind also genau diejenigen Bereiche, die das Recht nicht reguliert, also vor allem Anstand, Moral, Ästhetik oder Geschmack.[122]

Freiwillige Selbstkontrolle umfasst drei Komponenten: Freiwilligkeit, also das Fehlen eines Zwangs zur Selbstkontrolle; Einrichtung der Selbstkontrolle von denen, die kontrolliert werden (sollen); Effektivität der Kontrolle durch Aufsicht, Überwachung und Sanktionen. Diese Kontrolle dient, so Stapf, «... der Wahrung der Berufsethik nach innen, der Unterbindung von Fehlverhalten vor allem im Rahmen des Machtmissbrauchs der Medien gegenüber potenziell Betroffenen und verfolgt nach außen das Ziel, die Medienfreiheit gegenüber dem Staat zu verteidigen» (ebd.: 24).

Kritiker haben immer weder moniert, die Selbstkontrolleinrichtungen im Mediensystem (s. u. Abb. 22) seien «zahnlose Tiger», weil sie keine wirklich wirksamen Sanktionen verhängen können. Andererseits sind die Mahnungen und Rügen etwa des Deutschen Presserats zwar symbolische Sanktionen; aber sie führen dazu, dass Normverstöße öffentlich moralisch diskutiert werden: «Das Regulierungsprinzip Öffentlichkeit impliziert die transparente Tätigkeit von Instanzen der Selbstkontrolle» (Stapf 2005: 25). Über die öffentliche Diskussion von Normenverstößen, wie sie etwa im Anschluss an die Barschel-Affäre erfolgte, zwingt sich das Mediensystem selbst, sein Berufsethos, seine Funktion für die Öffentlichkeit und seine Selbstorganisationsfähigkeit zu thematisieren und zu testen.

Im Lichte dieser Überlegungen verwundert es nicht, dass in allen Mediensystemen Institutionen zur Selbstkontrolle entstanden sind.

Institutionen der Selbstkontrolle im Printbereich
– Der Deutsche Presserat (seit 1956)
– Interessengemeinschaft DT-Control (seit 1995)

Institutionen der Selbstkontrolle im Werbe- und PR-Bereich
– Der Deutsche Werberat (seit 1972)
– Der Deutsche Rat für Public Relations (DPRP) (seit 1987)

Institutionen der Selbstkontrolle im Rundfunk- und Fernsehbereich
– Die Freiwillige Selbstkontrolle Fernsehen (FSF) (seit 1994)
– Rundfunkspezifische Gesellschaftskontrolle des öffentlich-rechtlichen Rundfunks[123]
– 15 Landesmedienanstalten im privaten Rundfunk

Institutionen der Selbstkontrolle im Kino- und Videobereich
– Freiwillige Selbstkontrolle der Filmwirtschaft (FSK) (seit 1949)

Institutionen der Selbstkontrolle für die Neuen Dienste
– Freiwillige Selbstkontrolle Multimedia Diensteanbieter (FSM) (seit 1997)
– Unterhaltungssoftware Selbstkontrolle (SK) (seit 1994)

Abb. 22: Institutionen der Medienselbstkontrolle in Deutschland.
Quelle: Stapf 2005: 26

10.5 Zwischen Regelung und Abwägung: Dilemmata des Medienrechts

Der kurze Überblick über medienrechtliche Fragen sollte verdeutlichen, in welchem Spannungsfeld sich medienrechtliche Problemlösungsversuche bewegen. Zwei der offenkundigsten Probleme sind hervorgehoben worden: das Problem der Semantik und das Problem der Abwägung. Beim ersten geht es um eine plausible und zustimmungsfähige Begriffsbestimmung sensibler Begriffe wie ‹Persönlichkeit›, ‹öffentliches Interesse›, ‹Werk› oder ‹Auskunftspflicht›. Beim zweiten geht es um die Abwägung zwischen Pressefreiheit und Persönlichkeitsschutz, zwischen staatlichen Interessen und Interessen bezüglich der umfassenden Information der Öffentlichkeit.

Aber auch innerhalb der Mediensysteme und ihrer Organisationen (wie Redaktionen) geht es angesichts der Abhängigkeit von Werbeeinnahmen um die Abwägung zwischen der öffentlichen Aufgabe und den ökonomischen Interessen, zwischen der journalistischen Sorgfaltspflicht und den Versuchen der Geldgeber, auf Ausrichtung und Inhalte der Berichterstattung Einfluss zu bekommen oder sich via Product Placement direkt in das Programm einzuspielen.

Schließlich geht es, wie klar geworden sein dürfte, immer wieder um die Frage nach der sinnvollen Art und Dichte der Regelungen und dem Verhältnis von rechtlicher Regelung und freiwilliger Selbstkontrolle.

Alle diese Fragen können heute nicht mehr im nationalen Rahmen allein entschieden werden, sondern werden immer stärker von der Rechtsentwicklung in der EU bestimmt. So hat etwa die Einrichtung des Europäischen Gerichtshofs für Menschenrechte in Straßburg dazu geführt, dass der Schutz der Privatsphäre zu Lasten der Pressefreiheit verstärkt worden ist und weiter verstärkt werden wird. Und zwischen der EU-Kommission und den nationalen Fernsehanbietern schwelt der Streit über die Rechtmäßigkeit der Gebührenfinanzierung des öffentlich-rechtlichen Rundfunks.

Das Medienrecht ist in ständiger Bewegung, angetrieben von der täglichen journalistischen Praxis und ihren Konfliktpotenzialen wie von den technischen Entwicklungen, die immer neue Regelungen erfordern. Das macht viele Aspekte des Medienrechts problematisch; gleichwohl vollzieht sich das Handeln der Mediensysteme und Medienakteure in einem rechtlich «durchsponnenen» Raum, dessen Regularien man kennen muss, will man seinen Möglichkeiten und Pflichten, seiner Verantwortung und seinen Ansprüchen in einer Medienkulturgesellschaft gerecht werden.

11. Erweiterungen im Bereich der Kommunikations- und Medientheorien

11.1 Kommunikations- und Mediengeschichte

«Die» Geschichte von Kommunikation und Medien ist bis heute nicht geschrieben worden und bleibt wohl auch eine Utopie.[124] Zu unterschiedlich sind die Beobachtungsperspektiven, die verwendeten Theorien und die Zielsetzungen. Bisherige Ansätze konzentrieren sich auf die Chronik von Medienentwicklungen (so etwa Hiebel et al. 1999), auf eine Technikgeschichte der Medien, auf Biographien und Autobiographien prominenter Medienakteure (Techniker, Regisseure usw.), auf den mit der Medienentwicklung verbundenen Mentalitätswandel, auf die Geschichte einzelner Medien (Buch, Fotografie, Film, Rundfunk usw.), auf den durch Medien (mit)bedingten Wandel von Kommunikationsformen, auf den Wandel von Raum- und Zeitbedingungen oder auf Konstanten im Prozess der Medienentwicklung.

Auch bei der Auseinandersetzung mit dem Thema Kommunikations- und Mediengeschichte erweist sich der in Kapitel 5.1 eingeführte Medienkompaktbegriff als hilfreich; denn er verweist uns darauf, unsere Beobachtungs- und Beschreibungsperspektive auf *alle* Komponenten des Medienbegriffs anzuwenden sowie alle Kommunikationsmittel und Mediensysteme ebenso in die Untersuchung einzubeziehen wie alle Kommunikationsformen (interaktiv und medial vermittelt). Unser Medienbegriff verweist uns weiterhin auf die Aufgabe, sowohl die Aktanten in Mediensystemen und die Interaktion der einzelnen Mediensysteme als auch deren Interaktionen mit anderen gesellschaftlichen Systemen wie Wirtschaft, Politik oder Recht unter Bezugnahme auf das Kulturprogramm der jeweiligen Gesellschaft zu berücksichtigen.[125] Dazu einige exemplarische Anmerkungen.

Autoren wie der britische Ethnologe Jack Goody und Ian Watt (1963), der amerikanische Literatur- und Medienwissenschaftler Walter J. Ong

(1982, 1987) oder der britische klassische Philologe Eric A. Havelock (1990) haben eingehende Studien über die Folgen des Übergangs von Mündlichkeit zu Schriftlichkeit vorgelegt und gezeigt, dass erst das Verfügen über *Schrift* gesellschaftliche Entwicklungen wie Buchreligionen, Verwaltung, konstantes Rechtswesen oder Wissenschaft ermöglicht haben. Dabei spielten sowohl kognitive und kommunikative als auch technische und institutionelle Gesichtspunkte eine Rolle: Dank der Verschriftlichung konnte das Wissen vom Körper des Wissenden abgelöst und unabhängig von ihm beliebig kommuniziert, kritisiert und bewertet werden. Um die Verwendung von Schrift zu etablieren und zu stabilisieren, mussten Schulen und Skriptorien institutionalisiert werden. Dank der Schrift konnten Verwaltungen auf der Grundlage von Buchführung und im Zuge einer Professionalisierung der Verwaltungs«beamten» entwickelt, konnten exakt formulierte politische Verträge geschlossen und religiöse Überzeugungen dauerhaft und für alle identisch lehr- und lernbar in Form schriftlich festgelegter heiliger Schriften (wie die Bibel oder der Koran) verstetigt werden.

Die amerikanische Historikerin Elisabeth L. Eisenstein (1979) oder der Erfurter Literaturwissenschaftler Michael Giesecke (1991) zeigen in ihren Schriften die technischen, wissenschaftlichen, sozialen und politischen Folgen der Erfindung und Durchsetzung des Buchdrucks auf. So sind die massenhafte Herstellung identischer Bücher, die Entwicklung empirischer Wissenschaft, die Entstehung einer Nationalsprache, die (wenigstens im Prinzip mögliche) Demokratisierung des Wissens, der freie Zugang zu religiösen Schriften ebenso mit dem Buchdruck verbunden wie die Entstehung des europäischen Imperialismus.

Allerdings muss man sich bei solchen Beschreibungen davor hüten, mit linear kausalen Erklärungen zu arbeiten. Die genannten Entwicklungen haben sich über längere Zeiträume koevolutiv, also in ständig neuen und veränderten Bezugnahmen aufeinander vollzogen, wobei soziale (ökonomische, rechtliche, politische), technische (alle Komponenten der Satz-, Druck- und Verbreitungstechniken) und kognitive Faktoren (Veränderung von Einstellungen, Wissen, Werten, Zielen) eine Rolle gespielt haben; diese Rolle ist uns heute erst in Annäherungen klar – und das dürfte auch für die Geschichtsschreibung anderer Medien gelten.[126] Deshalb ist es problematisch, wenn Medientheoretiker wie Friedrich Kittler und seine Schüler Norbert Bolz (1993), Rudolf Maresch (1996) oder Dirk Spreen (1998) die Medien zu den Faktoren hochstilisieren, die angeblich *allein* die Geschichte bestimmen, und damit alte Bestimmungsfaktoren wie die Politik und soziale Verhältnisse vernachlässigen.

Aus dem von uns verwendeten Medienbegriff folgt zum zweiten, dass nicht nur die Medientechnologie und die institutionellen Komponenten berücksichtigt werden müssen, sondern auch die Medienangebote selbst samt ihren Inhalten. So verweist der Hamburger Medienwissenschaftler Knut Hickethier zu Recht darauf, dass etwa eine Fernsehgeschichte neben einer Technik- und Institutionengeschichte auch eine Programm- und Produktgeschichte sowie eine Rezeptions- und Wahrnehmungsgeschichte umfassen muss.

Notwendiger Teil einer Mediengeschichte muss auch eine Untersuchung der Verhältnisse der Medien untereinander sein. Wie bereits erwähnt, hatte sich Wolfgang Riepl schon 1913 gegen die Auffassung gewandt, bei der Entwicklung eines neuen Mediensystems komme es automatisch zu einem Verdrängungswettbewerb. Stattdessen zeigt er, dass sich durch solche Entwicklungen eine Neuformation der Aufgabenstellungen und Möglichkeiten der verfügbaren Mediensysteme entwickelt hat. So hat etwa der Buchdruck keineswegs das Handschreiben verdrängt, sondern ihm eine neue Dimension des Privaten und Persönlichen verliehen. Das Fernsehen hat das Buch keineswegs überflüssig gemacht, wie jede Buchmesse zeigt. Und die elektronische «Post» hat dem Snailmail-Brief eine neue Funktion und Wertigkeit zukommen lassen usw.

Eine Kommunikations- und Mediengeschichte muss die Veränderungen der Handlungsspielräume in allen vier Handlungsdimensionen und den dort entwickelten Handlungsrollen in Mediensystemen berücksichtigen, also in den Dimensionen Produktion, Distribution, Rezeption und Verarbeitung von Medienangeboten, die im Laufe der Etablierung neuer Mediensysteme ihre eigenen Kulturprogramme ausgebildet haben. So hat z. B. die Möglichkeit, Fernsehprogramme neben Hörfunkprogrammen und Printprodukten zu produzieren und zu nutzen, zur Entwicklung neuer Formen der Distribution, Rezeption und Verarbeitung geführt, die wiederum erheblichen Einfluss auf die Möglichkeiten interaktiver wie medial vermittelter Kommunikation gehabt haben, und zwar hinsichtlich der technischen wie der thematischen und ästhetischen Möglichkeiten, die nun in Konkurrenz zu den entsprechenden Möglichkeiten der anderen Medien genutzt und auch zum Gegenstand interaktiver wie massenmedialer Kommunikation gemacht werden konnten.

Neu eingeführte Medien führen immer auch zu einer Segmentierung des Publikums in Fernsehrezipienten und Fernsehverweigerer, in Fans der öffentlich-rechtlichen und der privaten Anbieter, in RTL- und Arte-Fans usw., so wie es parallel im Printbereich *Bild*- und *Taz*-Fans oder im Hörfunkbereich WDR-2- und WDR-5-Fans gibt.

Schließlich macht uns die von uns postulierte unlösbare Verbindung von Medien und Kommunikation darauf aufmerksam, dass die Beobachtung und Beschreibung von Medien nur in den Medien und mit Hilfe von Medien erfolgen kann (= Autologieproblem). Medienforschung, auch historische Medienforschung, ist notwendig auf sich selbst bezogen, sie muss ihre eigenen Erklärungen erklären, sie muss ihre Mittel (die Medien) benutzen, um ihren Problembereich (die Medien) zu bearbeiten – kurzum, sie ist immer schon ein Teil dessen, was sie beschreibt. So sieht eine Geschichte des Films anders aus, ob sie im Medium Film oder im Medium Buch oder Fotografie verfasst wird, und sie ist sowohl an die verfügbaren (weil archivierten) Medienangebote als auch an die verwendete Filmtheorie gebunden.

11.2 Medienkunst

Ein Themenfeld, das in der Kommunikationstheorie in Forschung und Lehre nur sehr randständig behandelt wird, ist die Medienkunst. Das geschieht u. E. sehr zu Unrecht, ist die Medienkunst doch geradezu ein Prüfstein für die Plausibilität und Fruchtbarkeit von Medienkonzepten sowie für die von uns vertretene These des unlösbaren Zusammenhangs von Kognition, Kommunikation, Medien und Kultur.

Es kann an dieser Stelle nicht darum gehen, einen Überblick über die vielfältigen Erscheinungen der heutigen Medienkunst zu geben – dazu empfiehlt sich etwa ein Einblick in die Themenhefte der Zeitschrift

«KUNSTFORUM International»; vielmehr wollen wir auch hier versuchen, die *Orientierungsleistungen* der bisher entwickelten kommunikations- und medientheoretischen Grundlagen zu nutzen, um eine Systematisierung des Themas Medienkunst zu skizzieren.

Jede Rede von Medienkunst hat als Bezugspunkt das *Kunstsystem* als eigenständiges Sozial- und Symbolsystem.[127] Der Wortteil «Medien-» kann also nicht bedeuten, dass Medienkunst ein Teil des Mediensystems ist, sondern er verweist darauf, dass hier ein Sozialsystem auf systemspezifische Weise von den Möglichkeiten des Mediensystems der jeweiligen Gesellschaft Gebrauch macht. Dabei zeichnet sich der Teilbereich Medienkunst innerhalb des Kunstsystems dadurch aus, dass hier nicht nur traditionelle Kommunikationsinstrumente wie Sprache und Bilder sowie traditionelle Produktionsweisen wie Zeichnen, Malen, Modellieren usw. verwendet werden. Vielmehr werden technische Möglichkeiten aus dem Bereich der Elektronik eingesetzt, die in der Technologie von Fernsehen und Video bis zum PC und dem Internet reichen. Ebenso wie bei der Verwendung der ja an sich kunstneutralen Instrumente und Produktionsweisen stellt sich auch bei der Verwendung elektronisch basierter Mittel die Frage, ob und wie es den Kunstproduzenten gelingt, diese Mittel so zu verwenden, dass die anderen Akteure im Kunstsystem, also Galeristen, Museumsleute, Kunstkritiker, Rezipienten und vor allem Käufer, die Produkte der Nutzung nicht etwa als absonderliche Ingenieursleistungen, sondern *als Kunstwerke* ansehen und im Kunstsystem bewerten. Dabei geht es um die Beantwortung einer doppelten Frage: Ist Werk A schon, noch oder überhaupt ein Kunstwerk? Und: Welchen Rang erhält es – wenn es anerkannt wird – im Rahmen von bzw. im Vergleich zu anderen Kunstwerken im Kunstsystem?

«Ich schlage deshalb in Anlehnung an Heinrich Klotz tentativ vor, Medienkunst als Sammelbegriff für Künste zu benutzen, die elektronische und digitale Steuer- und Kommunikationsmedien dominant verwenden, mit ihrer Hilfe, in und aus ihnen heraus generiert werden, untereinander visuell, akustisch oder auch darstellend variiert werden können. In ihnen werden an mediale Vermittlung gebundene

> Wahrnehmungsweisen künstlerisch reflektiert, gebrochen, verändert, erweitert. Hybridisierungen mit traditionellen künstlerischen Darstellungsweisen sind dabei an der Tagesordnung.» (Thomsen 1996: 8)

Diese Überlegungen verdeutlichen, dass es auch bei der Kunst, die die so genannten Neuen Medien verwendet, zu denselben grundlegenden Fragen kommt, die auch schon bei der Nutzung der Medien Fotografie, Film, Hörfunk oder Fernsehen diskutiert worden sind: Kann man unter Verwendung der Technologien der genannten Medien Kunstwerke produzieren, und wie wird deren Rang im Kunstsystem eingeschätzt? Und ähnlich wie in den früheren Situationen dreht sich die Diskussion um eine/die Medienkunst um:

– eine Erweiterung des Kunstbegriffs über die traditionellen Erscheinungsformen hinaus;
– eine Neubestimmung des Konzepts ‹Kunstwerk› hinsichtlich der traditionellen Erwartungen an dessen Identität und Authentizität, an Original und Kopie;
– eine Umdeutung der Rolle des Rezipienten vom passiven Konsumenten zum Koproduzenten bzw. interaktiven Mitspieler (etwa in interaktiven Installationen);[128]
– eine Erweiterung bzw. Neubestimmung der Kunst- und Wertkriterien aufseiten der Kunstkritik und der Kunstwissenschaft.

Wie jede Verwendung neuer medialer Möglichkeiten geht es auch bei der Medienkunst um eine implizite oder explizite Auseinandersetzung mit den «alten» im Kontrast zu den «neuen» Medien. Was bedeutet die Möglichkeit der Produktion digitaler Bilder, die keinen Referenten haben, die also kein Ab-Bild sind? Was bedeutet die Möglichkeit der spurenlosen Fälschung von digitalen Bildern, des Morphings, der elektronischen Speicherung, des Sampelns usw.? Seit den frühen Formen der Computerlyrik und Computergrafik, also von Texten und Bildern, die durch ein Zufallsprogramm erzeugt wurden, wird die Frage diskutiert, ob Computerprogramme oder Installationen, die erst von aktiv eingreifenden Benutzern «zum Leben erweckt» werden, überhaupt Kandidaten für den Titel «Kunstwerk» sein können. Ist die Herstellung von künstlerischen Texten notwendig an eine identifizierbare Person gebunden, oder kann sie prinzipiell auch an ein technisches Dispositiv übertragen werden?

Auch bei der Medienkunst wird das Publikum gespalten in Verehrer und Verächter bzw. in Experten und Ignoranten. Und auch bei der Medienkunst differenziert sich die Kommunikation über solche Kunst dahin gehend aus, dass im Hinblick auf die Medienangebote über die drei anderen konstitutiven Komponenten gesprochen werden muss: über die verwendeten Kommunikationsinstrumente und deren Neubestimmung; über die Rolle und Neubestimmung der Technologien und technischen Dispositive; und über die Rolle und Neubestimmung sozialsystemischer Institutionen (Galerien, Museen, Archive, Kunsthandel) in und durch Medienkunst.

Schließlich macht sich auch Medienkunst wie jede andere Kunstform abhängig von ihrer *Zugänglichkeit*. Bis heute gibt es nur wenige Galerien, Museen und Festivals (wie die Ars Electronica in Linz), auf denen Medienkunst angeboten wird – wohl aber schon zwei Hochschulen, die Medienkünstler ausbilden und Medienkunst ausstellen, und zwar das ZKM in Karlsruhe und die Kunsthochschule für Medien in Köln. Zum anderen braucht man schon Insiderkenntnisse, um Medienkunst im Netz zu finden, zu rezipieren oder gar interaktiv produktiv zu nutzen. Auch hier kann eine Auseinandersetzung mit Medienkunst im Rahmen des kommunikationswissenschaftlichen Studiengangs Kompetenzen vermitteln und den Blick über den Tellerrand der traditionellen Beschäftigung mit Massenkommunikation und Wirkungsforschung hinauslenken.

11.3 Medienunterhaltung

Wie schon mehrfach angesprochen, hat sich Unterhaltung längst als wichtigstes Format in allen Mediensystemen etabliert, ist neben den Nachrichtenjournalismus seit langem der Unterhaltungsjournalismus getreten. In der Kommunikationswissenschaft ist das Thema Unterhaltung dagegen sehr lange mit Verachtung gestraft worden. Erst in den letzten Jahren hat Werner Früh (2002) das Thema systematisch behandelt und einen ernsthaften Diskurs darüber in Gang gebracht.[129]

Auch bei diesem Thema kann es im Folgenden nicht darum gehen, die bisher vorgelegten Arbeiten zu referieren oder die Unterhaltungsformate aufzuzählen – die kennen Studierende heute sehr genau aus eigener Erfahrung. Vielmehr soll auch hier ein Angebot für eine systematische Auseinandersetzung mit diesem Thema im Rahmen eines kommunikationswissenschaftlichen Studiums gemacht werden, das den Studierenden eine Orientierung in entsprechenden Lehr- und Lektüreangeboten erlaubt.

Unsere Ausgangshypothese lautet kurz und bündig: *Unterhaltung ist eine kommunikative Kulturtechnik.* Aus dieser These leiten wir folgende Anschlussüberlegungen ab:

– Als *kommunikative* Kulturtechnik ist Unterhaltung ein Geschehen, das medienvermittelt abläuft. Legt man im Sinne der bisherigen Vorschläge einen Medienkompaktbegriff zugrunde, dann kommen bei der Analyse dieser Kulturtechnik folgende Aspekte in den Blick, deren Rolle bei der Analyse von Unterhaltung zu prüfen sein wird: individuelle und kollektive Produzenten, Vermittler, Rezipienten und Verarbeiter von Medienangeboten im Rahmen ihrer jeweiligen Handlungsrollen; Medienangebote als Resultate des systemischen Zusammenwirkens der genannten Komponenten des jeweiligen Mediums; durch Bezug auf das Kulturprogramm gemeinsam geteilte Sinnvoraussetzungen und Erwartungs-Erwartungen aus bisherigen Erfahrungen sowie schließlich die Bestimmungsgrößen, die sich aus den konkreten Handlungskontexten für die jeweiligen Aktanten ergeben.

– Als *Kultur*technik ist Unterhaltung eine Funktion des Kulturprogramms einer Gesellschaft.

– Von Kultur*technik* ist die Rede, weil es sich hierbei um erlernte bzw. anderweitig erworbene Fähigkeiten, Fertigkeiten oder Routinen handelt, deren Vollzug, Bewertung und Interpretation notwendigerweise aktantenspezifisch ist.

Aus den bisherigen Überlegungen lassen sich einige Schlüsse ziehen, die zugleich als methodologische Empfehlungen für die Beschäftigung mit dem Phänomen «Unterhaltung» gelesen werden können.

‹Unterhaltung› ist ein aus guten Gründen undefinierbarer Begriff. Das Phänomen «Unterhaltung» ist nicht durch die Aufzählung von Erscheinungsformen und deren Komponenten explizierbar, weil sich erst in der aktantenspezifischen Anwendung der Kulturtechnik Unterhaltung entscheidet, was aus welchen Gründen wen wann unterhält. Im Wirklichkeitsmodell ist vor-entschieden, welche Unterscheidungen für die Unterscheidung und Benennung von Unterhaltungsmöglichkeiten genutzt werden können (Spaß, Spannung, Erholung, Ablenkung usw.).

Das Kulturprogramm bestimmt, welche Möglichkeiten miteinander kombiniert und wie sie emotional und moralisch bewertet werden (etwa entlang der Skala erlaubt/verboten, hochstehend/trivial oder heimlich/öffentlich).

Alle Anwendungen der erworbenen Kulturtechnik Unterhaltung erfolgen in den Handlungszusammenhängen von Aktanten im Rahmen und nach Maßgabe ihrer komplexen Handlungsmöglichkeiten. Darunter fallen Wissen und Fähigkeiten, Bedürfnisse, Intentionen und Motivationen sowie die ökonomischen, politischen und soziokulturellen Handlungsbedingungen zum Zeitpunkt des Handelns.

In Kommunikationszusammenhängen werden Medienangebote zu Unterhaltungszwecken genutzt und zugleich zum Gegenstand von Kommunikationen gemacht, wobei auch aus dem Reden über Unterhaltung Unterhaltungspotenziale gewonnen werden können – man amüsiert sich noch einmal beim Gespräch über die gestrige Fernsehshow.

In Prozessen sprachlichen und nichtsprachlichen Handelns wird die Kulturtechnik Unterhaltung gemäß den Erfahrungen, Erwartungen, Angeboten und situativen Nutzungsbedingungen angewendet, wobei die Orientierung am Wirkungszusammenhang von Wirklichkeitsmodell und Kulturprogramm einerseits die Sinnspezifik der Nutzung, zum anderen die Unterhaltungsqualität der Unterhaltungshandlung bestimmt.

Bei der Rede von Aktanten ist – wie bereits mehrfach betont – jeweils ernsthaft zu berücksichtigen, dass sie kognitiv autonom sind, also nur systemspezifisch handeln können. Daraus folgt nicht, dass alle Nutzungen von Unterhaltungsangeboten prinzipiell unterschiedlich und miteinander unvereinbar sind, wohl aber, dass sie nicht *identisch* sein können. Und zweitens folgt daraus, dass es Unterhaltung nicht *gibt*, sondern dass sie aus Anwendungen der Kulturtechnik Unterhaltung *resultiert*. Wenn sich niemand im Verlauf der Rezeption eines Medienangebots unterhält, findet Unterhaltung nicht statt.

Hinsichtlich der Unterhaltung mit Hilfe von *Medienangeboten* sind folgende Aspekte von Bedeutung: Im Prinzip kann jedes Medienangebot zu Unterhaltungszwecken genutzt werden – «Unterhaltung» liegt also *vor* der Einteilung von Medienfunktionen in Information, Unterhaltung und Bildung. Das wird deutlich, wenn man zwischen Rezeption und Nutzung unterscheidet. Ein Aktant kann eine Nachrichtensendung als Nachrichtensendung rezipieren, weil er deren Gattungsspezifik kennt, und sie zugleich zu Unterhaltungszwecken nutzen, indem er sich über die Unbeholfenheit des Nachrichtensprechers oder technische Pannen amüsiert. Auch wenn Unterhaltungspotenziale nicht eindeutig im Medienangebot liegen, gibt es aufgrund der reflexiven Beziehungen (= Erwartungs-Erwartungen) zwischen Produzenten und Rezipienten Angebotsspezifika, die eine unterhaltsame Nutzung *wahrscheinlich* machen, wobei Gattungsspezifika, prototypische Nutzungserfahrungen und -erwartungen auf beiden Seiten genutzt werden können. Das gilt vor allem für kollektive Nutzungsformen, wie sie gerade durch die Medien vervielfacht worden sind. Produzenten glauben zu wissen, welche Art von Witz oder Situationskomik, Spannung oder Erotik, Musik oder Sport bei vielen Zuschauern ankommt; und viele Zuschauer erwarten, dass bei bestimmten Sendungen ebendiese Angebote im Vordergrund stehen.

Rezipienten nutzen unterschiedliche Komponenten von Medienangeboten über Dispositionen, Situationen, Nutzungserfahrungen und -erwartungen von Spannung und Entlastung bis zu Eskapismus, wobei keine dieser Komponenten allein zum Unterhaltungsresultat führt. Deshalb greifen viele Unterhaltungstheorien zu kurz, wenn sie sich mit unterschiedlicher Plausibilität nur auf einige Beobachtungsaspekte konzentrieren (etwa auf Spannung, Eskapismus, Engagement, Involvement usw.).

Empirische Untersuchungen auf dem Feld der Unterhaltung sind mit der Tatsache konfrontiert, dass die Kulturtechnik Unterhaltung in unterschiedlichen Graden der Bewusstseinsfähigkeit und Bewusstseinspflichtigkeit angewandt wird. Hinzu kommt, dass Unterhaltungsangebote und Unterhaltungsmöglichkeiten einerseits bewusst (auf)gesucht werden können, zum anderen sich zufällig ergeben, aber auch erst nachträglich als solche eingeschätzt werden können («Eigentlich haben wir uns doch gestern Abend recht gut unterhalten ...»).

Die Modellierung von Unterhaltung als Anwendung einer Kulturtechnik schließt aus, dass es bei der Anwendung zu einem totalen Aufgehen in der Unterhaltung kommt. In einem solchen Fall wäre die Unterscheidung zwischen der kulturtechnischen Unterhaltungsnutzung von Medienangeboten und anderen Möglichkeiten, die die Identität der Unterhaltungsnutzung ausmachen, nicht aufrechtzuerhalten.

Wie alle anderen Kulturtechniken hat auch Unterhaltung mit Kontingenz zu tun. *Unterhaltung* lässt sich unter diesem Gesichtspunkt bestimmen als zeitlich begrenzte *Inanspruchnahme* bzw. als *Vollzug von Kontingenz*, die im Vollzug der Inanspruchnahme möglichst unsichtbar bleibt. Diesem Zweck dienen etwa Involvement und Spannung, die eine reflexive Bezugnahme auf Unterhaltungshandeln im Handeln selbst mindern bzw. verhindern. (Man weiß immer erst hinterher genau, ob man sich gut amüsiert hat.)

Diese Bestimmung von Unterhaltung beinhaltet bereits, welche Bedingungen erfüllt sein müssen, soll die Anwendung der kommunikativen Kulturtechnik Unterhaltung zum Zwecke der Inanspruchnahme von Kontingenz möglich und erfolgreich sein:

- Unterhaltung setzt das Fehlen von Notwendigkeit und Zwang voraus, mit anderen Worten die bewusste und freiwillige Entscheidungsmöglichkeit für Kontingenz (ich muss mich nicht unterhalten, und ich muss mich nicht gerade auf diese Weise unterhalten).
- Unterhaltung erfolgt nicht zum Zweck der Lösung praktischer Probleme, was nicht ausschließt, dass erfolgreiche Problemlösungen *auch* unterhaltsam sein können.
- Unterhaltungshandeln muss wählbar und beherrschbar sein, das heißt, der Handelnde darf trotz Engagement und Involvement die Souveränität im Sinne einer Kontrolle über sein Handeln nicht verlieren.
- Unterhaltung erfordert eine sozial geschützte Situation. Sie darf nicht mit negativen Konsequenzen verbunden sein und muss gesellschaftlich positiv bewertet sein (was nicht immer und nicht in allen Schichten oder Religionen so war und ist).
- Unterhaltung ist gebunden an freie Zeit und positive Gefühlslagen (Heiterkeit). Sie strebt nach Erlebnissen und Stimmungen, die vom Aktanten als angenehm empfunden werden.

– Unterhaltungshandeln ist nie folgenlos, da es Dispositionen der Aktanten verändert. Seine Einschätzung hängt stark ab von begleitenden bzw. nachfolgenden reflexiven Bezugnahmen kognitiver und kommunikativer Art (etwa von Rechtfertigungen oder Bewertungen), die sich auf das Verhältnis zwischen Erfahrungen, Erlebnissen und Erwartungen beziehen.

– Öffentliches Unterhaltungshandeln darf in aller Regel nicht gegen moralische Prinzipien verstoßen. Bei Verstößen gegen solche Prinzipien im privaten Handeln kommt es nur dann zu erfolgreichem Unterhaltungshandeln, wenn der Handelnde dabei keine Schuldgefühle empfindet.

– Bei öffentlichem wie privatem Unterhaltungshandeln müssen die Geltung und die Verbindlichkeit der jeweiligen sozialen Wirklichkeitskonstruktion eine Zeit lang gelockert werden. Damit werden Fiktionalität und Virtualität, Simulationen usw. zu wichtigen Strategien der Kulturtechnik Unterhaltung.

– Unterhaltungshandeln als Kulturtechnik ist grundsätzlich parasitär. Es gibt – abgesehen von juristisch und sittlich geschützten Bereichen wie Leid, Tod, Trauer usw. – keinen Bereich, der nicht ganz oder partiell für Unterhaltungshandlungen genutzt werden kann, wenn die entsprechenden Nutzungsbedingungen erfüllt werden. Das gilt für Kunst, Bildung und Information ebenso wie für Unterhaltung selbst (reflexive Unterhaltung als Spezialform mit besonderen Ansprüchen).

– Prinzipiell dürfte die Annahme gelten, dass in erfolgreichen Unterhaltungshandlungen alle Arten von Kognitionen, Kommunikationen, Gefühlen und Urteilen vorkommen, solange sie zum «Nutzungstenor» Unterhaltung beitragen bzw. ihm zumindest nicht explizit widersprechen. Dieser Nutzungstenor, der während der Unterhaltungshandlung dominant bleiben muss, lässt sich bestimmen als emotional positiv empfundener, kontingenter und kontrollierter Umgang mit *harmloser Kontingenz* in sozial geschützten Situationen. Dieser Nutzungstenor beschreibt eine Art Grundkonstellation für Unterhaltungshandeln, die personal und sozial historisch variabel verwirklicht werden kann. Weil sich die Mediensysteme und die einzelnen Medien ändern und die Kreativität der Aktanten variabel ist, lässt sich im Diskurs der Unterhaltungstheorien bestenfalls diese Konstellation bestimmen, aber keine eindeutige Definition und erschöpfende Explikation von Unterhaltung liefern.

Wenn Unterhaltung als ein spezifischer Nutzungstyp von Medienangeboten bestimmt wird, dann kann die Verwirklichung dieses Nutzungstyps (bzw. dieser Kulturtechnik) ebenso wie die jeweilige gesellschaftliche Spezifik der dazu angebotenen und verwendeten Medienangebote Aufschluss geben über die kulturelle Einschätzung und Bewertung von Unterhaltung in einer Gesellschaft. Dabei geht es um folgende Fragen: Wie viel Unterhaltung braucht der Mensch? Welche Arten von Unterhaltung sind erlaubt, welche verpönt oder gar verboten? Welche Themen sind unterhaltungsfähig? In welcher Weise thematisiert eine Gesellschaft Unterhaltung als kontingente Kontingenzbearbeitung? Welche sprachlichen Bezeichnungen für Phänomene im Unterhaltungsbereich entwickeln sich in einer Gesellschaft? Wie ist die Einstellung zur Unterhaltung in einer Gesellschaft verteilt (z. B. schicht- oder milieuspezifisch)?

Damit bekommen wir in der Erforschung von Unterhaltung u. E. einen machbaren Vorschlag, der einen plausiblen Start markiert, wenn auch noch kein endgültiges Ziel – aber auf fremdem Terrain ist bereits ein guter Startplan von Nutzen.

11.4 Visuelle Kommunikation [130]

«Der Visualisierungstrend der letzten Jahrzehnte hat bis auf das Radio fast alle Massenmedien erfasst – von Print über Video, Fernsehen, Film bis hin zur Computer- und Handykommunikation, sodass der visuellen Kommunikationsforschung im 21. Jahrhundert eine gesteigerte Bedeutung zukommt. Während beispielsweise die Fernsehkommunikation noch immer nicht adäquat auf ihre Strukturen, Funktionen und Wirkungen hin untersucht ist, liegt die Fragestellung nach visuellen Querbezügen zwischen verschiedenen Medientypen noch vollständig brach.

Die politische Instrumentalisierung der Bildmedien, etwa durch Terrorgruppierungen, die in Videobotschaften globale Aufmerksamkeit erzielen, gehört zu jenen Forschungsfeldern, die dringender Bearbeitung bedürfen [...]. Zu den Aufgaben der Zukunft zählt auch die Entwicklung einer spezifischen journalistischen Ethik (Medienethik) der Visualisierung.» (Müller 2005: 472)

Dieser Situationseinschätzung der Bremer Medienforscherin Marion G. Müller schließen wir uns voll an. Wir alle sind heute umgeben von einer Unsumme von visuellen Medienangeboten aus allen Mediensystemen. Und wir werden ständig konfrontiert mit Bildtheorien, die behaupten, dass Bilder stärker als Texte unsere Gefühle ansprechen und dass sie viel unmittelbarer rezipiert werden und wirken als Texte – gemäß der schon volkstümlichen Weisheit «Ein Bild sagt mehr als tausend Worte.»

Wahlschlachten und Werbung, Papstbesuche und Naturwunder, Kriege, Katastrophen und Atomtransporte – für alles gibt es Kaskaden von Bildern, die aus allen Mediensystemen auf uns einströmen.

Aber die inszenierten Bilder von Aktivitäten der US-Army in diversen Kriegen der jüngsten Vergangenheit lassen die Frage aufkommen, ob und inwieweit wir unseren Augen bei der Einschätzung solcher Bilder trauen sollen und dürfen. Es mag ja sein, dass ein Bild mehr sagt als tausend Worte: Die Frage ist aber heute im Zeitalter spurenloser Fälschung und digitaler Produktion von Bildern ohne Vorbild, *worüber* ein Bild so viel sagt – sicher nichts über authentische Inhalte.

Ein Blick auf einschlägige Veröffentlichungen der letzten Jahre macht schnell deutlich, wie umfangreich und wie bedeutsam die Thematik visueller Kommunikation geworden ist. Kriege finden heute vorwiegend im Fernsehen und im Internet statt, und kein Außenstehender weiß, wie authentisch, inszeniert oder schlicht gefälscht die Bilder des angeblichen Ereignisses sind. Was ist echt an den Pressefotos im Informationsjournalismus? Politiker setzen auf Bilder (nicht nur in Wahlkämpfen) und leiden zugleich unter ungewünschten Bildern, die sie als Ehebrecher oder Grabscher demaskieren. Es gibt Schlüsselbilder, die sich im kollektiven Gedächtnis festgesetzt haben: Brandts Kniefall in Warschau, der Sturz des Denkmals von Saddam Hussein, der erste Mensch auf dem Mond, das Attentat von «9/11» u. a. m.

Doch: Was ist Visualität, was Virtualität? Wie werden Bilder produziert, distribuiert, rezipiert und weiterverarbeitet? Welche Methoden der Bildanalyse stehen heute zur Verfügung? Wie verhalten sich Text und Bild zueinander? Welche Arten von Bildern gibt es, und was müssen wir wissen und können, um sie zu verstehen? Wie wirken welche Arten von Bildern (von Pressefotos bis zu Kunstbildern)? Wie funktioniert visuelle Kommunikation, wo liegen die Unterschiede zu textbasierter Kommunikation? Zu vielen dieser Fragen haben Bild- und Kommunikationswissenschaftler in den letzten Jahren Antworten formuliert.

Im Folgenden gehen wir kurz auf zwei wichtige Aspekte visueller Kommunikation ein, auf einen inhaltlichen und auf einen grundlagentheoretischen.

Der Kulturwissenschaftler Wolfgang Beilenhoff (2006) hat bei seiner Analyse der berüchtigten Fotos aus dem Abu-Ghraib-Gefängnis in Bagdad darauf hingewiesen, dass diese Bilder als visuelle Dokumente angesehen worden sind, die dem amerikanischen Senat als Beweis und Zeugnis gedient haben; dass sie andererseits aber auch als eigenständige Bild-Ereignisse gesehen wurden und werden, die geradezu einen Deutungssturm ausgelöst haben. Interpreten haben sie gedeutet als «obszöne Unterseite der amerikanischen Populärkultur», als Bilder, die Geschichte nicht abbilden, sondern selbst erzeugen (also quasi «BilderPolitiken» sind), oder als Bilder, die mit kulturellen Mustern getränkt sind. So evoziert der auf einem Eimer stehende Mann, dem man einen Sack über den Kopf gezogen und an Drähte angeschlossen hat, das Muster des Corpus Christi und der christlichen *compassio*, exekutiert an einem Moslem. Lynndie England, die einen nackten irakischen Gefangenen wie einen Hund an der Leine führt, bedient sich imperialistischer Muster von Gewalt und Demütigung. Und Charles A. Graner und Lynndie England, die grinsend und mit hochgerecktem Daumen hinter aufgetürmten nackten irakischen Gefangenen posieren, knüpfen nahtlos an faschistische und pornographische Gewalt- und Sexbilder an, die wiederum als Vorlagen für die Popkultur dienen und den Voyeurismus bedienen.

Beilenhoff betont zu Recht, dass diese Fotos Gewalt und Demütigung nicht nur zitieren, sondern sie zugleich ausführen (performieren) und damit die Grenze zwischen Inszenierung und Realität, zwischen Abbild und Vorbild auflösen.

Hinzu kommt, dass diese Fotos nicht etwa von professionellen Fotografen einer Berufselite gemacht worden sind, sondern von Knipsern mit ihren Digitalkameras, die diese Bilder dann (zum Entsetzen des amerikanischen Verteidigungsministers) massenhaft in Umlauf gebracht haben. Festplatte und Display sind heute der Ort der beliebig produzierbaren und reproduzierbaren Bilder – mit anderen Worten, die Bilder sind zeit- und ortlos geworden.

Kommen wir nun zu einigen *Grundlagenproblemen* visueller Kommunikation, die in der gegenwärtigen Diskussion oft nur gestreift werden.

Wenn von Bildern die Rede ist, treffen wir wieder einmal auf alle Probleme, die sich uns bisher im Zusammenhang mit Kommunikation gestellt haben. Auf die wichtigsten wollen wir in diesem Abschnitt kurz verweisen.

Bildwahrnehmung ist wie jede Wahrnehmung auch ein dreistelliger körpergebundener Prozess mit den systemisch interagierenden Komponenten *Beobachter* (Aktant mit Körper und Gehirn), *Wahrnehmungsprozess* und *Prozessresultat* (Bild). Auch hier gilt: Um den Beobachter können wir nicht kürzen; oder in den Worten des Bildwissenschaftlers Hans Belting: «Natürlich ist der Mensch der Ort der Bilder» (1993: 21). Und Bilder sind dementsprechend rezipierte und interpretierte Vorstellungsbilder im kognitiven Bereich eines Beobachters, die emotional besetzt, moralisch bewertet und empraktisch eingeschätzt sind.

Der Prozess der Bildwahrnehmung ist – wie alle anderen menschlichen Operationen auch – eine Setzung, die vielfältige Voraussetzungen in Anspruch nimmt. Das beginnt mit biologischen Voraussetzungen, geht über kognitive Voraussetzungen (Gedächtnis, Aufmerksamkeit, Wissen, Schemata und Stereotype, Analyse- und Synthetisierungskompetenz) und psychisch-biographische Voraussetzungen (Absichten, Interessen, Pläne) bis zu soziokulturellen (Bildung, Status, Milieu, Sozialsystem, Wirklichkeitsmodell) und sozioökonomischen Voraussetzungen (Zugang zu Bildern, wirtschaftliche Lage, Produktions- und Verwertungszusammenhänge); das betrifft die Wahrnehmungssituation wie den Wahrnehmungskontext (alltägliche versus kulturell ausgezeichnete Kontexte wie Museen, Kirchen, Ausstellungen usw.).

Bildwahrnehmung ist geprägt von Spezifika wie den folgenden: Sie ist beobachterabhängig, aber nicht subjektiv (im Sinne von willkürlich); sie enthält bewusste und unbewusste Anteile (etwa die Sakkadenbewegungen der Augen); sie ist konstruktiv und nicht repräsentierend; sie ist selektiv und daher kontingent; sie konkretisiert Unbestimmtheitsstellen im Bild durch eigene Interpretationen; sie basiert auf vorherigen bzw. bisherigen Bildwahrnehmungen, sie ist interpiktural (Bilder vergleichend), so wie die Wahrnehmung von Texten intertextual (Texte vergleichend) ist.

In der Bildwahrnehmung verwandelt ein Beobachter eine medial gebundene *Dar*stellung in eine systemspezifische *Vor*stellung. Bilder sind Wahrnehmungs- und Deutungsangebote, die keine spezifischen kognitiven Resultate erzwingen. Komponenten und Eigenschaften werden dem Bild vom Beobachter durch voraussetzungsreiche Unterscheidungsleistungen zugewiesen. Aber wie bei der Textrezeption greift der Beobachter auch bei der Bildrezeption auf kollektives kulturelles Wissen zurück, das er sowohl bei Bildproduzenten als auch bei anderen Rezipienten unterstellt bzw. erwartet.

Entgegen der immer noch vertretenen Auffassung, Bilder seien auf einen Blick und leicht zu verstehen,[131] betont der Filmtheoretiker James Monaco: «Aus der Tatsache der Fovea-Sicht lässt sich der Schluss ziehen, dass wir ein Bild tatsächlich physisch wie auch mental lesen, genau wie wir eine Seite lesen» (1980: 137). «Meine Augen», führt der Neurobiologe Gerhard Roth aus, «bewegen sich ständig in meinem Kopf, wobei sich diese Bewegungen aus dem hochfrequenten und völlig unbewussten Augentremor, den unwillkürlichen Augensuchbewegungen und den willkürlich gesteuerten Augenbewegungen zusammensetzen. Hinzu kommen die Bewegungen des Kopfes und des Körpers. All dies bedingt eine ständige Bewegung des Bildes relativ zur Netzhaut» (1992: 310).

Offenbar lassen sich bei der Bildwahrnehmung drei Aspekte voneinander unterscheiden: Aufmerksamkeitsweckung, Figuren- und Musterinterpretation und die Ermittlung der globalen Bedeutung eines Bildes.

Im Hinblick auf die Rezeption, Interpretation und Wirkung von Bildern spielen folgende Fragen eine wichtige Rolle:
– In welchem sozialen System (Politik, Erziehung, Wissenschaft usw.) laufen Prozesse der Produktion, Distribution, Rezeption und Verarbeitung welcher Arten von Bildern ab, und welche Funktionen werden von solchen Prozessen erwartet bzw. werden ihnen zugeschrieben?

– Welchem Diskurs, welcher Gattung, welcher Thematik und welcher Ästhetik können solche Prozesse zugeordnet werden?
– Welche Rolle spielen die jeweils verwendeten technischen Dispositive in sozioökonomischen Kontexten (z. B. in Produktions- und Verwertungszusammenhängen)?

An den Bildern selbst sind zwei wichtige Aspekte voneinander zu unterscheiden: Medialität, die notwendig Materialität einschließt, und Referentialität.

– *Medialität* bezeichnet die mediensystemischen Bedingungen der Produktion, Distribution, Rezeption und Verarbeitung ebenso wie die semantischen und thematischen Möglichkeiten von bildlichen Medienangeboten, wodurch auch die Selektivität von Themen, Gattungen und Rezeptionsbedingungen bestimmt wird. Die Materialität aller Medienangebote verweist darauf, dass Bilder begrenzte Objekte in Differenz zu einer Umwelt sind (z. B. Fernsehbild, Altarbild, Foto, Handzeichnung), die spezifische Möglichkeiten der Produktion von Bildinhalten bestimmen (z. B. ein Aquarell im Verhältnis zu einem Laserbild).
– *Referentialität* betrifft die schwierigen Abbildverhältnisse von Bildern. Während ein Tisch ein Tisch ist, ist ein Bild ein Zeichen: Es steht für etwas, was es nicht selbst ist (= Bild eines Tischs). Ohne Referenz ist ein visuelles Medienangebot kein Bild; es braucht die Differenz von Gegenstand und Zeichen, um vom Beobachter *als Bild* wahrgenommen werden zu können. Eine Referenz bzw. ein Referent können nur vom Beobachter gesehen werden, und zwar als Nicht-Gegenwärtiges im stets gegenwärtigen Bild (= das Bild hebt die Zeit auf). Referenz, heißt das, ist keine Abbildung, sondern eine konkrete *Form der Bezugnahme* auf Etwas, worauf sich der Gegenstand des Bildes beziehen *lässt*, das heißt, wovon es in den Augen des Betrachters, also im Wirkungszusammenhang seiner Voraussetzungen, ein Bild sein könnte. Der Kunsthistoriker Max Imdahl hat einmal so argumentiert, «... dass das im Bild zu Sehende – wie immer es auf die außerbildliche visuelle Welt hinweist oder auch nicht – außerhalb des Bildes keine Existenz hat und insofern mit dem Bild selbst identisch ist» (1994: 319).
Bezüglich der Möglichkeiten von Referenz kann (1) zwischen Selbst-

und Fremdreferenz unterschieden werden, wobei (2) zwischen künstlerischen und nichtkünstlerischen Bildern unterschieden werden muss. Nichtkünstlerische Bilder sind in der Regel fremdreferentiell, wobei man allerdings beachten muss, dass etwa Fotos oder Fernsehbilder lediglich belegen, dass etwas existiert, nicht aber, wie es existiert. Künstlerische Bilder, vor allem abstrakte und konkrete Bilder seit Piet Mondrian, Kasimir Malewitsch oder Marcel Duchamp, verweisen auf sich selbst, auf Material und Form, auf Wahrnehmung und Referenzspiele.

Wenn man sich diese grundsätzlichen Aspekte von Bildern und Bildwahrnehmung klargemacht hat, kann man wiederum mit Hilfe der von uns angebotenen Systematisierung von Mediensystemen die Fragestellungen bzw. die Beobachtungsszenarien einer Theorie visueller Kommunikation ausbuchstabieren, wobei als Kommunikationsinstrument Bilder eingesetzt werden. Dabei geht es grundsätzlich um die Differenz zwischen den Kommunikationsinstrumenten Bild und Sprache, die sich in Produktion, Distribution, Rezeption und Verarbeitung auswirkt. Es geht um die verschiedenen Mediensysteme, in denen Bilder verwendet werden, und um die dabei zu beobachtenden kognitiven, emotiven, moralischen und empraktischen Aspekte in den Beobachtungsdimensionen Technik, Wirtschaft, Politik, Recht und Soziokultur. Thematisch werden Veränderungen von Einschätzungen und Funktionen von technisch erzeugten Bildern unter den Prämissen der Herstellung von Bildern ohne Vorbilder und der spurenlosen digitalen Fälschung von Bildern relevant.

Authentizität und Inszenierung, Original und Kopie, Virtualisierung, Sampling und die Techniken des Sekundären stecken heute den begrifflichen Rahmen ab, in dem wir über semantische und strukturelle Wirkungspotenzen von Bildern sprechen müssen, und nicht mehr Realität, Referenz und Repräsentation. Gerade Bilder im Kontext visueller Kommunikation verweisen uns auf das Dauerthema des europäischen Denkens, nämlich auf die Frage nach «der Wirklichkeit». Und diese Frage muss heute im Lichte der Einsicht in die *Medialität* aller unserer Wirklichkeitskonstruktionen bearbeitet werden.

Mag sein, dass ein Bild mehr sagt als tausend Worte – aber wir brauchen auch tausend Worte, um zu beschreiben, was ein Bild uns im Kontext von Geschichten und Diskursen sagt – wenn wir es denn lesen können.

11.5 Medienkritik

Seit 1968 sind immerhin sechs Sammelbände[132] zur Medienkritik erschienen, in denen sowohl journalistische als auch wissenschaftliche Varianten von Medienkritik vorgestellt, analysiert und bewertet worden sind. Dennoch, so scheint es, hat das Nachdenken über Medienkritik nicht nur einen schweren Stand, sondern bereits einen schweren Start. Wo und womit kann oder soll man beginnen? Bei den Medien oder bei den Kritikern? Oder vielleicht einmal ganz woanders, nämlich bei den Rezipienten und ihren Erwartungen und Ansprüchen an Programme und Inhalte der Medien, die viele Medienmacher zur Ursache für die schlechte Qualität des Programmangebots erklären? Oder brauchen wir gar keine Medienkritik und keine Beschäftigung mit Medienkritik im Studium der Kommunikationswissenschaft mehr?[133]

Schon seit langem ist man sich im akademischen Diskurs einig darüber, dass die Zeit wirksamer und allgemein verbindlicher intellektueller Kritik an gesellschaftlichen Zuständen im Allgemeinen vorbei ist. Die dafür erforderlichen gesamtgesellschaftlich vertretenen Kriterien, Normen und Werte sind außer Kraft, und der Anspruch der Intellektuellenkaste auf die Beobachtungs- und Bewertungshoheit von Mediensystemen und Medienangeboten ist längst überholt. Faszinationserwartung hat Kritikerwartung abgelöst, die Mehrheit will Spaß haben und nicht reflektieren.

In der einschlägigen Debatte der letzten Jahre überwiegen denn auch die larmoyanten bis resignativen Töne. Vom Medienkritiker als «aussterbender Art» ist die Rede. Das Infotainment, so heißt es, kenne nur eine kritische Instanz im Prozess der Kommerzialisierung der Medien: die *Quote*. Kritik sei verkommen zur sozialpädagogischen Gefährdungs- und Warnungsliteratur. Der Kritiker sei vierfach gehemmt: sozial, weil er die Rezipienten nicht wegen ihrer Angebotsnachfrage herabsetzen wolle; ökonomisch, weil in den Medien nur der wirtschaftliche Erfolg zähle; kulturell angesichts einer völligen Überdehnung des Kulturbegriffs; und medienpolitisch, weil er damit rechnen müsse, dass durch seine Kritik das Kritisierte unangemessene Aufmerksamkeit und damit Aufwertung in den Medien erfährt (man denke nur an den Big-Brother-Hype). Ist die

Kritik also endgültig vorbei, und vor allem: Ist sie endgültig überflüssig geworden?

Beginnen wir mit einigen grundsätzlichen Überlegungen.

Wie immer man Medienkritik modelliert: Sie vollzieht sich (wie auch die Mediengeschichtsschreibung) als Medienbeobachtung, -beschreibung und -bewertung von Medien *in/mit* Medien. Und was immer man an Medien beobachtet, beschreibt und bewertet, ist an die Voraussetzungen und Möglichkeiten von Mediensystemen gebunden. Mit anderen Worten: Bei der Medienkritik gibt es kein Jenseits der Medien. Und die verschiedenen Medien bilden ihrerseits wieder einen systemischen Zusammenhang, der alle sie betreffenden Sachverhalte wie Beschreibungen zu strikt intermedialen Phänomenen im Kontext und in Auseinandersetzung mit gesellschaftlichen Entwicklungen werden lässt.

Ein zweiter Hinweis sollte von Beginn an berücksichtigt werden. Medienbeobachtung kann prinzipiell in Form von *Selbstbeobachtung* oder von *Fremdbeobachtung* vorgenommen werden, wobei beide wiederum in den Medien selbst lokalisiert sind, weil die Ergebnisse beider Beobachtungsarten medienvermittelt kommuniziert werden müssen.

Aus diesen Startüberlegungen ergibt sich eine erste Bestimmung von ‹Medienkritik›:

> Medienkritik kann theoretisch modelliert werden als reflexive Thematisierung von Handlungsprozessen aller am «Medienprozess» Beteiligten, wobei diese Thematisierung ein neues Beobachtungsmanagement der jeweils eigenen wie der jeweils beobachteten Prozesse erlaubt, indem die Ergebnisse der Fremdbeobachtung in die eigene Selbstbeobachtung eingetragen und verarbeitet werden können und umgekehrt. Mit dieser Modellierung soll von vornherein das traditionelle Guckkastenmodell von Beobachtung *ad acta* gelegt und verdeutlicht werden, dass Beobachten stets eine Form von riskanter *Einmischung* darstellt, die ihre eigenen Voraussetzungen nur zum Teil bewusst mitführt bzw. nachträglich ermitteln kann. Kein Kritiker, heißt das, ist «unschuldig» oder «objektiv».

Notorisch in allen Überlegungen zur Medienkritik ist die Frage nach den *Maßstäben* bzw. den Kriterien der Kritik. Hier reicht die Bandbreite der Thesen von «reine Subjektivität» bis zu «am Gegenstand objektiv ablesbar». Nach den bisher vorgetragenen grundlagentheoretischen Annahmen zielt unsere Argumentation in eine andere Richtung. Es geht u.E. nicht um die Alternative subjektiv/objektiv, sondern darum, auf welche Art und Weise ein Kritiker sein «Geschäft» betreibt. Dabei können folgende Erwartungen an «gute» Kritiken formuliert werden: Ein Kritiker muss sich in erster Linie um Transparenz seiner Beschreibungen bemühen. Dazu zählen:

– explizite Interessenbestimmung,
– nachvollziehbare Argumentationen,
– Plausibilität und Legitimation der Beurteilungskriterien im jeweiligen soziokulturellen Kontext,[134]
– erkennbare Fähigkeit zur Selbstbeobachtung bzw. Selbstreflexion.

An verschiedenen Stellen dieses Buchs haben wir zu zeigen versucht, dass die Medien nicht einfach «die Wirklichkeit» wiedergeben, sondern durch systemspezifisches Operieren Medien-Tatsachen[135] erzeugen. Wenn diese Annahme zutrifft, dann wird die Frage nach der *Verantwortung* der Medienakteure für ihr Handeln und ihre Produkte unvermeidlich, und zwar für Produzenten und Rezipienten gleichermaßen.

Die Frage nach der Verantwortung

Der bereits im Rahmen des zweiten Kapitels beschriebene Uses-and-Gratifications-Approach befasst sich mit den sozialen und psychologischen Ursprüngen der Bedürfnisse, die (affektiv bewertete) Erwartungen in Bezug auf Massenmedien und andere Quellen hervorrufen und die zu verschiedenen Mustern der Mediennutzung führen, was in der Befriedigung spezifischer Bedürfnisse resultiert. Die wesentlichen Grundannahmen dieses Ansatzes lauten:

– Die Handlungen der Rezipienten erfolgen zielgerichtet und intentional;
– die Mediennutzung erfolgt auf der Basis konkreter Nutzenkalküle;
– sie dient der Bedürfnisbefriedigung und

- kann nur im Kontext alternativer Formen der Bedürfnisbefriedigung beurteilt werden;
- die Rezipienten sind sich der für die Mediennutzung maßgeblichen Motive bewusst.

(Cf. Merten 1984: 66)

Folgt aus diesen Grundannahmen, dass die hohe Nachfrage nach bestimmten Medienangeboten ein hinreichender Indikator für deren hohen (gesellschaftlichen) Nutzen darstellt? Wer trägt die Verantwortung für die Qualität von Medienangeboten?

Der Appell an die Verantwortung der Verantwortlichen in den Mediensystemen kann zum einen kulturell, zum anderen ökonomisch-moralisch begründet werden.

- Die Medien, allen voran das Fernsehen, verfügen noch immer über eine bedeutsame *Definitionsmacht* über zentrale Kategorien gesellschaftlicher Orientierung wie Demokratie und Freiheit, Terror und Widerstand, Macht und Gewalt, aber auch Gefühl und Geschmack, Aussehen und Besitz, Geschlecht und Partnerschaft. Wenn man aus empirischen Studien weiß, dass viele Jugendliche (und nicht nur sie) die vorabendlichen Soaps durchaus (auch) als Orientierungsangebot für ihre eigene Lebensgestaltung nutzen, dann kommt etwa den Fernsehanstalten eine Verantwortung zu, die sie mit guten Gründen annehmen oder ablehnen müssen. Diese Verantwortung gilt – je nach Entscheidungskompetenz und Einflussmöglichkeiten – für den Intendanten wie für die Geschäftsleitung, für Gremienvertreter wie für jeden einzelnen Mitarbeiter, nicht zuletzt auch für die Bildschirmprominenz, die vom Aufmerksamkeitskapital der Mediennutzer lebt.
- Die ökonomische Bestimmtheit der Mediensysteme ist offenkundig. Ebendeshalb muss die Frage nach der moralischen Bearbeitung dieser ökonomischen Bestimmtheit in den Mediensystemen selbst wie in der öffentlichen Debatte diskutiert werden. Für wen nur die «Kohle zählt», der muss ebendiesen Grundsatz seiner Organisationskultur öffentlich machen und zu legitimieren versuchen, und die Rezipienten sollten

wissen, was sie dann zu tun haben. Genau hier beginnt ihr Teil von Verantwortung im/am Medienprozess, den sie an niemanden abtreten können.

– Wenn die Verantwortlichen in den Mediensystemen sich auf das *Quotenargument* als Sachzwang herausreden, dann degradieren sie ihre Mediensysteme zu bloßen Warenproduzenten und reihen sich ein in die neuzeitliche Metaphysik der Warenproduktion, nach der auf alle Bedürfnisse allein mit Produkten geantwortet werden kann. Ebendiese materialistische Metaphysik, die alle Bedürfnisse nach Wert, Maß und Orientierung ausgeschlossen hat, stößt heute weltweit an ihre Grenzen. Das in ihr Ausgeschlossene kehrt als dringendes Bedürfnis zurück und irritiert zunehmend unser Denken und Handeln. Wer hier nicht Flagge zeigt, im Privaten wie im Öffentlichen, der arbeitet Fundamentalisten jeder Art gewollt oder ungewollt in die Hände.

– Wenn die Verantwortlichen behaupten, dass sie ja nur auf Nutzerbedürfnisse reagieren, dann gestehen sie damit ein, dass sie lediglich einen leerlaufenden Zirkel von Produkt und Bedürfnis, Bedürfnis und Produkt in Gang halten. Dann missachten sie die Tatsache, dass die Möglichkeit des Anbietens von Medienprodukten ein Privileg ist, das die Verantwortung der Produzenten von Medienangeboten begründet. Produkte allein sind Argumente ohne Rechtfertigungskraft. Wer allein nachfragebezogen argumentiert, fällt aus dem gegenwärtig geführten Kommunikationswettbewerb zurück in die Mechanismen eines überholten Warenmarkts mit seiner distanzlosen Identifikation mit angeblichen Nutzerbedürfnissen, mit Quoten und Werbegeldern. Damit aber würden sich die Mediensysteme – immerhin soziale Systeme mit verantwortlichen Akteuren – von jedem Rest von Vernunft, Differenz und Selbständigkeit zugunsten des Profits verabschieden und genau damit an die Grenzen bloß kapitalistischen Wirtschaftens stoßen, an denen der globale Ruf nach all dem laut wird, was nicht durch Produkte bedient werden kann. Eine solche Praxis erzwingt geradezu Medienkritik im hier skizzierten umfassenden Sinn.

– Die bloße Messung von Angebotsnachfragen reicht ebenso wenig als handlungsleitendes Rechtfertigungskriterium wie *aufmerksamkeitsökonomische* Argumente. Alle Kommunikationsangebote stehen immer in einem vierfach geordneten Bezugssystem, in dem Denken, Fühlen, Moral und die Einschätzung lebenspraktischer Relevanz sich wechselseitig bestimmen. Die Rechtfertigung von Medienangeboten muss sich in Bezug auf alle vier Aspekte bewähren, wenn die Rede von Qualität und gesellschaftlicher Verantwortung in einer durch notwendige Pluralität bestimmten individuellen wie gesellschaftlichen Situation überhaupt (noch) einen Stellenwert besitzen soll. Das ist kein Plädoyer für Moralapostel, die von vornherein und überhaupt immer schon alles besser wissen. Aber es ist ein Plädoyer für die Unumgänglichkeit von *öffentlich* geführten Verantwortungs- und Qualitätsdiskursen, in denen die Frage nach den kognitiven Ansprüchen, dem Stellenwert und der Funktion von Gefühlen sowie der moralischen Vertretbarkeit etwa des Mediensystems Fernsehen mit den bestmöglichen Argumenten geführt werden muss. Wenn unsere Demokratie (noch) etwas taugt, dann muss sie genau diesen Diskurs politisch, sozial, kulturell und ökonomisch erzwingen – und das heißt, *wir alle* sind dazu aufgefordert, dazu beizutragen.

- Die Aktanten in Mediensystemen in ihren verschiedenen Positionen und Funktionen sollten sich darüber im Klaren sein, dass die Rechtfertigung des eigenen Handelns durch Bezug auf «die anderen» – seien es nun die Rezipienten oder die Marktkonkurrenten – immer mehr über sie selbst und die Kultur ihrer Organisation aussagt als über die anderen. Kommunikation funktioniert nur auf der Grundlage von begründetem Vertrauen. Wer als Anbieter öffentlicher Kommunikationsangebote auftritt – und die Produktionsseite tritt organisiert auf, was ihre Macht begründet – und dann als Verantwortungsgarantie nicht mehr zu bieten hat als Quote und Aufmerksamkeitsökonomie, der missachtet seine gesellschaftliche Verantwortung für Denken, Fühlen und Moral und setzt seine Glaubwürdigkeit und damit langfristig auch seinen ökonomischen Erfolg aufs Spiel.

- Schließlich muss die Verantwortung der Rezipienten und Nutzer von Medienangeboten deutlich angesprochen werden. Wer seine Auswahlmöglichkeiten aus dem Angebot nicht ernst nimmt oder wer aus bloßer Neugier und Sensationslüsternheit die Verantwortung für seine Medienkontakte auf «die Medien» abschiebt, geht den untersten

Weg rein konsumorientierter Mediennutzung und darf sich nicht beklagen, wenn sich «die Medien» auf sein Niveau einpendeln. «Kultürlich» (wie P. Janich zu sagen pflegt) wird hier zu Recht der Ruf nach effizienterer Medienerziehung laut; aber dieser Ruf muss sowohl der Medienerziehung durch staatliche und soziale Institutionen als auch der *Selbsterziehung* zu verantwortungsbewusster Medienrezeption und Mediennutzung gelten.

Wenn uns die Wirklichkeit die Verantwortung nicht abnimmt, weil wir erkannt haben, dass wir selbst als Maß unserer Wirklichkeiten dienen, dann gibt es für keinen am Medienprozess Beteiligten einen Rückzug aus der Verantwortung für diese Wirklichkeiten. Das ist der Preis für unsere Freiheit und für unsere Ignoranz. Und dieser Befund gilt für uns alle.

Medienkritik, heißt das, kann nicht allein an Experten delegiert werden. Wir Bewohner von Medienkulturgesellschaften stehen alle vor der Aufgabe, Kontingenzkompetenz im Umgang mit den Mediensystemen zu entwickeln. Kreativ wird diese Kompetenz dann, wenn sie Verbesserungsmöglichkeiten erkennt und damit Handlungsdruck für den künftigen Umgang mit Medien erzeugt.

Aus ähnlichen Überlegungen folgert eine gesellschaftskritische Medienkritik auf der theoretischen Grundlage der Kritischen Theorie von Th. W. Adorno und M. Horkheimer sowie mit Bezug auf Autoren der Cultural Studies, dass Medienkritik sich nicht im Diskurs erschöpfen darf, sondern *Diskurs* und *Praxis* miteinander vereinen muss, um gesellschaftliche und mediale Wirklichkeit zu verändern. Eine solche Medienkritik muss die *Aporien, Widersprüche* und *Repressionsmechanismen* der Medienkommunikationen und Medieninszenierungen durch spezielle Methoden und Praxen (etwa der sog. Kommunikationsguerilla[136]) anschaulich machen.

Die von George Gerbner vertretene «Kultivierungshypothese» steht für einen ausgesprochen kritischen und engagierten Ansatz der Medienwirkungsforschung. Gegen Mitte der 1990er Jahre gründete er eine Initiative namens Cultural Environment Movement (CEM), um gegen die vermeintlichen Missstände im Mediensystem etwas zu unternehmen: «research is not enough», schrieb Gerbner in einem offenen Brief anlässlich der Gründung des CEM im Jahre 1996: «The new globalized and centralized cultural environment demanded a new active approach.» Dabei stand die Unterstützung kritischer Journalisten, Schauspieler und Regisseure ebenso auf der Gründungscharta des CEM wie die Bildung neuer Koalitionen zwischen Vertretern sozialer Randgruppen oder die Erziehung zu einem kompetenteren Umgang mit Medienangeboten (Stichwörter: Medienkompetenz und *media literacy*).

Welche Verantwortung tragen Kommunikationswissenschaftler? Welche Erfolgschancen besitzt die medienkritische Reflexion, welche die institutionalisierte Praxis der Medienkritik? Welche anderen Möglichkeiten besitzt Medienkritik, um sich Gehör zu verschaffen und für die Kommunikationspraxis handlungsrelevant zu werden?

In den letzten Jahrzehnten hat es in Deutschland durchaus Bemühungen gegeben, eine Öffentlichkeit für Medienfragen herzustellen und zu institutionalisieren. Zu nennen sind hier die 1968 gegründeten *Mainzer Tage der Fernseh-Kritik*, die bis heute weitergeführt werden. Bekannt geworden durch seine Preise ist das Adolf Grimme Institut, das 2004 seinen 40. Geburtstag gefeiert hat. Die *Stiftung Medientest* informiert (vergleichbar der *Stiftung Warentest*) Rezipienten über Medienentwicklungen und Medieninhalte. Die Landesmedienanstalt NRW veranstaltet Medienversammlungen als Zuschauerparlamente für den Gedankenaustausch zwischen allen Akteuren der Mediensysteme. Es gibt die vom Land NRW organisierten *Tage der Medienkompetenz* und die *Initiative Nachrichtenaufklärung*, die eine Rangliste der am meisten vernachlässigten Themen herausgibt. Aber diese Aktivitäten sind im Prozess der Kommerzialisierung und der Entwicklungen im digitalen Bereich zunehmend «zahnlose Tiger» geworden. Auch die Etablierung von Medienkritik an den Universitäten lässt bis heute zu wünschen übrig, obwohl eine Einrichtung, die für eine solche Debatte prädestiniert ist, die Medienkommunikationswissenschaft sein sollte.

11.6 Interkulturelle Medienkommunikation

National abgegrenzte Kulturen haben in erster Linie die Aufgabe erfüllt, die Identität einer Gesellschaft wie ihrer Mitglieder zu konstituieren und zu sichern. Dazu dienten vor allem einseitig interpretierte Differenzen des Typs «wir/die anderen» mit normativer Auszeichnung des «Wir». Intern war die kulturelle Ordnung nach der Unterscheidung Zentrum/ Peripherie aufgebaut. Minderheiten und periphere Regionen wurden entweder durch politische bzw. wirtschaftliche Machtmittel oder durch ideologische Homogenisierungen mehr oder weniger erfolgreich eingebunden bzw. nachhaltig ausgegrenzt.

Kulturelle Kontakte zu anderen Nationalkulturen erfolgten in dieser Konstellation von einer gesicherten eigenen Identität aus. Sicherlich konnten solche Kontakte die Bewertung eigener kultureller Programme und Problemlösungen (von Tischsitten bis zum rituellen Umgang mit dem Tod) infrage stellen, aber im Prinzip ließen sich solche Verunsicherungen kulturell und sozial verarbeiten oder beruhigen – und notfalls wurde der interkulturelle Kontakt eben abgebrochen. Noch heute verbitten sich die derzeit existierenden 185 souveränen Nationalstaaten die so genannte Einmischung in ihre inneren Verhältnisse immer dann, wenn ihr Verhalten auf die Kritik anderer Staaten stößt.

Solange es gelingt, das Zusammenleben mit Abwesenden zu kontrollieren, ist die Regelung nationaler Kulturen und deren identitätsstiftende Leistung ein lösbares Problem. Unlösbar wird es, wo über die Medien eine Globalisierung von Kommunikation und über die Märkte eine Globalisierung der Geld- und Warenströme möglich wird. Im Zuge dieser Entwicklungen bildet sich eine neue Situation heraus, die die Ethnologen Paul Drechsel et al. (2000) das «transnationale» bzw. entsprechend das «transkulturelle Paradigma» genannt haben.[137]

Moderne Mediengesellschaften unter Globalisierungsbedingungen

Wo immer von strukturellen Medienwirkungen die Rede ist, zählen weniger die jeweiligen Inhalte von Medienangeboten als vielmehr die Art und Weise, wie verschiedenste Inhalte in Form von Medienangeboten technisch verbreitet werden. Einer der prominentesten Vertreter dieses Ansatzes ist der kanadische Medientheoretiker Marshall McLuhan (1968). Die elektronischen Medien, so McLuhan, ermöglichen es uns, so miteinander zu kommunizieren, dass wir die dörfliche Gemeinschaft längst vergangener Tage auf globaler Ebene zurückerlangen, so als ob die ganze Welt ein Dorf wäre (= *global village*).

McLuhans Thesen sind in der kommunikationswissenschaftlichen Diskussion der vergangenen Jahrzehnte als spekulativ kritisiert worden. Dennoch sind sie bis heute eine wichtige Quelle der Inspiration für viele technik- und medienphilosophische Diskurse geblieben und schwingen zumindest als Subtext in der Globalisierungsdebatte mit.

Ermöglichen die elektronischen Medien tatsächlich globale quasidörfliche *Gemeinschaften*? Führen mediale Dauerkontakte mit anderen Kulturen zu mehr Toleranz oder nur zu mehr Fundamentalismus? Was verbindet und was trennt unterschiedliche *Kulturen*? Was kennzeichnet heute überhaupt *verschiedene* Kulturen?

Spezifikum des Transnationalen ist die Anwesenheit des Abwesenden bzw. die Entterritorialisierung des Sozialen. Geographische und soziale Nähe fallen auseinander. In der Wirtschaft sind die *global players* längst dabei, die internationale Nationalstaatenpolitik durch eine internationale Politik transnationaler Unternehmen aufzulösen. Im politischen und sozialen Bereich entstehen transnationale Organisationen (von Amnesty International bis zur Weltbank) und transnationale Probleme (wie Armut, Arbeitslosigkeit, Drogenabhängigkeit und Umweltzerstörung), die Neuen Medien schaffen transnationale Ereignisse (in Sport und Kultur) und transnationale Gemeinschaften (etwa im Internet). Offenbar entsteht etwas, das seit Niklas Luhmann als «Weltgesellschaft» bezeichnet wird.

Kulturen sind nicht länger örtlich gebunden und in internationalen Kontakten intakt zu erhalten. Gesellschaften sind nicht länger allein nationalstaatlich organisierbar. Die Politik ist offenbar nicht in der Lage, Globalisierungsprozesse erfolgreich zu steuern; die Entstehung eines Welt*staates* ist daher wohl unwahrscheinlich. Je stärker Gesellschaften durch die Entwicklung von Mediensystemen den Grad ihrer Beobachtbarkeit erhöhen, desto drängender wird die Frage nach der Funktionsfähigkeit und dauerhaften Bindekraft von Kulturprogrammen. Reflexive Beobachtungsstrukturen – das hat die Modernisierung von Mediengesellschaften in den letzten Jahrzehnten drastisch gezeigt – führen notwendig zu gravierenden offensichtlich gewordenen Kontingenzerfahrungen. Gesellschaften, deren Wirklichkeitsmodell und Kulturprogramm einer Dauerthematisierung in komplexen Mediensystemen ausgesetzt sind, entwickeln daher notwendig Medienkulturen mit hoher Pluralität und geringem Verpflichtungsgrad bei traditionellen Problemlösungen – eine Situation, die von vielen Menschen als Werteverfall und Auflösung aller Ordnungen empfunden wird.

Die Entwicklung einer Weltgesellschaft, die sich durch Prozesse der Selbstorganisation selbst konstituiert, verläuft über die Entwicklung globaler Funktionssysteme ohne nationalstaatliche Bindung – Wirtschaft und Sport sind oft genannte Beispiele. Diese Entwicklung führt nicht etwa zu einer Homogenisierung, sondern zu einer Zunahme an Pluralität, Diversität, Vernetzung, Verdichtung und Diskontinuitäten, an Enträumlichungen und Entzeitlichungen, die die einzelnen Funktionssysteme über ihre Aktanten be- und verarbeiten müssen.[138] Globale Beziehungsgeflechte aber werden zunehmend reflexiv, weil ihre Komplexität nur durch Beobachtungen 2. Ordnung beherrschbar wird.[139] Die dabei auftretenden Probleme sind bekannt. Medienkulturgesellschaften werden, wie bereits gesagt, durch Kontingenzerfahrung instabil und kaum noch gezielt steuerbar. Und die wachsende Einsicht in die kognitive Autonomie menschlicher Aktanten sowie in die Selbstorganisation von Unternehmen und Institutionen lässt die Einsicht wachsen, dass man weder Aktanten noch Unternehmen beliebig steuern kann (= Interventionsparadox). Für beide bleiben daher nur langfristig angelegte reflexive Mechanismen als Möglichkeiten selbständiger Problemlösungen. Das bedeutet, dass (individuelle wie kollektive) Problemlöser lernen müssen, ihre eigenen Handlungsmöglichkeiten beobachten und einschätzen zu lernen. Sie müssen Selbstbeobachtung und Fremdbeobachtung so erfolgreich lernen, dass sie bewusst Selbstorganisationsprozesse zur Problemlösung einsetzen können.

Voraussetzung dafür ist allerdings, dass wirksame *Motive zur Selbstveränderung* entstehen bzw. bewusst entwickelt werden und dass zwischen konfligierenden Parteien eine Vertrauensbasis dafür geschaffen wird, dass Veränderungen im Rahmen einer Win-Win-Konstellation und nicht im Rahmen hierarchischer Machtkonstellationen stattfinden. Das heißt konkret, dass gemeinsam relevante Problembereiche und Problemlösungsverfahren erarbeitet werden müssen, um unter weitestgehender Beibehaltung der jeweiligen Kulturprogramme einen zielführenden Modus der Problemlösung transkulturell zu entwickeln. Dabei muss vor allem die Relevanz des Wissens über Handlungsfolgen bestimmter Problemlösungen verdeutlicht und möglichst vielen Betroffenen vermittelt werden. Die Abfolge solcher Prozesse kann theoretisch auf die einfache Formel gebracht werden: verstehen – verhandeln – gemeinsam Probleme lösen.

In der gegenwärtigen Weltsituation erscheinen solche Argumente (noch) sehr unrealistisch. Die außereuropäischen Kulturen haben z. B. die Modernisierungsbewegungen Europas seit dem Buchdruck nicht mitvollzogen. Das Bilderverbot in der islamischen Welt bedingt ganz andere Strategien des Umgangs mit Bildern als in der christlichen Welt, die zu unterschiedlichen Formen der Wirklichkeitskonstruktion im Nachrichtenbereich wie im Unterhaltungsbereich führen.[140] Soll sich Al Dschazira an CNN orientieren oder umgekehrt? Warum dominieren die Bildbotschaften Europas und der USA nach wie vor Afrika und Asien? Wie sollten sich Vertreter von Gesellschaften mit Selbstbeobachtungsverbot, ohne Kontingenztoleranz, mit Veränderungsverweigerung und ohne Verbot privater Gewalt mit anderen um gemeinsame Problemlösungen bemühen?

Wir haben auf diese Fragen keine probaten Antworten. Aber wir sind überzeugt, dass bei zunehmender Herausbildung einer Weltgesellschaft Kulturkonflikte nur gelöst werden können, wenn die Beteiligten *Beobachtungskompetenz* entwickeln, die Relevanz von Diversität und Pluralität schätzen lernen (also strikt dualistisches Denken überwinden[141]), Kontingenztoleranz erwerben und das Wechselverhältnis von Kontingenz und Verantwortung ebenso wie das von Verpflichtung und Vertrauen als Grundlage ihres Überlebens in einer globalen Gesellschaft begreifen. Diese Kompetenzen müssen bereits auf der Schule erworben werden, die sich stärker als bisher auf die Einübung von Praktiken der Konfliktvermeidung und -lösung, auf Beobachtungskompetenz statt auf bloßen Wissenserwerb konzentrieren muss.[142]

Hierbei kommt *Medienaktanten* eine besondere Verantwortung zu, weil sie nach wie vor die öffentliche Meinung beeinflussen (können). Daneben haben gerade sie die Möglichkeit, die Diversität von Kulturen nicht nur zu veranschaulichen, sondern auch als je spezifische, jedoch prinzipiell kontingente Problemlösungsprogramme vorzuführen, an die man nicht glauben, sondern die man zum Zweck spezifischer pragmatischer Problemlösungen einsetzen soll.[143]

Daneben setzen wir auf die *Kommunikationsnetzwerke*, die längst den Globus umspannen, weil es genügend Interessenten an dieser Form globalisierter Kommunikation gibt, die die Kommunikationsteilnehmer als prinzipiell gleichberechtigt behandelt. Solche Beispiele lassen erkennen, dass man unterhalb der Ebene der großen Konfliktlinien lokale Problemlösungen erarbeiten kann, die durchaus als Formen der praktischen Eingewöhnung für kompliziertere Problemkonstellationen dienen können. Auch scheinbar triviale globale Events etwa im Sport – man denke nur an die Fußballweltmeisterschaft 2006 – oder der Unterhaltung können als Schritte zum großen Ziel interkultureller Konfliktlösungen angesehen werden – man darf hier nicht arrogant sein. Und glatte Lösungen sind kaum zu erwarten, wie auch in diesen Überlegungen deutlich geworden sein dürfte.

12. Vorschläge zur Auseinandersetzung mit Gesellschafts- und Kulturtheorien

12.1 Zum Stellenwert dieser Thematik in der Kommunikationswissenschaft

Die bisherigen Darstellungen haben sich thematisch in einem Rahmen bewegt, der wahrscheinlich im Fach zustimmungsfähig ist. Neben diesen Themen steht aber ein Themenbereich, der spätestens seit den philosophischen und soziologischen Auseinandersetzungen mit Medien im Bereich der so genannten Kulturindustrie wichtig geworden ist und für den bis heute die Namen Walter Benjamin, Max Horkheimer und Theodor W. Adorno stehen, und zwar der Zusammenhang zwischen Gesellschaftstheorie und Medientheorie.

Der Kulturwissenschaftler und Soziologe Marcus S. Kleiner hat diese Tradition in seiner Dissertation aufgearbeitet und kommt zu dem Schluss, dass die Einsicht in die mediale Konstruktion sozialer Wirklichkeit uns lehrt, dass Medien nicht bloß ein Teil der Gesellschaft sind, «... sondern dass Gesellschaftstheorie grundlegend Medientheorie ist bzw. die Wirklichkeit des Sozialen konstitutiv medial konstruiert wird» (2006: 18). Die Richtung dieser Argumentation ist mit der in unserem Buch vorgelegten Argumentation bisher durchaus vergleichbar. Auch wir sprechen von «Medien-Kultur-Gesellschaft» und wollen damit zum Ausdruck bringen, dass Gesellschaft, Medien und Kultur sich gegenseitig konstituieren, orientieren und stabilisieren und damit in der Erfahrungswirklichkeit der Mitglieder unserer Gesellschaft eine unauflösbare Einheit bilden.

In Kapitel 7.2 haben wir bereits deutlich zu machen versucht, dass die Konstitution und Einschätzung der Arbeitsweise von Journalisten wie von allen Aktanten in Mediensystemen abhängt von der Gesellschaftsform, in der sie agieren; dass umgekehrt alle Medienakteure in ihrem Handeln beeinflusst werden von den gesellschaftspolitischen wie kulturellen Zielvorstellungen, die sie (wie bewusst auch immer) vertreten.

Aus diesen Gründen halten wir es für sinnvoll, zum Abschluss unseres Buchs den Lesern die Möglichkeit anzubieten, sich wenigstens ansatzweise mit dieser medien- wie gesellschaftstheoretisch wichtigen Fragestellung zu beschäftigen und ihre Bedeutsamkeit für ihr eigenes Studium der Kommunikationswissenschaft einschätzen zu lernen. Dass eine kurze Einführung in diese Problemstellung einigen gedanklichen Aufwand und eine gewisse Abstraktionshöhe erfordert, sei hier ausdrücklich angemerkt; wir hoffen aber, dass diese Anmerkung als Einladung und nicht als Abschreckung gewertet wird.

12.2 Zum Wirkungszusammenhang von Sprache, Kommunikation, Medien und Kultur

Die Auffassung, dass Gesellschaftstheorie heute als Medienkulturtheorie bzw. dass Medientheorie als Gesellschaftstheorie konzipiert werden sollte, wird bei Kleiner und seinen Gewährsleuten aus der Kritischen Theorie der Frankfurter Schule mit ihrer marxistisch-materialistischen Theoriegrundlage abgeleitet. Wir dagegen haben zu zeigen versucht, dass man auch von einer eher systemtheoretisch-konstruktivistischen Theoriegrundlage her zu einem ähnlichen Resultat kommen kann. Den einschlägigen Gang der Überlegungen wollen wir im Folgenden kurz nachzeichnen.

In den bisherigen Überlegungen sind bereits Antworten auf diese Fragen angedeutet bzw. zum Teil schon formuliert worden. Und zwar dergestalt, dass Sprache, Kommunikation, Medien und Kultur als die grundlegenden Vergesellschaftungsmechanismen von Aktanten herausgestellt worden sind. Sprache und Kommunikation operieren über dem kollektiven Wissen, das als operative Fiktion von kognitiv autonomen Aktanten in Anspruch genommen wird und ihnen soziales Handeln und Verstehen ermöglicht. Durch Bezugnahme auf den Wirkungszusammenhang von Wirklichkeitsmodell und Kulturprogramm bearbeiten Aktanten im Rahmen sozialen Handelns die Kontingenz allen menschlichen Handelns und Kommunizierens. Insofern erscheint es sinnvoll, das Konzept ‹Gesellschaft› formal zu bestimmen als Einheit der Differenz von Wirklichkeitsmodell und Kulturprogramm (Kap. 3.3.8). Durch fortlaufenden Bezug auf diesen Wirkungszusammenhang *vollziehen Aktanten* in konkreten Situationen *Gesellschaft.* Das bedeutet: Gesellschaft wird hier nicht als eine feste Gegebenheit (Entität) konzipiert, sondern als dynamisches *Resultat von Prozessen.* Bei dieser Konzeption wird klar, dass Gesellschaften (was auch Systemtheoretiker wie Peter Fuchs 1992 betont haben) *als ganze* weder beobachtbar noch beschreibbar sind.

Ebendiesen Befund haben wir ja auch für Kultur konstatiert. Kein Aktant verfügt über das gesamte Kulturprogramm, keiner ist in der Lage, dieses vollständig zu beobachten und zu beschreiben. Aber für alle Aktanten liefert das Kulturprogramm das, was wir als «Wir-Normalität» bezeichnet haben.

Damit stoßen wir wieder einmal auf das so genannte *Autologieproblem.* Konkret: Jede Beschreibung von Kultur setzt eine Kultur der Beschreibung voraus, auf die in der Beschreibung Bezug genommen wird, wodurch das Kulturprogramm durch Inanspruchnahme bestätigt wird. Jede Beschreibung von Gesellschaft vollzieht sich in der Gesellschaft als eine gesellschaftliche Operation, die eine bestimmte Beschreibungskultur (eben eine Gesellschaftstheorie) in Anspruch nimmt. Und eine jede solche Beschreibung resultiert aus Diskursen und vollzieht sich im Rahmen von Diskursen, die infolge des blinden Flecks jeder Beobachtung ihre Voraussetzungen nur zum Teil beobachten können.

Bei verschiedenen Überlegungen zur Funktionsweise von Kommunikation sind wir darauf gestoßen, dass Kommunikationsprozesse durch *Ordnungsinstrumente* verschiedener Art und Reichweite sozusagen gezähmt werden. Als solche Ordnungsinstrumente haben wir etwa Diskurse und Makroformen der Kommunikation (wie Journalismus oder PR) kennengelernt. Diese Instrumente sind ihrerseits wieder «binnengegliedert». Diskurse erhalten ihre Spezifik/Identität durch die Selektivität von Gattungsformen, Themen und Beiträgen, über die Diskursteilnehmer ausgewählt werden, sowie über verbindliche stilistische und metaphorische Besonderheiten. Diskurse als Kommunikationsprozesse (= Symbolsysteme) werden daneben stabilisiert über entsprechende sozialsystemische Ordnungen wie Institutionen und Organisationen, z. B. Wissenschaftsdisziplinen mit Instituten, Ämtern, Ausbildungsgängen, Prüfungen usw. Makroformen der Kommunikation wie die Werbung entwickeln bestimmte Erwartungen an Formen, Inhalte, Präsentationsmodi, Rezeptionsmodi und Bewertungsvarianten für ihre Werbemedienangebote. Daneben ist das Werbesystem sozialsystemisch geordnet in Handlungsrollen, die Aktanten in Agenturen ausfüllen, sowie in festen Beziehungsgefügen zwischen Agenturen, Auftraggebern und den Medien.[144]

Das Handeln in Diskursen und Institutionen ist insgesamt «gezähmt» durch kognitive wie kommunikative *Schemata* verschiedener Art und Reichweite, die als operative Fiktionen/kollektives Wissen die Integration von Einzelereignissen zu sinnvollen Handlungen sowie die Synthese von einzelnen Sprachhandlungen zu sinnvollen Beiträgen zu Diskursen ermöglichen, wodurch ein ständiger Übergang von Erfahrungen zu Erwartungen und von Erwartungen zu Erfahrungen möglich und seinerseits erwartbar wird: «Man» weiß, dass man erfolgreiche Handlungen wiederum erfolgreich vollziehen kann und welche Art von Ergebnis dabei wahrscheinlich herauskommen wird.

Die bisherigen Überlegungen lassen folgende Schlussfolgerungen zu:
– «Die Gesellschaft» ist ebenso eine Diskurserfindung wie «die Kultur». Als Diskurserfindung erleichtert sie unsere Kommunikation, was aber nicht dazu verleiten darf, Gesellschaft und Kultur als eigenständige Aktanten zu konzipieren. Vielmehr empfiehlt es sich, auch hier in Wirkungszusammenhängen zu denken und zu argumentieren: Es gibt keine Gesellschaft ohne Anleitung zur Lösung von Problemen, die Wirklichkeitsmodelle und Kulturprogramme zur Verfügung stellen, die ja wohlgemerkt selbst aus der Beobachtung und Bewertung von erfolgreichen Problemlösungen hervorgegangen sind. Es gibt mithin keine Gesellschaft ohne Kultur und keine Kultur ohne Gesellschaft. Aktanten lassen aus ihrem Handeln, dessen Sinnorientierung sie durch Bezugnahme auf Kultur beziehen, Gesellschaft als Prozessresultat ständig hervorgehen. Entsprechend gibt es keine Gesellschaft ohne Aktanten und keine Aktanten ohne Gesellschaft.
– Was wir «als Gesellschaft» beobachten und beschreiben, sind erkenn-

bare und auf Dauer gestellte Problemlösungen (= Kontingenzbearbeitungen) von Aktanten. Erkennbar werden/sind sie durch entsprechende Kommunikationsordnungen und Handlungsrollen, auf Dauer gestellt werden sie durch entsprechende Institutionalisierungen (Traditionen, Bräuche, Riten usw.) und Organisationen politischer, wirtschaftlicher, religiöser usw. Art. Dadurch werden zwei zentrale Probleme zusammenlebender Aktanten gelöst: die Reproduktion von Gesellschaft, das heißt genauer: die Kontinuität von Handeln, die Gesellschaft als Prozessresultat generiert, und die sozial verbindliche Sinnorientierung von Individuen, die deren Integration in gesellschaftlich relevante Prozesse (von der Güterproduktion bis zur Wissensproduktion) ermöglicht.

Kommen wir zurück zu der Frage nach Gesellschafts- und Kulturtheorien. Dabei geht es auch hier nicht darum, die geschichtliche Abfolge von Gesellschaftstheorien und Kulturtheorien zu skizzieren – das leisten Einführungen und Handbücher, die in großer Zahl vorhanden sind.[145] Vielmehr wollen wir auch hier versuchen, Studierenden der Kommunikationswissenschaft die *Grundprobleme* zu verdeutlichen und den Umgang mit Einführungen und Handbüchern zu erleichtern.

12.3 Grundprobleme von Gesellschafts- und Kulturtheorien

Alle bis heute entwickelten Gesellschaftstheorien, ob sie positivistisch, marxistisch, handlungstheoretisch, systemtheoretisch oder postmodern ausgerichtet waren, kreisen um vergleichbare Fragen:

- Wie wird ‹Gesellschaft› theoretisch modelliert (z. B. handlungstheoretisch oder systemtheoretisch)?
- Welche Aufgabenstellung wird einer/der Gesellschaftstheorie zugeordnet?
- Wie werden das Entstehen und die Ausdifferenzierung von Gesellschaft konzipiert?
- Wie wird das Abgrenzungsverhältnis von Natur, Kultur und Gesellschaft bestimmt?

- Welche Aufgaben werden Gesellschaften in ihren jeweiligen Umwelten zugeschrieben?
- Welche Formen von sozialen Rollen, Schichten, Klassen und sozialen Milieus, von Institutionalisierung und Organisation werden berücksichtigt, und wie wird der Zusammenhang zwischen ihnen modelliert und bewertet?
- Welches Menschenbild vertreten die Konstrukteure von Gesellschaftstheorien implizit oder explizit?
- Wie wird das Verhältnis zwischen Individuen und Gesellschaft, zwischen Gesellschaft und Kultur sowie zwischen Individuen und Kultur bestimmt?
- Welche Auffassung von Medien, Kommunikation und Verstehen liegt der jeweiligen Gesellschaftstheorie zugrunde?
- Sind die Ziele der Theoriekonstruktion deskriptiv oder normativ, kritisch oder affirmativ?
- Wenden die Theoriekonstrukteure ihre Gesellschaftstheorie auch auf sich selbst an oder nur auf «die anderen»?

Wie man leicht sehen kann, hängen die Theorieentscheidungen bei allen Fragen eng miteinander zusammen. So impliziert das vertretene Menschenbild von vornherein, welche Interventionschancen in kognitive oder soziale Systeme durch kommunikative oder nichtkommunikative Maßnahmen für möglich, erlaubt oder verboten angesehen werden. So impliziert das vertretene Kommunikationskonzept, welche Möglichkeiten Kommunikation im Hinblick auf Information, Verstehen und kognitive Steuerung zugemutet werden und wo die Grenzen des kommunikativen Umgangs mit Menschen in den verschiedenen gesellschaftlichen Bereichen gezogen werden. So bestimmt das vertretene Kulturkonzept, das – wie oben ausgeführt – in keiner Gesellschaftstheorie fehlen kann, welche Problemstellungen und Problemlösungen für «gesellschaftsproduzierende» Aktanten wichtig sind, wie Lösungen emotional und moralisch bewertet werden, welche Typen von gesellschaftlicher und kultureller Dynamik man erwartet bzw. befürchtet (= Umgang mit Traditionen und Innovationen) und welche Einstellungen zu Pluralität, Differenzen und Kontroversen in allen gesellschaftlichen Handlungsbereichen entwickelt werden – gerade die letzte Frage gehört zu den Zentralproblemen so genannter postmoderner Gesellschaften in Globalisierungsprozessen und wird vor allem von Vertretern der Cultural Studies intensiv diskutiert.[146]

Ähnlich liegen die theoretischen Zusammenhänge bei Kulturtheorien,[147] die entweder auf anthropologischen bzw. ethnologischen, semiotischen, strukturalistischen, handlungstheoretischen, systemtheoretischen, medientheoretischen oder hermeneutischen Theoriegrundlagen aufgebaut worden sind. Auch bei Kulturtheorien müssen die Fragestellungen abgearbeitet werden, die wir oben im Zusammenhang mit Gesellschaftstheorien formuliert haben, und auch dort ist der innere Zusammenhang zwischen den Antwortmöglichkeiten äußerst eng. Daher empfiehlt es sich auch im Umgang mit Kulturtheorien, den oben genannten Fragenkatalog als Leitfaden zu benutzen, um einen Maßstab sowohl für den Vergleich von Theorien als auch für die Beurteilung der Leistungsfähigkeit der einzelnen Theorien zu bekommen.

12.4 Zur Spezifizierung von Kulturprogrammen

Führt man die bisher vorgelegten Überlegungen zum Zusammenhang von Gesellschaft, Kommunikation, Kultur und Medien systematisch weiter, lassen sich u. E. einige wichtige Hypothesen zur Spezifizierung von Kulturprogrammen gewinnen, die wir im Folgenden zusammengestellt haben:

– Ein Kulturprogramm *stabilisiert* sich mit der Konstanz der Deutung und Bewertung von Erfahrungen aus Wahrnehmen und Handeln. Schemata bilden sich heraus, die erinnerbar und erlernbar werden und damit als operative Fiktionen (= kollektives Wissen) dienen: Das Kulturprogramm wirkt als Gedächtnis und Vorschrift, als Rück-Sicht und Vor-Sicht, als Erinnerung und Ermunterung.

– Ein Kulturprogramm *etabliert* sich in Reproduktions- und Sozialisationsprozessen: Identitätsbildende Traditionen und Strukturen bilden sich heraus.

– Ein Kulturprogramm *dynamisiert* sich durch Reflexivität auf der

Grundlage eines Rückkopplungsparadoxes: Das Programm ist zugleich Ergebnis und Konditionierung, Setzung und Voraussetzung. Es bindet die Aktivitäten von Aktanten als Vorschrift, deren Beobachtung zur Veränderung der Vorschriften führen kann.

— Ein Kulturprogramm *relativiert* sich durch Medienbindung, die Kontingenzerfahrung zum Normalfall auch von Kulturprogrammen werden lässt. Gleichwohl gilt, dass für den Einzelfall der Programmanwendung die (Selektion von) Kontingenz Kontingenz reduziert.

— Ein Kulturprogramm *transzendiert* sich, indem Globalisierung Transkulturalität (= intrakulturelle Reflexivität) erzwingt. Transkulturelle Kulturen sind Kulturen des Umgangs mit Kulturalität ohne die Auszeichnung bestimmter nationaler Kulturen.

Kulturprogramme lassen sich inhaltlich bestimmen und nichtnormativ (= deskriptiv) miteinander vergleichen:

— nach Art und Anzahl basaler Kategorien etwa für Gefühle oder außerirdische Wesen und deren semantische Ausdifferenzierungen (Dimensionierung bzw. Reichhaltigkeit);

— nach Art und Anzahl möglicher Relationierungen zwischen den Kategorien wie Schönheit und Einfluss (Komplexität bzw. Vielschichtigkeit);

— nach dem Grad der Vergleichbarkeit bzw. Verträglichkeit der Relationsnetze, wie sie etwa zwischen männlich/weiblich hergestellt werden (Anschlussfähigkeit);

— nach der Hierarchisierung und Gewichtung von Relationierungen, z.B. zwischen wir/die anderen (Relevanzverteilung, Zentrum- und Peripheriebildung);

— nach der Eindeutigkeit der semantischen Differenzierungen etwa der Kategorie Nützlichkeit (Distinktivität);

— nach dem Grad der Aus- und Entdifferenzierungspotenziale relevanter Kategorien wie Macht oder Besitz (Integrativität).

Die Ausdifferenzierung des kulturellen Raums vollzieht sich in Form der Ausdifferenzierung von Teil- oder Subprogrammen (sog. Subkulturen) unterschiedlicher Reichweite und Relevanz aus dem allgemeinen Kulturprogramm einer Gesellschaft, das lediglich die grundsätzlichen Sinnorientierungen liefert. Durch diese Ausdifferenzierung wird eine

Differenz etabliert, die die Beobachtungsverhältnisse innerhalb einer Gesellschaft beobachtbar verändert. Die bisher dominanten bzw. verwendeten Teilprogramme und die neu ausdifferenzierten Teilprogramme bzw. deren Anwender beobachten sich nun selbst und beobachten sich gegenseitig, um die beobachteten Unterschiede kognitiv, emotional, moralisch und lebenspraktisch zur eigenen Identitätsbildung nutzen zu können. Damit ereignet sich zwangsläufig eine Selbstorganisation des kulturellen Raums sowie die Ausdifferenzierung einer Beobachtungskultur, die diesen Raum als «kulturell» beobachtet, beschreibt und bewertet, indem sie den jeweiligen Programmanwendungen Sinn zuschreibt.

Die Ausdifferenzierungsprozesse und -produkte können/müssen in Beziehung gesetzt werden zu den jeweiligen *Trägern* dieser Prozesse, seien das soziale Gruppen/Schichten/Klassen, unterschiedliche Generationen, Geschlechter oder, wie etwa in multikulturellen Gesellschaften, ethnische Gruppen. Als Zweites muss das Problem gelöst werden, wie die Verträglichkeit bzw. die *Kompatibilität* zwischen rivalisierenden Kulturprogrammen von ihren Anwendern wie auch von ihren Beobachtern eingeschätzt und im Rahmen der jeweiligen Orientierungsdirektricen der Kulturprogramme verarbeitet und bewertet wird. Bei dieser Einschätzung spielt die Frage eine wichtige Rolle, welches Problem mit der Ausdifferenzierung eines kulturellen Teilprogramms (z. B. einer musikalischen oder künstlerischen Subkultur) für wen gelöst bzw. welches Ziel erreicht werden soll (Funktionszuschreibung) und wie Problemstellung und Problemlösung von den Anwendern der verschiedenen Kulturprogramme interpretiert, empfunden und bewertet werden.[148]

Dabei spielt der Bezug auf einschlägige Kategorien des Wirklichkeitsmodells, das vom jeweiligen Kulturprogramm dynamisiert wird, eine entscheidende Rolle. Wenn Teilkulturprogramme sich bezüglich ihrer Teil-Wirklichkeitsmodelle signifikant voneinander unterscheiden, sind gegenseitige Sinnzuschreibungen problematisch, wenn nicht gar unmöglich, es sei denn, die Anwender sind zu Beobachtungen zweiter Ordnung in der Lage.

Die Aus- und Entdifferenzierungskapazität eines Kulturprogramms kann als Indikator für dessen *Dynamik* gesehen werden. Dabei geht es in einem nichtnormativen Sinn um Fragen des inneren Zusammenhangs und der Vereinbarkeit und nicht um die Wertigkeit der unterschiedlichen Programme. Konflikte zwischen den Teilprogrammen werden so lange geduldet, bis sie nicht gegen geltendes Recht verstoßen. Mit diesem Beschreibungsszenario wird eine *nichtnormative* Beschreibung von Kulturprogrammen möglich, auch wenn die Anwender der verschiedenen Teilprogramme ihre Anwendungsmodalitäten im Diskurs normativ oder aggressiv vertreten.

Das Verhältnis der verschiedenen Teil-Kulturprogramme zueinander muss als *komplementär* bestimmt werden. Das heißt, erst und nur die wahrgenommene und kulturprogrammspezifische Bearbeitung der Differenz zwischen den Programmen sichert deren Identität. Damit wird aber zugleich die geheime Zugehörigkeit aller Programme zueinander konstituiert, bestätigen sich die Programme gegenseitig als erfolgreiche «Bearbeitungsagenturen» von Differenzen im globalen Rahmen des Wirkungszusammenhangs von Wirklichkeitsmodell und Kulturprogramm einer Gesellschaft.

Literatur

Adorno, Theodor W. (1972): Resumé über Kulturindustrie. In: Prokop, Dieter (Hg.): Massenkommunikationsforschung, Bd. 1: Produktion. Frankfurt/M.: S. Fischer, 347–355.

Altmeppen, Klaus-Dieter (Hg.) (1996): Ökonomie der Medien und des Mediensystems. Opladen: Westdeutscher Verlag.

Ansoff, H. Igor (1975): Managing Strategic Surprise by Response to Weak Signals. In: California Management Review, 18. Jg., Heft 2, 21–33.

Arbeitsgruppe «Fachperspektive» in der DGPuK (2005): Die Deutsche Gesellschaft für Publizistik- und Kommunikationswissenschaft auf dem Weg zur Fachgesellschaft für Kommunikations- und Medienwissenschaft.

Assmann, Aleida (2004): Spurloses Informationszeitalter. In: Cover. Medienmagazin, Nr. 4, 74–77.

Baacke, Dieter (Hg.) (1974): Kritische Medientheorien. Konzepte und Kommentare. München: Juventa.

Baerns, Barbara (1991 [1985]): Öffentlichkeitsarbeit oder Journalismus? Zum Einfluss im Mediensystem. Köln: Verlag Wissenschaft und Politik.

Baerns, Barbara (Hg.) (2004): Leitbilder von gestern? Zur Trennung von Werbung und Programm. Wiesbaden: VS Verlag für Sozialwissenschaften.

Balgo, Ralf & Holger Lindemann (Hg.) (2006): Theorie und Praxis systemischer Pädagogik. Heidelberg: Carl-Auer.

Barth, Henrike & Wolfgang Donsbach (1992): Aktivität und Passivität von Journalisten gegenüber Public Relations. In: Publizistik, 37. Jg., Heft 2, 151–165.

Baum, Achim; Langenbucher, Wolfgang R.; Pöttker, Horst & Christian Schicha (Hg.) (2005): Handbuch Medienselbstkontrolle. Wiesbaden: VS Verlag für Sozialwissenschaften.

Baum, Achim & Siegfried J. Schmidt (Hg.) (2002): Fakten und Fiktionen. Über den Umgang mit Medienwirklichkeiten. Konstanz: UVK.

Beilenhoff, Wolfgang (2006): BilderPolitiken. In: transkriptionen. Newsletter des Kulturwissenschaftlichen Forschungsinstituts «Medien und kulturelle Kommunikation». SFB/FK 427, Nr. 7, 2–7.

Belting, Hans (1993): Der Ort der Bilder. Jai-jung Park im Gespräch mit Hans Belting und Boris Groys. Stuttgart: Cantz.

Benninghaus, Hans (1992): Deskriptive Statistik. 7. Aufl. Stuttgart: Teubner.

Bentele, Günter; Liebert, Tobias & Stefan Seeling (1997): Von der Determination zur Intereffikation. Ein integriertes Modell zum Verhältnis von Public Relations und Journalismus. In: Bentele, Günter & Michael Haller (Hg.): Aktuelle Entstehung von Öffentlichkeit. Akteure, Strukturen, Veränderungen. Konstanz: UVK, 225–250.

Bentele, Günter & Howard Nothaft (2004): «Das Intereffikationsmodell. Theoretische Weiterentwicklung, empirische Konkretisierung und Desiderate. In: Altmeppen, Klaus-Dieter u. a. (Hg.): Schwierige Verhältnisse. Interdependenzen zwischen Journalismus und Public Relations. Wiesbaden: Westdeutscher Verlag, 67–104.

Berelson, Bernard (1952): Content Analysis in Communication Research. Glencoe: The Free Press.

Berg, Klaus & Marie-Luisie Kiefer (Hg.) (1996): Massenkommunikation. Eine Langzeitstudie zur Mediennutzung und Medienbewertung 1964–1990. Baden-Baden: Nomos.

Blöbaum, Bernd (1994): Journalismus als soziales System. Geschichte, Ausdifferenzierung und Verselbständigung. Opladen: Westdeutscher Verlag.

Blöbaum, Bernd (2000): Zwischen Redaktion und Reflexion. Integration von Theorie und Praxis in der Journalistenausbildung. Münster: LIT.

Bohn, Rainer; Müller, Eggo & Rainer Ruppert (Hg.) (1988): Ansichten einer künftigen Medienwissenschaft. Berlin: sigma.

Bolz, Norbert (1993): Am Ende der Gutenberg-Galaxis. Die neuen Kommunikationsverhältnisse. München: Fink.

Bortz, Jürgen (1993): Lehrbuch der empirischen Forschung für Sozialwissenschaftler. 4. Aufl. Berlin [u. a.]: Springer.

Bourdieu, Pierre (1998): Über das Fernsehen. Frankfurt/M.: Suhrkamp.

Branahl, Udo (2002): Medienrecht. Eine Einführung. 4. Aufl. Wiesbaden: Westdeutscher Verlag.

Breed, Warren (1973 [1955]): Soziale Kontrolle in der Redaktion. Eine funktionale Analyse. In: Aufermann, Jörg; Bohrmann, Hans & Rolf Sülzer (Hg.): Gesellschaftliche Kommunikation und Information. Forschungsrichtungen und Problemstellungen. Ein Arbeitsbuch zur Massenkommunikation. Frankfurt/M.: Athenäum-Fischer, 356–378.

Bresser, Klaus (1992): Was nun? Über Fernsehen, Moral und Journalisten. Hamburg/Zürich: Luchterhand.

Burkart, Roland (1998): Kommunikationswissenschaft. Grundlagen und Problemfelder. 3. Aufl. Wien/Köln/Weimar: Böhlau.

Charlton, Michael & Michael Klemm (1998): Fernsehen und Anschlußkommunikation. In: Klingler, Walter; Roters, Gunnar & Oliver Zöllner (Hg.): Fernsehforschung in Deutschland. Themen – Akteure – Methoden. Baden-Baden: Nomos, 709–727.

Cohen, Bernhard C. (1963): The Press, the Public and Foreign Policy. Princeton: The Princeton University Press.

Denzin, Norman K. (1978): The Research Act. A Theoretical Introduction to Sociological Methods. 2. Aufl. New York u. a.: McGraw-Hill.

DGPuK (2001): Die Mediengesellschaft und ihre Wissenschaft. Herausforderungen für die Kommunikations- und Medienwissenschaft als akademische Disziplin. Selbstverständnispapier der Deutschen Gesellschaft für Publizistik- und Kommunikationswissenschaft (DGPuK) vom Januar 2001.

Diekmann, Andreas (2000): Empirische Sozialforschung. Grundlagen, Methoden, Anwendungen. 6. Aufl. Reinbek bei Hamburg: Rowohlt.

Donsbach, Wolfgang (2006): Presidential Address. The Identity of Communication Research. In: Journal of Communication, 56. Jg. Heft 3, 437–448.

Dovifat, Emil (1962): Zeitungslehre. Bd. 1: Theoretische und rechtliche Grundlagen – Nachricht und Meinung – Sprache und Form. Berlin: de Gruyter.

Drechsel, Paul; Schmidt, Bettina & Bernhard Gölz (2000): Kultur im Zeitalter der Globalisierung. Von Identitäten zu Differenzen. Frankfurt/M.: IKO.

Dröge, Franz (1972): Wissen ohne Bewusstsein – Materialien zur Medienanalyse. Frankfurt/M.: Athenäum-Fischer.

Eisenstein, Elisabeth L. (1979): The Printing Press as an Agent of Change – Communication and Cultural Transformations in Early-Modern Europe. 2 Bde. Cambridge/London: CUP.

Essler, Wilhelm K. (1970): Wissenschaftstheorie I. Definition und Reduktion. Freiburg/München: K. Alber.

Faulstich, Werner (1991): Medientheorien. Einführung und Überblick. Göttingen: Vandenhoek & Ruprecht.

Faulstich, Werner (1997 ff.): Die Geschichte der Medien. Göttingen: Vandenhoek und Ruprecht.

Fehrmann, Gisela; Linz, Erika; Schumacher, Eckhard & Brigitte Weingart (Hg.) (2004): Originalkopie. Praktiken des Sekundären. Köln: DuMont (Mediologie. Eine Schriftenreihe des kulturwissenschaftlichen Forschungskollegs «Medien und kulturelle Kommunikation», Bd. 11).

Feyerabend, Paul K. (1978): Der wissenschaftstheoretische Realismus und die Autorität der Wissenschaften (Ausgewählte Schriften Bd. I). Braunschweig/Wiesbaden: Vieweg (Wissenschaftstheorie. Wissenschaft und Philosophie, Bd. 13).

Fisch, Martin & Christoph Gscheidle (2006): Onliner 2006: Zwischen Breitband und Web 2.0 – Ausstattung und Nutzungsinnovation. In: Media Perspektiven, Nr. 8, 431–440.

Fischer, Hans Rudi (Hg.) (2005): Eine Rose ist eine Rose ... Zur Rolle und Funktion von Metaphern in Wissenschaft und Therapie. Weilerswist: Velbrück Wissenschaft.

Fischer, Heinz-Dietrich (1983): Kritik in Massenmedien. Objektive Kriterien oder subjektive Wertung. Köln: Deutscher Ärzte-Verlag.

Flick, Uwe (1995): Qualitative Forschung. Theorie, Methoden, Anwendung in der Psychologie und den Sozialwissenschaften. Reinbek bei Hamburg: Rowohlt.

Flick, Uwe (2000): Triangulation in der qualitativen Forschung. In: Flick, Uwe; Kardorff, Ernst von & Ines Steinke (Hg.): Qualitative Forschung. Ein Handbuch. Reinbek bei Hamburg: Rowohlt, 379–318.

Flusser, Vilém (1993): Lob der Oberflächlichkeit. Für eine Phänomenologie der Medien. Köln: Bollmann.

Foerster, Heinz von (1993): Wissen und Gewissen. Versuch einer Brücke (hg. von S. J. Schmidt). Frankfurt/M.: Suhrkamp.

Franck, Georg (1998): Ökonomie der Aufmerksamkeit. Ein Entwurf. München: Hanser.

Friedrichs, Jürgen (1990): Methoden empirischer Sozialforschung. 14. Aufl. Opladen: Westdeutscher Verlag.

Früh, Werner (2002): Unterhaltung durch das Fernsehen: eine molare Theorie. Konstanz: UVK.

Früh, Werner & Klaus Schönbach (1991): Der dynamisch-transaktionale Ansatz. Ein neues Paradigma der Medienwirkungen. In: Früh, Werner (Hg.): Medienwirkungen: Das dynamisch-transaktionale Modell. Theorie und empirische Forschung. Opladen: Westdeutscher Verlag, 23–39.

Früh, Werner & Klaus Schönbach (2005): Der dynamisch-transaktionale Ansatz III. Eine Zwischenbilanz. In: Publizistik, 50. Jg., Heft 1: 4–20.

Fuchs, Peter (1992): Die Erreichbarkeit der Gesellschaft. Zur Konstruktion und Imagination gesellschaftlicher Einheit. Frankfurt/M.: Suhrkamp.

Galtung, Johan & Marie Holmboe Ruge (1965): The Structure of Foreign News. The Presentation of the Congo, Cuba and Cypris Crisis in Four Norwegian Newspapers. In: Journal of Peace Research, 2. Jg., 64–91.

Gehrau, Volker (2002): Die Beobachtung in der Kommunikationswissenschaft. Methodische Ansätze und Beispielstudien. Konstanz: UVK.

Gehrau, Volker & Benjamin Fretwurst (2005): Auswahlverfahren in der Kommunikationswissenschaft. Eine Untersuchung aktueller Veröffentlichungen über empirische Studien in der Kommunikationswissenschaft. In: Gehrau, Volker; Fretwurst, Benjamin; Krause, Birgit & Gregor Daschmann (Hg.): Auswahlverfahren in der Kommunikationswissenschaft. Köln: Herbert von Halem, 13–31.

Gehrau, Volker; Fretwurst, Benjamin; Krause, Birgit & Gregor Daschmann (Hg.) (2005): Auswahlverfahren in der Kommunikationswissenschaft. Köln: Herbert von Halem.

Gendolla, Peter; Schmitz, Norbert M.; Schneider, Irmela & Peter M. Spangenberg (Hg.) (2001): Formen interaktiver Medienkunst. Frankfurt/M.: Suhrkamp.

Gerbner, George & Larry Gross (1976): Living with Television. The Violence Profile. In: Journal of Communication, 26. Jg. Heft 2, 173–199.

Gergen, Kenneth J. (2006): Soziale Konstruktion und Bildung im Kontext globaler Konflikte. In: Balgo, Rolf & Holger Lindemann (Hg.): Theorie und Praxis systemischer Pädagogik. Heidelberg: Carl-Auer, 24–44.

Giesecke, Michael (1991): Der Buchdruck in der frühen Neuzeit. Frankfurt/M.: Suhrkamp 1991.

Glaser, Barney G. & Anselm L. Strauss. (1967): The Discovery of Grounded Theory: Strategies for Qualitative Research. New York: Aldine de Gruyter.

Goody, Jack & Ian Watt (Hg.) (1963): Literacy in Traditional Societies. Cambridge: CUP.

Gottzmann, Nicole (2005): Möglichkeiten und Grenzen der freiwilligen Selbstkontrolle in der Presse und der Werbung. Der Deutsche Presserat und der Deutsche Werberat. München: Beck (Schriftenreihe des Instituts für Rundfunkrecht an der Universität zu Köln, Bd. 92).

Granovetter, Mark S. (1973): The Strength of Weak Ties. In: American Journal of Sociology, 78. Jg., Heft 6, 1360–1380.

Großklaus, Götz (2004): Medien-Bilder. Inszenierungen der Sichtbarkeit. Frankfurt/M.: Suhrkamp.

Grunig, James E. & Todd Hunt (1984): Managing Public Relations. New York u. a.: Holt, Rinehart and Winston.

Habermas, Jürgen (1981): Theorie des kommunikativen Handelns. 2 Bde. Frankfurt/M.: Suhrkamp.

Habermas, Jürgen (1996 [1962]): Strukturwandel der Öffentlichkeit. Untersuchungen zu einer Kategorie der bürgerlichen Gesellschaft. 5. Aufl. Frankfurt/M.: Suhrkamp.

Halfmeier, Axel (2000): Die Veröffentlichung privater Tatsachen als unerlaubte Handlung. Frankfurt/M.: Lang.

Hallenberger, Gerd & Jörg-Uwe Nieland (Hg.) (2005): Neue Kritik der Medienkritik. Werkanalyse, Nutzerservice, Sales Promotion oder Kulturkritik? Köln: Herbert von Halem.

Hamm, Peter (Hg.) (1968): Kritik – von wem/für wen/wie? Eine Selbstdarstellung der Kritik. München: Hanser.

Hartmann, Tilo (2006): Die Selektion unterhaltsamer Medienangebote am Beispiel von Computerspielen: Struktur und Ursachen. Köln: Herbert von Halem.

Havelock, Eric A. (1990): Schriftlichkeit. Weinheim: Beltz.

Heinrich, Jürgen (1994): Medienökonomie. Bd. 1: Mediensystem, Zeitung, Zeitschrift, Anzeigenblatt. Wiesbaden: Westdeutscher Verlag.

Held, Barbara & Stephan Ruß-Mohl (Hg.) (2000): Qualität durch Kommunikation sichern. Vom Qualitätsmanagement zur Qualitätskultur. Erfahrungsberichte aus Industrie, Dienstleistung und Medienwirtschaft. Frankfurt/M.: FAZ-Institut.

Hepp, Andreas (2003): Globalisierung von Medienkommunikation als Herausforderung. Mediensoziologie und transkulturelle Perspektiven. In: Löffelholz, Martin &

Thorsten Quandt (Hg.) (2003): Die neue Kommunikationswissenschaft. Theorien, Themen und Berufsfelder im Internet-Zeitalter. Eine Einführung. Wiesbaden: Westdeutscher Verlag, 191–214.

Hepp, Andreas & Rainer Winter (Hg.) (1999): Kultur – Medien – Macht. Cultural Studies und Medienanalyse. 2. Aufl. Opladen: Westdeutscher Verlag.

Hickethier, Knut (2002): Mediengeschichte. In: Rusch, Gebhard (Hg.) (2002): Einführung in die Medienwissenschaft. Konzeptionen, Theorien, Methoden, Anwendungen. Wiesbaden: Westdeutscher Verlag, 171–188.

Hiebel, Hans H.; Hiebler, Heinz; Kogler, Karl & Herwig Walitsch (1999): Große Medienchronik. München: Fink.

Hoffmann, Stefan (2002): Geschichte des Medienbegriffs. Hamburg: Meiner.

Holly, Werner & Ulrich Püschel (Hg.) (1993): Medienrezeption als Aneignung. Methoden und Perspektiven qualitativer Medienforschung. Opladen: Westdeutscher Verlag.

Holzer, Horst (1973): Kommunikationssoziologie. Reinbek bei Hamburg: Rowohlt.

Holznagel, Bernd & Babette Kibele (2002): Medienrecht. In: Rusch, Gebhard (Hg.) (2002): Einführung in die Medienwissenschaft. Konzeptionen, Theorien, Methoden, Anwendungen. Wiesbaden: Westdeutscher Verlag, 227–241.

Horák, Vítezslav (2006): Das Bild als Werkzeug. In: Perspektiven der Philosophie, 32. Jg., Heft 1, 81–96.

Hörisch, Jochen (2001): Der Sinn und die Sinne. Eine Geschichte der Medien. Frankfurt/M.: Eichborn.

Horkheimer, Max & Theodor W. Adorno (1998 [1944]): Dialektik der Aufklärung. Frankfurt/M.: Fischer.

Hug, Theo (Hg.) (1998): Technologie, Kritik und Medienpädagogik. Baltmannsweiler: Schneider-Verlag Hohengehren.

Huinink, Johannes (2005): BA-Studium Soziologie. Ein Lehrbuch. Reinbek bei Hamburg: Rowohlt.

Imdahl, Max (1994): Ikonik. Bilder und ihre Anschauung. In: Boehm, Gottfried (Hg.): Was ist ein Bild? München: Fink, 300–324.

Jacke, Christoph (2004): Medien(sub)kultur. Geschichten – Diskurse – Entwürfe. Bielefeld: transcript.

Janich, Peter (1997): Kleine Philosophie der Naturwissenschaften. München: Beck.

Janich, Peter (2006): Kultur und Methode. Philosophie in einer wissenschaftlich geprägten Welt. Frankfurt/M.: Suhrkamp.

Janisch, Wolfgang (1998): Investigativer Journalismus und Pressefreiheit. Ein Vergleich des deutschen und amerikanischen Rechts. Baden-Baden: Nomos.

Jörissen, Benjamin (2007): Beobachtungen der Realität. Die Frage nach der Wirklichkeit im Zeitalter der Neuen Medien. Bielefeld: transcript.

Josephi, Beate (2005): Journalism in the Global Age. Between Normative and Empirical.

In: Gazette. The International Journal for Communication Studies, 67. Jg., Heft 6, 575–590.

Just, Natascha & Michael Latzer (2003): Medienökonomie. In: Weber, Stefan (Hg.): Theorien der Medien. Von der Kulturkritik bis zum Konstruktivismus. Konstanz: UTB, 81–107.

Kaase, Max & Winfried Schulz (Hg.) (1989): Massenkommunikation. Theorien, Methoden, Befunde. Opladen: Westdeutscher Verlag.

Kaltenhäuser, Bettina (2004): Abstimmung am Kiosk. Der Einfluss der Titelseitengestaltung politischer Publikumszeitschriften auf die Einzelverkaufsauflage. Wiesbaden: DUV.

Kamarsin, Matthias & Carsten Winter (Hg.) (2000): Grundlagen des Medienmanagements. München: Fink.

Katz, Elihu & Daniel Foulkes (1962): On the Use of the Mass Media as 'Escape': Clarification of a Concept. In: Public Opinion Quarterly, 26. Jg., Heft 3, 377–388.

Kelle, Udo & Christian Erzberger (2000): Qualitative und Quantitative Forschung – kein Gegensatz. In: Flick, Uwe; Kardorff, Ernst von & Ines Steinke (Hg.): Qualitative Forschung. Ein Handbuch. Reinbek bei Hamburg: Rowohlt, 299–309.

Kiefer, Marie Luise (2005): Medienökonomik. Einführung in eine ökonomische Theorie der Medien. 2. Aufl. München/Wien: R. Oldenbourg.

Kirby, Justin & Paul Marsden (2006): Connected Marketing. The Viral, Buzz and Word of Mouth Revolution. Amsterdam u. a.: Elsevier.

Kittler, Friedrich (1986): Grammophon, Film, Typewriter. Berlin: Brinkmann & Bose.

Kittler, Friedrich (1987): Aufschreibsysteme 1800 – 1900. München: Fink.

Kleiner, Marcus S. (2006): Medien-Heterotopien. Diskursräume einer gesellschaftskritischen Medientheorie. Bielefeld: transcript.

Klimmt, Christoph (2006): Computerspielen als Handlung. Dimensionen und Determinanten des Erlebens interaktiver Unterhaltungsangebote. Köln: Herbert von Halem.

Knieper, Thomas & Marion G. Müller (Hg.) (2001): Kommunikation visuell. Das Bild als Forschungsgegenstand – Grundlagen und Perspektiven. Köln: Herbert von Halem.

Knieper, Thomas & Marion G. Müller (Hg.) (2003): Authentizität und Inszenierung von Bilderwelten. Köln: Herbert von Halem.

Knieper, Thomas & Marion G. Müller (Hg.) (2005): War Visions. Bildkommunikation und Krieg. Köln: Herbert von Halem.

Kohring, Matthias & Detlef Matthias Hug (1997): Öffentlichkeit und Journalismus. Zur Notwendigkeit der Beobachtung gesellschaftlicher Interdependenz – Ein systemtheoretischer Entwurf. In: Medien Journal, 21. Jg., Heft 1, 1997, 15–33.

Krämer, Sybille (1998): Was haben die Medien, der Computer und die Realität miteinander zu tun? In: Krämer, Sybille (Hg.): Medien Computer Realität. Wirklichkeitsvorstellungen und Neue Medien. Frankfurt/M.: Suhrkamp, 9–26.

Krippendorff, Klaus (1994): Der verschwundene Bote. Metaphern und Modelle der Kommunikation. In: Merten, Klaus; Schmidt, Siegfried J. & Siegfried Weischenberg (Hg.): Die Wirklichkeit der Medien. Opladen: Westdeutscher Verlag, 79–113.

Kriz, Jürgen (1983): Statistik in den Sozialwissenschaften. 4. Aufl. Opladen: Westdeutscher Verlag.

Krüger, Udo Michael (2006): Fernsehnachrichten bei ARD, ZDF, RTL und SAT.1. Strukturen, Themen und Akteure. In: Media Perspektiven, Nr. 2, 50–74.

Ladeur, Karl-Heinz (Hg.) (2006): Das Medienrecht und die Ökonomie der Aufmerksamkeit. In Sachen Dieter Bohlen, Maxim Biller, Caroline von Monaco u.a. Köln: Herbert von Halem.

Lamnek, Siegfried (1995): Qualitative Sozialforschung. Bd. 1: Methodologie. 3. Aufl. Weinheim: Beltz, Psychologie Verlags Union.

Lang, Gladys E. & Kurt Lang (1981): Watergate: An Exploration of the Agenda-Building Process. In: Wilhoit, Grover Cleveland & Harold De Bock (Hg.): Mass Communication Review Yearbook, Vol. 2. Beverly Hills: Sage, 447–468.

Lasswell, Harold D. (1927): Propaganda Technique in the World War. New York: Knopf.

Lasswell, Harold D. (1948): The Structure and Function of Communication in Society. In: Bryson, Lyman (ed.): The Communication of Ideas. New York: Harper, 37–52.

Latzer, Michael (1997): Mediamatik – Die Konvergenz von Telekommunikation, Computer und Rundfunk. Opladen: Westdeutscher Verlag.

Latzer, Michael (2006): Medien- und Telekommunikationspolitik: Unordnung durch Konvergenz – Ordnung durch Mediamatikpolitik. Manuskript Wien (URL: http://www.oeaw.ac.at/ita/latzer/Arbeitspapiere); Stand vom 14. 09. 06.

Lazarsfeld, Paul Felix; Berelson, Bernard & Hazel Gaudet (1948 [1944]): The people's choice. How the voter makes up his mind in a presidential campaign. 2. Aufl. New York: Columbia University Press.

Lazarsfeld, Paul Felix & Robert K. Merton (1973 [1948]): Massenkommunikation, Publikumsgeschmack und organisiertes Sozialverhalten. In: Aufermann, Jörg; Bohrmann, Hans & Rolf Sülzer (Hg.): Gesellschaftliche Kommunikation und Information. Forschungsrichtungen und Problemstellungen. Ein Arbeitsbuch zur Massenkommunikation. Frankfurt/M.: Athenäum-Fischer, 447–470.

Leinfellner, Werner (1965): Einführung in die Erkenntnis- und Wissenschaftstheorie. Mannheim: Bibliographisches Institut.

Lester, Paul Martin (2000): Visual Communication. 2. Aufl. Belmont/Ca. u.a.: Wadsworth.

Lippmann, Walter (1990 [1922]): Die öffentliche Meinung. Bochum: Universitätsverlag Brockmeyer.

Lobigs, Frank (2005): Medienmarkt und Medienmeritorik. Beiträge zur ökonomischen

Theorie der Medien. Abhandlung zur Erlangung der Doktorwürde der Philosophischen Fakultät der Universität Zürich.

Löffelholz, Martin & Thorsten Quandt (Hg.) (2003a): Die neue Kommunikationswissenschaft. Theorien, Themen und Berufsfelder im Internet-Zeitalter. Eine Einführung. Wiesbaden: Westdeutscher Verlag.

Löffelholz, Martin & Thorsten Quandt (2003b): Kommunikationswissenschaft im Wandel. Orientierung in einer dynamischen, integrativen und unüberschaubaren Disziplin. In: Löffelholz, Martin & Thorsten Quandt (Hg.) (2003): Die neue Kommunikationswissenschaft. Theorien, Themen und Berufsfelder im Internet-Zeitalter. Eine Einführung. Wiesbaden: Westdeutscher Verlag, 13–42.

Löffelholz, Martin (2004): Einführung in die Journalismustheorie. Theorien des Journalismus. Eine historische, metatheoretische und synoptische Einführung. In: Löffelholz, Martin (Hg.): Theorien des Journalismus. Ein diskursives Handbuch. 2. Aufl. Wiesbaden: VS Verlag, 17–63.

Ludes, Peter (1998): Einführung in die Medienwissenschaft. Entwicklung und Theorien. Berlin: Erich Schmidt.

Luhmann, Niklas (1979): Öffentliche Meinung. In: Langenbucher, Wolfgang R. (Hg.): Politik und Kommunikation. München/Zürich: Piper, 29–61.

Luhmann, Niklas (1987): Soziale Systeme. Grundriß einer allgemeinen Theorie. Frankfurt/M.: Suhrkamp.

Luhmann, Niklas (1991): Reflexive Mechanismen. In: Luhmann, Niklas: Soziologische Aufklärung 1. Aufsätze zur Theorie sozialer Systeme. 6. Aufl. Opladen: Westdeutscher Verlag, 92–112.

Luhmann, Niklas (1992): Kontingenz als Eigenwert der modernen Gesellschaft. In: Luhmann, Niklas: Beobachtungen der Moderne. Opladen: Westdeutscher Verlag, 93–128.

Luhmann, Niklas (1993): Was ist der Fall, was steckt dahinter? Die zwei Soziologien und die Gesellschaftstheorie. In: Zeitschrift für Soziologie, 22. Jg., Heft 4, 245–260.

Luhmann, Niklas (1996): Die Realität der Massenmedien. 2. Aufl. Opladen: Westdeutscher Verlag.

Luhmann, Niklas (1997): Die Gesellschaft der Gesellschaft. 2 Bde. Frankfurt/M.: Suhrkamp.

Luhmann, Niklas (1998 [1982]): Liebe als Passion. Zur Codierung von Intimität. 4. Aufl. Frankfurt/M.: Suhrkamp.

Lünenborg, Margret (2001): Geschlecht als Analyseperspektive in der Journalismusforschung. Potenziale und Defizite. In: Klaus, Elisabeth; Röser, Jutta & Ulla Wischermann (Hg.): Kommunikationswissenschaft und Gender Studies. Opladen/Wiesbaden: Westdeutscher Verlag, 124–143.

Maletzke, Gerhard (1978 [1963]): Psychologie der Massenkommunikation. Theorie und Systematik. Hamburg: Hans-Bredow-Institut.

Maletzke, Gerhard (1998): Kommunikationswissenschaft im Überblick. Opladen: Westdeutscher Verlag.

Maresch, Rudolf (Hg.) (1996): Medien und Öffentlichkeit. München: Boer.

Margreiter, Reinhard (2007): Medienphilosophie. Eine Einführung. Berlin: Parerga.

Mayring, Philipp (1997): Qualitative Inhaltsanalyse. Grundlagen und Techniken. 6. Aufl. Weinheim/Basel: Beltz.

McCombs, Maxwell E. (1977): Newspaper versus Television: Mass Communication Effects Across Time. In: Shaw, Donald L. & Maxwell E. McCombs (Hg.): The Agenda-Setting Function of the Press. The Emergence of American Political Issues. St. Paul: West, 89–106.

McCombs, Maxwell E. & Donald L. Shaw (1972): The Agenda-Setting Function of Mass Media. In: Public Opinion Quarterly, 36. Jg., Heft 2, 176–187.

McLuhan, Marshall (1968 [1964]): Die Magischen Kanäle. Düsseldorf/Wien: Econ.

Merten, Klaus (1977): Kommunikation. Eine Begriffs- und Prozeßanalyse. Opladen: Westdeutscher Verlag.

Merten, Klaus (1984): Vom Nutzen des «Uses and Gratifications Approach». Anmerkungen zu Palmgreen. In: Rundfunk und Fernsehen, 32. Jg., Heft 1, 66–72.

Merten, Klaus (1991): Allmacht oder Ohnmacht der Medien? Erklärungsmuster der Medienwirkungsforschung. In: DIFF (Hg.): Funkkolleg Medien und Kommunikation. Konstruktionen von Wirklichkeit. STB 9 (22. STE). Weinheim/Basel, 38–73.

Merten, Klaus (1994): Konvergenz der Deutschen Fernsehprogramme. Eine Langzeituntersuchung 1980–1993. Münster/Hamburg: LIT.

Merten, Klaus (1995): Inhaltsanalyse: Einführung in Theorie, Methode und Praxis. 2. Aufl. Opladen: Westdeutscher Verlag.

Merten, Klaus (1999): Einführung in die Kommunikationswissenschaft. Bd. 1: Grundlagen der Kommunikationswissenschaft. Münster/Hamburg: LIT.

Merten, Klaus; Schmidt, Siegfried J. & Siegfried Weischenberg (Hg.) (1994): Die Wirklichkeit der Medien. Opladen: Westdeutscher Verlag.

Merten, Klaus & Joachim Westerbarkey (1994): Public Opinion und Public Relations. In: Merten, Klaus; Schmidt, Siegfried J. & Siegfried Weischenberg (Hg.): Die Wirklichkeit der Medien. Eine Einführung in die Kommunikationswissenschaft. Opladen: Westdeutscher Verlag, 188–211.

Meyrowitz, Joshua (1990): Überall und nirgends dabei. Die Fernsehgesellschaft. 2 Bde. Weinheim: Beltz.

Mitterer, Josef (1992): Das Jenseits der Philosophie. Wider das dualistische Erkenntnisprinzip. Wien: Passagen Verlag.

Möhring, Wiebke; Tiele, Annekaryn; Scherer, Helmut & Beate Schneider (2005): Repräsentative Stichprobe des Zeitungsangebotes – die Methode der publizistischen Stichprobe als computerbasiertes Auswahlverfahren. In: Gehrau, Volker; Fretwurst,

Benjamin; Krause, Birgit & Gregor Daschmann (Hg.): Auswahlverfahren in der Kommunikationswissenschaft. Köln: Herbert von Halem, 158–172.

Monaco, James (1980): Film verstehen. Kunst, Technik, Sprache, Geschichte und Theorie des Films. Reinbek bei Hamburg: Rowohlt.

Müller, Dieter K. (1997): Das AG.MA-Partnerschaftsmodell wird neu definiert. Eröffnen sich durch den Wiedereintritt der Fernsehsender in die Arbeitsgemeinschaft Media Analyse neue Perspektiven intermedialer Paritäten? In: Media Perspektiven, Nr. 6, 320–329.

Müller, Marion (2005): Visualisierung. In: Weischenberg, Siegfried; Kleinsteuber, Hans J. & Bernhard Pörksen (Hg.): Handbuch Journalismus und Medien. Konstanz: UVK, 470–472.

Müller, Marion G. (2003): Grundlagen der visuellen Kommunikation. Konstanz: UVK.

Münker, Stefan; Roesler, Alexander & Mike Sandbothe (Hg.) (2003): Medienphilosophie. Beiträge zur Klärung eines Begriffs. Frankfurt/M.: Fischer.

Neubert, Kurt & Helmut Scherer (Hg.) (2004): Die Zukunft der Kommunikationsberufe. Ausbildung, Berufsfelder, Arbeitsweisen. Konstanz: UVK.

Nietzsche, Friedrich (1955 [1872]): Über die Zukunft unserer Bildungsanstalten. Erster Vortrag. Gehalten am 16. Januar 1872. In: Nietzsche, Friedrich: Unzeitgemäße Betrachtungen. Stuttgart: Alfred Kröner, 399–422.

Noelle-Neumann, Elisabeth (2001 [1974]): Die Schweigespirale. Öffentliche Meinung – unsere soziale Haut. 6. Aufl. München: Langen Müller.

Ong, Walter J. (1987): Oralität und Literalität. Die Technologisierung des Wortes. Opladen: Westdeutscher Verlag.

Osgood, Charles E. (1952): The Nature and Measurement of Meaning. In: Psychological Bulletin, 49. Jg., Heft 3, 197–237.

Östgaard, Einar (1965): Factors Influencing the Flow of News. In: Journal of Peace Research, 2. Jg., 39–63.

Pias, Claus; Vogl, Joseph & Lorenz Engell (Hg.) (1999): Kursbuch Medienkultur. Die maßgeblichen Theorien von Brecht bis Baudrillard. Stuttgart: DVA.

Pörksen, Bernhard (2006): Die Beobachtung des Beobachters. Eine Erkenntnistheorie der Journalistik. Konstanz: UVK.

Postman, Neil (1997): Wir amüsieren uns zu Tode. Urteilsbildung im Zeitalter der Unterhaltungsindustrie. Frankfurt/M.: Fischer.

Pöttker, Horst (2001): Mitgemacht, weitergemacht, zugemacht. Zum NS-Erbe der Kommunikationswissenschaft in Deutschland. In: Aviso, Nr. 28, 4–7.

Pöttker, Horst (2004): Konformität – Opportunismus – Opposition. Zur Typologie von Verhaltensweisen im NS-Regime und danach. In: Duchkowitsch, Wolfgang; Hausjell, Fritz & Bernd Semrad (Hg.): Die Spirale des Schweigens. Zum Umgang mit der nationalsozialistischen Zeitungswissenschaft. 2. Aufl. Wien: LIT, 41–53.

Preisendörfer, Peter (2005): Organisationssoziologie. Grundlagen, Theorien und Problemstellungen. Wiesbaden: VS-Verlag für Sozialwissenschaften.

Prokop, Dieter (2005): Der kulturindustrielle Machtkomplex. Neue kritische Kommunikationsforschung über Medien, Werbung und Politik. Köln: Herbert von Halem.

Prokop, Dieter (Hg.) (1972): Massenkommunikationsforschung. Bd. 1: Produktion. Frankfurt/M.: Fischer.

Prott, Jürgen (1994): Ökonomie und Organisation der Medien. In: Merten, Klaus; Schmidt, Siegfried J. & Siegfried Weischenberg (Hg.): Die Wirklichkeit der Medien. Opladen: Westdeutscher Verlag, 481–505.

Reckwitz, A. (2004): Die Kontingenzperspektive der ‹Kultur›. In: Jäger, Friedrich & Jörn Rüsen (Hg.): Handbuch der Kulturwissenschaften, Bd. 3. Stuttgart: Metzler, 1–20.

Reinemann, Carsten; Peiser, Wolfram & Olaf Jandura (2004): Die Bedeutung der kommunikationswissenschaftlichen Methodenausbildung für die Berufspraxis. In: Neubert, Kurt & Helmut Scherer (Hg.): Die Zukunft der Kommunikationsberufe. Ausbildung, Berufsfelder, Arbeitsweisen. Konstanz: UVK, 141–157.

Renckstorf, Karsten (1995): Kommunikationswissenschaft als sozialwissenschaftliche Disziplin: Theoretische Perspektiven, Forschungsfragen und Forschungsansätze. Nijmegen: Stiftung Zentrum für Deutschland-Studien.

Rentschler, Ingo & Herbert Schober (1988): Das Bild als Schein der Wirklichkeit. Optische Täuschungen in Wissenschaft und Kunst. Augsburg: Augustus Verlag.

Ricker, Reinhart (1995): Medienrecht. In: Noelle-Neumann, Elisabeth; Schulz, Winfried & Jürgen Wilke (Hg.): Fischer Lexikon Publizistik Massenkommunikation. Frankfurt/M.: Fischer, 244–267.

Riepl, Wolfgang (1913): Das Nachrichtenwesen des Altertums mit besonderer Rücksicht auf die Römer. Leipzig u. a.: Teubner.

Röben, Bärbel (2004): Umgang mit Differenzen als Schlüsselqualifikation. Projekte zur Einführung einer interkulturellen Perspektive in die JournalistInnenausbildung. In: Neubert, Kurt & Helmut Scherer (Hg.): Die Zukunft der Kommunikationsberufe. Ausbildung, Berufsfelder, Arbeitswesen. Konstanz: UVK, 265–278.

Ronneberger, Franz & Manfred Rühl (1992): Theorie der Public Relations: Ein Entwurf. Opladen: Westdeutscher Verlag.

Rosengren, Karl Erik (1970): International News. Intra and Extra Media Data. In: Acta Sociologica, 13., Heft 1, 96–109.

Roth, Gerhard (1992): Das konstruktive Gehirn: Neurobiologische Grundlagen von Wahrnehmung und Erkenntnis. In: Schmidt, Siegfried J. (Hg.): Kognition und Gesellschaft. Der Diskurs des Radikalen Konstruktivismus 2. Frankfurt/M.: Suhrkamp, 277–336.

Roth, Gerhard (1994): Das Gehirn und seine Wirklichkeit. Frankfurt/M.: Suhrkamp.

Röttger, Ulrike (Hg.) (2001): Issues Management. Theoretische Konzepte und praktische Umsetzung. Eine Bestandsaufnahme. Wiesbaden: Westdeutscher Verlag.

Röttger, Ulrike (Hg.) (2004): Theorien der Public Relations. Grundlagen und Perspektiven der PR-Forschung. Wiesbaden: VS Verlag für Sozialwissenschaften.

Rühl, Manfred (1969): Die Zeitungsredaktion als organisiertes soziales System. Bielefeld: Bertelsmann Universitätsverlag (2. Aufl. Fribourg: Universitätsverlag 1979).

Rühl, Manfred (2004): Des Journalismus vergangene Zukunft. Zur Emergenz der Journalistik. In: Löffelholz, Martin (Hg.): Theorien des Journalismus. Ein diskursives Handbuch. 2. Aufl. Wiesbaden: VS Verlag für Sozialwissenschaften, 69–85.

Rusch, Gebhard (1986): Verstehen verstehen. Ein Versuch aus konstruktivistischer Sicht. In: Luhmann, Niklas & Karl E. Schorr (Hg.): Zwischen Intransparenz und Verstehen. Fragen an die Pädagogik. Frankfurt/M.: Suhrkamp, 40–71.

Rusch, Gebhard (Hg.) (2002a): Einführung in die Medienwissenschaft. Konzeptionen, Theorien, Methoden, Anwendungen. Wiesbaden: Westdeutscher Verlag.

Rusch, Gebhard (2002b): Kommunikation. In: Rusch, Gebhard (Hg.) (2002a): Einführung in die Medienwissenschaft. Konzeptionen, Theorien, Methoden, Anwendungen. Wiesbaden: Westdeutscher Verlag, 102–117.

Ruß-Mohl, Stephan (1995): Redaktionelles Marketing und Management. In: Jarren, Otfried (Hg.): Medien und Journalismus 2. Opladen: Westdeutscher Verlag, 104–138.

Ruß-Mohl, Stephan (1999): Spoonfeeding, Spinning, Whistleblowing. Beispiel USA: Wie sich die Machtbalance zwischen PR und Journalismus verschiebt. In: Rolke, Lothar & Volker Wolff (Hg.): Wie die Medien die Wirklichkeit steuern und selbst gesteuert werden. Opladen/Wiesbaden: Westdeutscher Verlag, 63–176

Ruß-Mohl, Stephan (2003): Journalismus. Das Hand- und Lehrbuch. Frankfurt/M.: F.A.Z.-Institut.

Sandbothe, Mike (2001): Pragmatische Medienphilosophie. Grundlegung einer neuen Disziplin im Zeitalter des Internet. Weilerswist: Velbrück Wissenschaft.

Sandbothe, Mike & Ludwig Nagl (2005): Systematische Medienphilosophie. Berlin: Akademie Verlag.

Saxer, Ulrich (2002): Rezension. In: Siebert, Fred S.; Peterson, Theodore; Schramm, Wilbur (1956): Four Theories of the Press: The Authoritarian, Libertarian, Social Responsibility, and Soviet Communist Concept of what the Press should be and do. Urbana, Chicago, London: University of Illinois Press. In: Holtz-Bacha, Christina & Arnulf Kutsch (Hg.): Schlüsselwerke für die Kommunikationswissenschaft. Opladen/Wiesbaden: Westdeutscher Verlag, 418–419.

Saxer, Ulrich (2006): Politik als Unterhaltung. Zum Wandel politischer Öffentlichkeit in der Mediengesellschaft. Konstanz: UVK.

Schantel, Alexandra (2000): Determination oder Intereffikation? Eine Metaanalyse der Hypothesen zur PR-Journalismus-Beziehung. In: Publizistik, 45. Jg., Heft 1, 70–88.

Schanze, Helmut (Hg.) (2002): Metzler Lexikon Medientheorie Medienwissenschaft. Ansätze – Personen – Grundbegriffe. Stuttgart/Weimar: Metzler.

Schlütz, Daniela & Wiebke Möhring (2003): Die Befragung in der Medien- und Kommunikationswissenschaft. Eine praxisorientierte Einführung. Wiesbaden: Westdeutscher Verlag.

Schmidt, Siegfried J. (1986): Texte verstehen – Texte interpretieren. In: Eschbach, Armin (Hg.): Perspektiven des Verstehens. Bochum: Brockmeyer, 75–103.

Schmidt, Siegfried J. (1989): Die Selbstorganisation des Sozialsystems Literatur im 18. Jahrhundert. Frankfurt/M.: Suhrkamp.

Schmidt, Siegfried J. (1992): Why Literature is not enough; or, Literary Studies as Media Studies. In: Cupchik, Garry & Janos Laszlo (Hg.): Emerging Visions of the Aesthetic Process. Cambridge: CUP, 227–243.

Schmidt, Siegfried J. (1994): Kognitive Autonomie und soziale Orientierung. Frankfurt/M.: Suhrkamp 1994 (3. Aufl. Münster: LIT 2003).

Schmidt, Siegfried J. (1996): Die Welten der Medien. Grundlagen und Perspektiven der Medienbeobachtung. Braunschweig: Vieweg.

Schmidt, Siegfried J. (1998): Die Zähmung des Blicks. Konstruktivismus, Empirie, Wissenschaft. Frankfurt/M.: Suhrkamp.

Schmidt, Siegfried J. (1999a): Allgemeine Literaturwissenschaft – ein Entwurf und die Folgen. In: Zelle, Carsten (Hg.): Allgemeine Literaturwissenschaft. Konturen und Profile im Pluralismus. Opladen: Westdeutscher Verlag, 98–111.

Schmidt, Siegfried J. (1999b): Blickwechsel. Umrisse einer Medienepistemologie. In: Rusch, Gebhard & Siegfried J. Schmidt (Hg.): Konstruktivismus in der Medien- und Kommunikationswissenschaft. DELFIN 1997. Frankfurt/M.: Suhrkamp, 119–145.

Schmidt, Siegfried J. (2000): Kalte Faszination. Medien, Kultur, Wissenschaft in der Mediengesellschaft. Weilerswist: Velbrück Wissenschaft.

Schmidt, Siegfried J. (2002): Medienwissenschaft und Nachbardisziplinen. In: Rusch, Gebhard (Hg.) (2002a): Einführung in die Medienwissenschaft. Konzeptionen, Theorien, Methoden, Anwendungen. Wiesbaden: Westdeutscher Verlag, 53–68.

Schmidt, Siegfried J. (2003): Geschichten & Diskurse. Abschied vom Konstruktivismus. Reinbek bei Hamburg: Rowohlt.

Schmidt, Siegfried J. (2003a): Medienkulturwissenschaft. In: Nünning, Ansgar (Hg.): Konzepte der Kulturwissenschaften. Stuttgart: Metzler, 351–369.

Schmidt, Siegfried J. (2005): Lernen, Wissen, Kompetenz, Kultur. Vorschläge zur Bestimmung von vier Unbekannten. Heidelberg: Carl-Auer.

Schmidt, Siegfried J. (2005 a): Die Nobilitierung der Reflexivität und die Folgen. In: Wienand, Edith; Westerbarkey, Jochen & Armin Scholl (Hg.): Kommunikation über Kommunikation. Theorien, Methoden und Praxis. Festschrift für Klaus Merten. Wiesbaden: VS Verlag für Sozialwissenschaften, 15–34.

Schmidt, Siegfried J. (2007): Medienphilosophie: ein plausibles Programm? (In Vorbereitung.)

Schmidt, Siegfried J. (Hg.) (1987): Der Diskurs des Radikalen Konstruktivismus. Frankfurt/M.: Suhrkamp.

Schmidt, Siegfried J. (Hg.) (2001): Lernen im Zeitalter des Internets. Bozen: Pädagogisches Institut.

Schmidt, Siegfried J. (Hg.) (2005): Medien und Emotionen. Münster: LIT.

Schmidt, Siegfried J. & Brigitte Spieß (Hg.) (1995): Werbung, Medien und Kultur. Opladen: Westdeutscher Verlag.

Schmidt, Siegfried J. & Brigitte Spieß (1996): Die Kommerzialisierung der Kommunikation. Fernsehwerbung und sozialer Wandel 1956–1989. Frankfurt/M.: Suhrkamp.

Schmidt, Siegfried J. & Siegfried Weischenberg (1994): Mediengattungen, Berichterstattungsmuster, Darstellungsformen. In: Merten, Klaus; Schmidt, Siegfried J. & Siegfried Weischenberg (Hg.): Die Wirklichkeit der Medien. Opladen: Westdeutscher Verlag, 212–236.

Schmidt, Siegfried J.; Westerbarkey, Joachim & Guido Zurstiege (Hg.) (2001): a/effektive Kommunikation: Unterhaltung und Werbung. Münster: LIT.

Schmidt, Siegfried J. & Guido Zurstiege (2000a): Orientierung Kommunikationswissenschaft. Was sie kann, was sie will. Reinbek bei Hamburg: Rowohlt.

Schmidt, Siegfried J. & Guido Zurstiege (2000b): Über die (Un-)Steuerbarkeit kognitiver Systeme. Kognitive und soziokulturelle Aspekte der Werbewirkungsforschung. In: Hejl, Peter M. & Heinz K. Stahl (Hg.): Management und Wirklichkeit. Das Konstruieren von Unternehmen, Märkten und Zukünften. Heidelberg: Carl-Auer-Systeme, 297–331.

Scholl, Armin (2003): Die Befragung. Sozialwissenschaftliche Methode und kommunikationswissenschaftliche Anwendung. Konstanz: UVK.

Scholl, Armin & Siegfried Weischenberg (1998): Journalismus in der Gesellschaft: Theorie, Methodologie und Empirie. Opladen: Westdeutscher Verlag.

Schulz, Winfried (1976): Die Konstruktion von Realität in den Nachrichtenmedien. Analyse der aktuellen Berichterstattung. Freiburg/München: Alber.

Schulz, Winfried (1989): Massenmedien und Realität. Die ‹ptolemäische› und die ‹kopernikanische› Auffassung. In: Kaase, Max & Winfried Schulz (Hg.): Massenkommunikation. Theorien, Methoden, Befunde. Opladen: Westdeutscher Verlag, 135–149.

Schulze, Gerhard (1992): Die Erlebnisgesellschaft. Frankfurt/M.: Campus.

Schütte, Georg (2002): Wissenschaftliche Medienkritik. In: Rusch, Gebhard (Hg.) (2002a): Einführung in die Medienwissenschaft. Konzeptionen, Theorien, Methoden, Anwendungen. Wiesbaden: Westdeutscher Verlag, 329–337.

Schütz, Walter J. (2000): Deutsche Tagespresse 1999. In: Media Perspektiven, Nr. 1, 8–29.

Schwarzkopf, Joachim von 1993 [1795]: Ueber Zeitungen (und ihre Wirkung). München: Fischer (Faksimile Nachdruck der Ausgabe: Frankfurt/M.: Varrentrapp & Wenner).

Shannon, Claude E. (1948): A Mathematical Theory of Communication. In: The Bell System Technical Journal, 27. Jg., Juli, Oktober, 379–423; 623–656.

Siebert, Fred S.; Peterson, Theodore & Wilbur Schramm (1956): Four Theories of the Press: The Authoritarian, Libertarian, Social Responsibility, and Soviet Communist Concept of what the Press should be and do. Urbana/Chicago/London: University of Illinois Press.

Siegert, Gabriele (2001): Medien-Marken-Management. Relevanz, Spezifika und Implikationen einer medienökonomischen Profilierungsstrategie. München: Reinhard Fischer.

Spreen, Dierk (1998): Tausch, Technik, Krieg. Die Geburt der Gesellschaft im technisch-medialen Apriori. Berlin/Hamburg: Argument.

Staab, Joachim, Friedrich (1990): Nachrichtenwert-Theorie. Formale Struktur und empirischer Gehalt. Freiburg/München: Alber.

Stapf, Ingrid (2005): Medienselbstkontrolle – Eine Einführung. In: Baum, Achim; Langenbucher, Wolfgang R.; Pöttker, Horst & Christian Schicha (Hg.): Handbuch Medienselbstkontrolle. Wiesbaden: VS Verlag für Sozialwissenschaften, 17–36.

Stevens, Stanley Smith (1946): On the Theory of Scales of Measurement. In: Science, 103. Jg., Nr. 2684, 677–680.

Theiselmann, Rüdiger (2004): Geistiges Eigentum in der Informationsgesellschaft. Rechtliche Implikationen der digitalen Werkverwertung. München: Beck (Schriftenreihe des Instituts für Rundfunkrecht an der Universität zu Köln, Bd. 90).

Thomsen, Christian W. (1996): Medienkunst und Markt. In: Thomsen, Christian W. & Sofia Blind: Medienkunst und Markt. Arbeitshefte Bildschirmmedien 58. DFG-Sonderforschungsbereich 240. Universität Siegen, 5–41.

Tichenor, Philipp J.; Donohue, George A. & Clarice N. Olien (1970): Mass Media Flow and Differential Growth in Knowledge. In: Public Opinion Quarterly, 34. Jg., Heft 2, 159–170.

Treml, Alfred K. (1997): Klassiker. Die Evolution einflußreicher Semantik. Sankt Augustin: academia Verlag.

Tuchman, Gaye (1972): Objectivity as Strategic Ritual: An Examination of Newsmen's Notions of Objectivity. In: American Journal of Sociology, 77. Jg., Heft 4, 660–679.

Weber, Stefan (Hg.) (2003): Theorie der Medien. Von der Kulturkritik zum Konstruktivismus. Konstanz: UVK.

Wehler, Wolfgang (2005): Medienrecht. In: Weischenberg, Siegfried; Kleinsteuber, Hans J. & Bernhard Pörksen (Hg.): Handbuch Journalismus und Medien. Konstanz: UVK, 265–270.

Weischenberg, Siegfried (1989): Der enttarnte Elefant. Journalisten in der Bundesrepublik – und die Forschung, die sich ihm widmet. In: Media Perspektiven, Nr. 4, 227–239.

Weischenberg, Siegfried (1992): Journalistik. Theorie und Praxis aktueller Medienkommunikation. Bd. 1: Mediensysteme, Medienethik, Medieninstitutionen. Opladen: Westdeutscher Verlag 1992 (2. Aufl. 1998).

Weischenberg, Siegfried (1995): Journalistik. Theorie und Praxis aktueller Medienkommunikation. Bd. 2: Medientechnik, Medienfunktionen, Medienakteure. Opladen: Westdeutscher Verlag.

Weischenberg, Siegfried (2004): Journalistik. Medienkommunikation: Theorie und Praxis. Bd. 1: Mediensysteme – Medienethik – Medieninstitutionen. 3. Aufl. Wiesbaden: VS Verlag.

Weischenberg, Siegfried & Peter Herrig (1985): Handbuch des Bildschirm-Journalismus. Elektronische Redaktionssysteme: Grundlagen – Funktionsweisen – Konsequenzen. München: Ölschläger.

Weischenberg, Siegfried & Ulrich Hienzsch (1994): Die Entwicklung der Medientechnik. In: Merten, Klaus; Schmidt, Siegfried J. & Siegfried Weischenberg (Hg.): Die Wirklichkeit der Medien. Opladen: Westdeutscher Verlag, 455–480.

Weischenberg, Siegfried; Malik, Maja & Armin Scholl (2006): Die Souffleure der Mediengesellschaft. Report über die Journalisten in Deutschland. Konstanz: UVK.

Weßler, Hartmut; Matzen, Christiane; Jarren, Otfried & Uwe Hasebrink (Hg.) (1997): Perspektiven der Medienkritik. Die gesellschaftliche Auseinandersetzung mit öffentlicher Kommunikation in der Mediengesellschaft. Opladen: Westdeutscher Verlag.

White, David Manning (1950): The "Gate Keeper": A Case Study In the Selection of News. In: Journalism Quarterly, 27. Jg., Heft 3, 383–390.

Wirth, Werner; Schramm, Holger & Volker Gehrau (Hg.) (2006): Unterhaltung durch Medien. Theorie und Messung. Köln: Herbert von Halem.

Wünsch, Carsten (2006): Unterhaltungserleben. Ein hierarchisches Zwei-Ebenen-Modell affektiv-kognitiver Informationsverarbeitung. Köln: Herbert von Halem.

Zierold, Martin (2006): Gesellschaftliche Erinnerung. Eine medienkulturwissenschaftliche Perspektive. Berlin: Walter de Gruyter.

Zubayr, Camille & Heinz Gerhard (2006): Tendenzen im Zuschauerverhalten. In: Media Perspektiven, Nr. 3, 125–137.

Zurstiege, Guido (2005): Zwischen Kritik und Faszination. Was wir beobachten, wenn wir die Werbung beobachten, wie sie die Gesellschaft beobachtet. Köln: Herbert von Halem.

Anmerkungen

1 Wir benutzen im Folgenden die männliche Form der Substantive, beziehen sie aber bewusst gleichberechtigt auf Frauen wie auf Männer.

2 Cf. dazu Löffelholz & Quandt (Hg.) 2003b, die die verschiedenen Lehrbücher aufführen.

3 Cf. etwa die einschlägigen Beiträge in Löffelholz & Quandt (Hg.) 2003a.

4 Cf. Neubert & Scherer 2004.

5 Zur Kompetenzdiskussion cf. Schmidt 2005.

6 «Kontingent ist alles, was weder notwendig noch unmöglich ist» (Luhmann 1992: 96).

7 Viele Medienwissenschaftler sehen dagegen die Medienwissenschaft als eine eigenständige Wissenschaft, die sich mit Forschungsfeldern beschäftigt, welche von der Kommunikationswissenschaft nicht bearbeitet worden sind (so etwa Bohn, Müller & Ruppert 1988: 21). Maletzke erklärt das Entstehen einer Medienwissenschaft damit, dass die Kommunikationswissenschaft, deren Forschungsgegenstand die Medien eigentlich gewesen sein müssten, die Medien nur als technische Verbreitungsinstrumente betrachtet haben, sodass sich eine neue Wissenschaft entwickeln musste, um die gesellschaftlichen, wirtschaftlichen, kulturellen oder ästhetischen Aspekte der Medien zu bearbeiten (1998: 25). – Zum Verhältnis der Medienwissenschaft(en) zu Nachbardisziplinen cf. Schmidt 2002 oder Kleiner 2006.

8 Auf die Problematik der Begriffe ‹Massenkommunikation› und ‹Massenmedien› gehen wir in Kap. 5 näher ein. Inzwischen benutzen wir diese im Fach wie in der öffentlichen Diskussion geläufigen Begriffen weiter.

9 Schließlich darf nicht übersehen werden, dass es auch öffentliche interaktive Kommunikation gibt wie Gerüchte, Klatsch oder Wahlreden. Darauf verweist Merten 1999, der in seiner Einführung in die Kommunikationswissenschaft direkte wie indirekte Kommunikation behandelt.

10 Wir sprechen bewusst von «Medienkulturgesellschaften», um auf den unlösbaren Zusammenhang zwischen Gesellschaft, Medien und Kultur zu verweisen. Eine genauere Diskussion des Themas folgt in den Kapiteln 3, 5 und 12.

11 Cf. etwa die entsprechenden Lexikoneinträge in Schanze (Hg.) 2002, die Beiträge zu den Übersichtsbänden zum Stand der Kommunikations- und Medienwissenschaft von Löffelholz & Quandt (Hg.) 2003a sowie Rusch (Hg.) 2002a. Mit Blick auf die Literaturwissenschaft cf. Schmidt 1992.

12 Cf. etwa Arbeiten von Hepp & Winter (Hg.) 1999.

13 Cf. dazu etwa die Beiträge in Hug (Hg.) 1998 oder Schmidt (Hg.) 2001.

14 Cf. etwa Sandbothe 2001, Sandbothe & Nagl 2005, Janich 2006, Münker et al. (Hg.) 2003 und jüngst Magreiter 2007. Dazu Schmidt 2007.

15 Cf. dazu grundsätzlich Zierold 2006.

16 Zur detaillierten Klärung des Begriffs «Wirklichkeitskonstruktion» cf. Schmidt 2003.

17 Zum Begriff wie zur Thematik von Medienepistemologie cf. Schmidt 1999 oder Pörksen 2006.

18 Cf. dazu die Beiträge in Fischer (Hg.) 2005.

19 Cf. dazu ausführlich Pörksen 2006.

20 Cf. dazu die Begründung und das Experiment bei von Foerster 1993: 26f. Siehe Kasten.

21 Cf. dazu die Theorie der Geschichten und Diskurse von Schmidt 2003.

22 Wir benutzen den neutralen Ausdruck *Aktant*, weil Ausdrücke wie Mensch, Individuum oder Subjekt philosophisch sehr belastet und daher problematisch sind.

23 Es ist übrigens keine Trivialität, dass wir *wahr*nehmen, aber nicht *falsch*nehmen können!

24 Cf. etwa die Beiträge in Schmidt (Hg.) 1987.

25 Cf. etwa zusammenfassend Roth 1994.

26 Zur Erinnerung: «Kontingent ist alles, was weder notwendig noch unmöglich ist» (Luhmann 1992: 96).

27 Cf. dazu Merten 1977 und 1999 oder Krippendorf 1994. Merten belegt in seiner Dissertation (1977), dass allein bis Mitte der 1970er Jahre 160 Definitionen von Kommunikation in unterschiedlichen Disziplinen entwickelt worden sind.

28 Als nichtsprachliche/nonverbale Kommunikationsmittel bezeichnet man alle Elemente der Körpersprache (Mimik, Gestik), die Sprachmelodie und Lautstärke oder den Abstand, den Kommunikationspartner voneinander einhalten (sog. Proxemik).

29 Autoren wie Luhmann oder Merten haben darauf verwiesen, dass Negation eine besonders wichtige Operation ist. Während eine positive Aussage X behauptet, zieht die Verneinung zwar X «aus dem Verkehr», lässt aber alles außer X offen.

30 Empraktisch bedeutet, dass alles Handeln – bewusst oder unbewusst – von den Handelnden auf die lebenspraktische Relevanz in der jeweiligen Situation hin eingeschätzt wird.

31 Zur Bestimmung dieser Makroformen cf. Schmidt & Zurstiege 2000a, Kap. 7.

32 Zu diesen Konzepten cf. Schmidt & Weischenberg 1994 oder Pörksen 2006.

33 Zu Einzelheiten cf. Schmidt & Zurstiege 2000a, Kap. 7.

34 Eine Übersicht über bisher entwickelte Kulturbegriffe findet sich in Schmidt 1994 oder Reckwitz 2004.

35 Zu Einzelheiten cf. Schmidt 2003.

36 Zur Verstehensproblematik cf. überblicksartig Rusch 1986, Schmidt 1994, Kap. III, und Schmidt 1986.

37 Selbst in Fachlexika oder in der umfangreichen Einführung in die Kommunikationswissenschaft von Merten (1999) sucht man einen Eintrag zu «Verstehen» vergebens. Cf. dazu Schmidt 2005a.

38 Ebendiese Funktionen schreibt der Gesetzgeber auch den öffentlich-rechtlichen Fernsehanstalten vor.

39 «Und da Aufmerksamkeit nicht zu institutionalisieren ist, muss Neues ständig wiederholt geboten werden, sodass Öffentlichkeit geradezu durch die Ausbildung einer *Erwartung für Unerwartetes* (Aktualität) zu charakterisieren ist.» (Merten 1999: 236)

40 Zum Folgenden cf. ausführlich Kap. 7.

41 Cf. dazu die grundsätzlichen und erhellenden Überlegungen von Pörksen 2006.

42 Zum Themenbereich Öffentlichkeit und öffentliche Meinung cf. Merten 1999, Kap. 10.4.

43 Eine ausführliche Behandlung dieses Themas liefert Luhmann 1979.

44 «Was wir über unsere Gesellschaft, ja über die Welt, in der wir leben, wissen, wissen wir durch die Massenmedien» (Luhmann 1996: 9).

45 Cf. dazu die Beiträge in Baum & Schmidt (Hg.) 2002.

46 Der Politologe H. D. Lasswell formulierte die inzwischen berühmt gewordene Frage zur Analyse von Kommunikationsprozessen. «Who Says What In Which Channel To Whom With What Effect?» (1948: 37).

47 Einführende Arbeiten und Sammelbände zur Medienwissenschaft haben Faulstich 1991, Ludes 1998 oder Rusch 2002 vorgelegt.

48 Der Konvergenzbegriff verweist in einem anderen Diskussionszusammenhang auf die Annäherung öffentlich-rechtlicher und kommerzieller Medienangebote im Fernsehen und Hörfunk (cf. etwa Merten 1994).

49 Zur Geschichte des Medienbegriffs cf. Hoffmann 2002.

50 Cf. dazu etwa Rusch (Hg.) 2002a oder die zusammenfassende Übersicht über vorliegende Medientheorien bei Kleiner 2006: 38 ff.

51 Das Kommunikationsmittel Sprache bezeichnen wir nicht als Medium, weil es zum einen ohne Mediensysteme verwendet werden kann, zum anderen in allen Mediensystemen Verwendung findet.

52 Diese Überlegung spielt eine wichtige Rolle bei der Beschreibung, Interpretation und Bewertung von einzelnen Medienangeboten; es ist besser, solche Angebote in ihren Entstehungskontexten zu situieren, statt sie als unabhängige Gegebenheiten zu verdinglichen.

53 Cf. dazu ausführlich Weischenberg 1992 oder Blöbaum 1994.

54 Unter ‹Verarbeitung› fassen wir alle Prozesse, in denen Medienangebote zum

Gegenstand der Erzeugung neuer Medienangebote gemacht werden, wie die Verfilmung eines Romans, die wissenschaftliche Analyse von Nachrichtensendungen oder alle Formen der Medienkritik.

55 Cf. dazu den Entwurf einer Medienepistemologie (siehe Schmidt 1999 sowie Weber 2003 und Pörksen 2006).

56 Cf. dazu die Beiträge in Schmidt (Hg.) 2005.

57 Cf. dazu Kaase & Schulz (Hg.) 1989.

58 Zur Kritik an der Begriffsverwendung cf. Merten 1999: 109.

59 Cf. die Beiträge in Schmidt (Hg.) 2005.

60 Zu Einzelheiten cf. Merten 1999, Kap. 8.2.7. Einen kritischen Überblick über medientheoretische Ansätze der Kritischen Theorie hat Kleiner 2006 vorgelegt.

61 Cf. die Zusammenfassung der Debatte in Schmidt 2000, Kap. 8.3.

62 Dass diese Tendenz längst auch die Politik erreicht hat, diskutiert Saxer 2006 unter dem Stichwort «Politainment».

63 Cf. dazu ausführlich Kleiner 2006.

64 Cf. etwa die Arbeit von Früh 2002. Inzwischen hat sich die Situation grundlegend geändert. Im H. von Halem Verlag erscheint eine Reihe «Unterhaltungsforschung», in der 2006 mehrere Publikationen zum Thema erschienen sind, so Wirth u. a. (Hg.) 2006, Klimmt 2006, Wünsch 2006, Hartmann 2006.

65 Cf. dazu Klimmt 2006 oder Jörissen 2007.

66 Zum Konzept einer Medienkulturwissenschaft cf. Schmidt 2003a sowie die einschlägigen Artikel in Schanze (Hg.) 2002.

67 Persönliche Mitteilung von Volker Gehrau an die Verfasser.

68 Die folgende Darstellung orientiert sich an Merten 1999, Kap. 13, sowie an Schmidt & Zurstiege 2000a.

69 Cf. Früh & Schönbach 1991 sowie zur Rezeptionsgeschichte des Ansatzes Früh & Schönbach 2005.

70 Eine Ausnahme bildet der dynamisch-transaktionale Ansatz.

71 Für eine Übersicht über die verschiedenen Ansätze cf. Schmidt & Zurstiege 2000a.

72 Exemplarisch für die Zunahme an Komplexität von Wirkungsmodellen sind Mertens Modellentwicklungen der letzten Jahre.

73 Dieses Modell macht die Wirkung einer Aussage nicht von einem, sondern von mindestens drei Variablenbündeln abhängig: von der Aussage selbst, vom internen Kontext des Rezipienten (Erfahrung, Vorwissen, Einstellungen, Interessen) sowie vom externen Kontext (situative und soziale Rahmenbedingungen).

74 Messprobleme erörtert systematisch Merten 1999.

75 Cf. dazu die Zusammenfassung bei Schmidt & Zurstiege 2000a: 117 ff.

76 Cf. sein berühmt gewordenes Diktum: «The medium is the message.»

77 Cf. dazu etwa Berg & Kiefer 1996 oder Merten, Schmidt & Weischenberg (Hg.) 1994.

78 Cf. zu dieser Thematik grundlegend Zierold 2006.

79 Wichtige Ausnahmen sind Merten 1990 oder Pörksen 2006.

80 Die Ontologie als philosophische Disziplin beschäftigt sich mit dem «Sein als solchem».

81 Der Literaturwissenschaftler Walter J. Ong hat einmal treffend formuliert: »Die Natur setzt keine ‹Fakten›: Fakten entstehen nur durch menschliche Festlegungen, deren Zweck es ist, das nahtlose Gewebe der Wirklichkeit handhabbar zu machen» (1987: 22).

82 Es geht z. B. um die Frage, wie wissenschaftliche Themen von Wissenschaftsjournalisten für das Fernsehen aufbereitet werden können, um einerseits verständlich zu sein, andererseits nichts an wissenschaftlichem Gehalt einzubüßen.

83 Cf. dazu Schmidt 1999a.

84 Zum Folgenden siehe ausführlich Schmidt 1998.

85 Ein «Access-Panel» ist «... ein Pool von vorrekrutierten Haushalten, die sich zur Zusammenarbeit bereit erklärt haben und ad hoc für Befragungen und Tests zur Verfügung stellen» (Scholl 2003: 46).

86 Zur spezifischen Anwendung der Methode der Beobachtung im Rahmen der kommunikationswissenschaftlichen Forschung siehe Gehrau 2002.

87 Die Validität einer Untersuchung beschreibt das Maß, in dem mit einem Untersuchungsinstrument auch tatsächlich das gemessen worden ist, was man messen wollte.

88 Noch einmal: Je wahrscheinlicher es ist, dass verschiedene Forscher mit dem gleichen Untersuchungsinstrument zu vergleichbaren Ergebnissen kommen, desto *zuverlässiger* ist das Instrument. Die *Gültigkeit* einer Untersuchung hingegen beschreibt das Maß, in dem ein Erhebungsinstrument auch tatsächlich valide Aussagen über jenen Ausschnitt der sozialen Wirklichkeit zulässt, auf den sich das Forschungsinteresse richtet.

89 Zur Bedeutung der kommunikationswissenschaftlichen Methodenausbildung für die Berufspraxis cf. Reinemann, Peiser & Jandura 2004.

90 Siehe zu dieser bekannten Formulierung Luhmann 1993.

91 Einen guten Überblick über Auswahlverfahren in der Kommunikationswissenschaft liefern Gehrau, Fretwurst, Krause & Daschmann (Hg.) 2005.

92 Anders als in unserem Beispiel erfolgt die Beurteilung in aller Regel auf einer 7-Punkte-Skala. Sowohl die 7-Punkte-Skala als auch die 5-Punkte-Skala besitzen einen Mittelpunkt (cf. Schlütz & Möhring 2003: 102).

93 Zur Kausalitätsproblematik in der Kommunikationswissenschaft cf. Merten 1991.

94 Siehe etwa Josephi 2005.

95 Der Begriff ‹funktionale Differenzierung› bezeichnet die historische Entwicklung westlicher europäischer Gesellschaften im 18. Jahrhundert von einer ständisch geordneten Gesellschaft hin zu einer Gesellschaft, in der die wichtigsten Aufgaben

der Gesellschaft durch eigenständige gesellschaftliche Teilsysteme wie Wirtschaft, Politik, Wissenschaft oder Erziehung bearbeitet wurden, die im Lauf der Entwicklung auch eigene Kommunikationsformen entwickelt haben.

96 Cf. dazu u. a. Hörisch 2001.

97 Cf. etwa Weischenberg & Herrig 1985, zur Entwicklung der Medientechnik siehe überblickshalber Weischenberg & Hienzsch 1994.

98 Zur Auseinandersetzung mit Habermas' Theorie der Öffentlichkeit cf. Kleiner 2006.

99 Zur Diskussion über die Trennung von Werbung und Programm siehe Baerns 2004.

100 So formulierte noch 1992 der damalige Chefredakteur des ZDF: «Journalisten haben zu berichten, was ist. Sie haben die Spreu vom Weizen zu trennen» (Bresser 1992: 12). Und 2006 verkündete Roger Köppel immer noch in der «Weltwoche»: «Journalistisch steht das Blatt in bewährten Traditionen. Es fühlt sich dem publizistischen Realismus verpflichtet: Schreiben, was ist. Die Weltwoche hat sich immer darum bemüht, die Dinge so darzustellen, wie sie wirklich sind» (Nr. 41, 2006: 3).

101 Theorien der Public Relations werden bei Röttger (Hg.) 2004 ausführlich diskutiert..

102 Grundlegender zum Thema Werbung siehe Zurstiege 2005 oder Schmidt & Spieß 1996.

103 Zu Einzelheiten siehe die Beiträge in Schmidt & Spieß (Hg.) 1995.

104 Zum Thema Kommerzialisierung der Kommunikation cf. Schmidt & Spieß 1996.

105 Als Reaktanz bezeichnet man in der sozialwissenschaftlichen Forschung die Tatsache, dass Befragungs-, Beobachtungs- oder wie hier Gruppendiskussions-Teilnehmer gerade *aufgrund* der Erhebungssituation ein spezifisches Verhalten entwickeln und zeigen.

106 Der «Hawthorne-Effekt» basiert auf den empirischen Beobachtungen der beiden amerikanischen Forscher William John Dickson und Fritz Jules Roethlisberger. Dickson und Roethlisberger fanden gegen Ende der 1920er Jahre heraus, dass die Arbeitsleistungen von Arbeitern stiegen, die im Rahmen einer Untersuchung beobachtet wurden und wussten, dass sie beobachtet wurden. Die beobachteten Arbeiter gaben sich gewissermaßen Mühe, «gute» Probanden zu sein (vgl. Preisendörfer 2005: 118–122).

107 Siehe überblickshalber zu diesem Forschungsbereich Schantel 2000.

108 Cf. dazu etwa Prott 1994 oder die Beiträge in Altmeppen (Hg.) 1996.

109 Cf. dazu etwa Kamarsin & Winter (Hg.) 2000.

110 Darunter versteht man, dass bei steigender Produktionsmenge die durchschnittlichen Kosten pro Produktionseinheit sinken.

111 Selbstverständlich operieren Organisationen und Unternehmen nicht nur auf

Kundenmärkten, sondern auch auf Beschaffungsmärkten. In unserer Definition beschränken wir uns der Einfachheit halber auf das Management von Kunden-Beziehungen.

112 Cf. stellvertretend Branahl 2002: 5.

113 C Siehe etwa Holznagel & Kibele 2002, Branahl 2002 oder Wehler 2005.

114 Zum Folgenden siehe grundlegend Branahl 2002.

115 BVerfGE 20, S. 162 ff. (174/175)

116 Die Grundversorgung ist durch drei Elemente gekennzeichnet: eine Übertragungstechnik, die jedem einen Empfang sichert; ein inhaltlicher Programmstandard, der das gesamte Meinungsspektrum gewährleistet; Organisationsstrukturen, die die Erfüllung dieser Programmstandards absichern.

117 Zu Detailfragen siehe Theiselmann 2004 sowie Holznagel & Kibele 2002.

118 Zu den Problemen, die sich zwischen Pressefreiheit und dem so genannten investigativen Journalismus ergeben können, siehe Janisch 1998.

119 Zu Rechtsfolgen bei Ehrverletzungen cf. Branahl 2002: 103.

120 Theiselmann (2004) hat eine ausführliche Erläuterung von Werkeigenschaften im digitalen Zeitalter anhand der Werkbereiche Dateien, Software, Multimediaprodukte, Webseiten und Websites vorgelegt, die Schranken des Urheberrechts aufgezeigt und die Vergütungspflichten in den jeweiligen Bereichen spezifiziert.

121 Zum Problem des Audiosampling siehe Juhnke 2006; zur Frage nach Original und Kopie und den «Praktiken des Sekundären» siehe die Beiträge in Fehrmann et al. (Hg.) 2004.

122 Cf. dazu Gottzmann 2005.

123 Darunter fallen die Rundfunk- und Fernsehräte der öffentlich-rechtlichen Rundfunkanstalten.

124 Dagegen versucht Faulstich seit 1996, eine auf sechs Bände angelegte Gesamtgeschichte der Medien zu schreiben. Den Zeitraum bis 1700 hat er bisher in drei Bänden vorgelegt (1996 ff.).

125 Einen ähnlichen Ansatz vertritt Hickethier 2002. Dort finden sich auch zahlreiche Literaturhinweise zu theoretischen Grundlagen wie zu Einzelstudien einer Mediengeschichte.

126 Cf. dazu die Darstellung und Beurteilung einschlägiger Versuche durch Hickethier 2003.

127 Cf. dazu Schmidt 1989.

128 Zu Formen interaktiver Medienkunst siehe Gendolla et al. (Hg.) 2001.

129 Siehe auch die Beiträge in Schmidt, Westerbarkey & Zurstiege 2001.

130 Zu Grundlagen und Einzelaspekten wie etwa Krieg und Bilder siehe Müller 2003, Knieper & Müller (Hg.) 2001, 2003, 2005 oder Lester 2000.

131 Zur Kritik an dieser Auffassung cf. Horák, der klar formuliert: «Bilder sind keine

semantisch transparente, spontan verständliche, natürliche [so i.O.; die Verf.] Zeichen» (2006: 94).

132 Die Herausgeber sind Hamm 1968, Baacke 1974, Fischer 1983, Bundeszentrale für politische Bildung 1988, Weßler, Matzen, Jarren & Hasebrink 1997 sowie Hallenberger & Nieland 2005. Einen Überblick über die Beiträge in diesen Sammelbänden liefert Kleiner 2006, der selbst eine gesellschaftskritische Medientheorie und Medienkritik entwickelt.

133 So resümiert etwa Hickethier die Entwicklung des Mediensystems in den letzten Jahren wie folgt: «Damit droht auch die Medienkritik ihre Funktion zu verlieren, eine Instanz der Reflexion und Kontrolle der gesellschaftlichen Kommunikation zu sein. Das Laub der Kritik ist zwar vielfältiger und bunter geworden, aber dies kann die Farbigkeit kurz vor dem eigenen Tod sein» (2002: 83). Ganz anderer Auffassung ist Schütte, der genau zu wissen glaubt, was wissenschaftliche Medienkritik ist, nämlich eine Konzeption, die «... im Kontext von widerspruchsfreien, tatsachengerechten, verallgemeinernden Aussagen zu einer Kritik an den Medien und medial konstruierten Wirklichkeitsentwürfen ansetzt. Sie spezifiziert den Gegenstand ihrer Kritik, legt ihre Bewertungskriterien offen bzw. macht sie intersubjektiv überprüfbar und stellt differenziertere Bezüge auf» (2002: 331). – Wenn es so einfach wäre, wäre dieses Kapitel über Medienkritik überflüssig.

134 Wer als Kritiker schon von vornherein weiß, welcher Medienprozess und welches Medienangebot gut oder schlecht sind, wird kaum überzeugende Kritiken verfassen können.

135 Cf. dazu die Beiträge in Baum & Schmidt (Hg.) 2002.

136 Eine ausführliche Schilderung und Einschätzung der Kommunikationsguerilla liefert Kleiner 2006.

137 Transkulturalität als Perspektive der Globalisierung von Medienkommunikation diskutiert auch Hepp 2003.

138 Auf die Diversität, Pluralität und Differenz kultureller Verhältnisse haben vor allem die verschiedenen Vertreter der Cultural Studies in den letzten Jahrzehnten aufmerksam gemacht.

139 Cf. dazu Luhmann 1991.

140 Cf. dazu Großklaus 2004.

141 Cf. dazu vor allem die Arbeiten von Josef Mitterer.

142 Cf. die Beiträge in Balgo & Lindemann (Hg.) 2006.

143 Eine interkulturelle Perspektive in der Journalistenausbildung hat Röben (2004) eingefordert. Sie verweist in diesem Zusammenhang auf die Einführung eines Faches «interkulturelle Kommunikation» an den Technischen Universitäten Chemnitz und München sowie auf ein interkulturelles Sensibilisierungstraining am Institut für Journalistik in Dortmund.

144 Zur sozialsystemischen Ordnung etwa des Journalismussystems cf. Kap. 7.

145 Exemplarisch verwiesen sei hier nur auf das Lehrbuch *BA-Studium Soziologie* von Huinink 2005.

146 Cf. Hepp & Winter (Hg.) 1999.

147 Kulturtheorien von Brecht bis Baudrillard haben Pias et al. (Hg.) 1999 zusammengestellt. Eine Systematisierung liefert Reckwitz 2004.

148 Zur Thematik der Subkultur(en) cf. grundlegend Jacke 2004.

Sachregister